干部选拔任用的制度优化与程序规范研究

申林 著

Study on System Optimization and Procedure Standard of Cadre Selection and Appointment

上海社会科学院出版社

国家社科基金项目资助出版

前　言

回顾改革开放的历程,有一条主线贯穿始终:每一项改革成果背后,都离不开顶层设计和基层探索的良性互动,既充分发挥基层的积极性、主动性、创造性,又充分发挥顶层设计的引领和指导作用。这是我国改革发展取得成功的宝贵经验,也为新时代全面深化改革带来诸多启示。基层探索是中国改革的源头活水,许多深刻影响中国历史进程的改革创新之举都是从基层探索的实践开始的,然后进行经验和教训总结,再通过顶层设计,把地方经验上升为国家政策,逐步推广到全国。

干部选拔工作是政治建设的重要导向,对组织建设和干部管理工作具有深远影响。党政领导干部竞争性选拔方式曾作为一种独立的选拔方式,在我国干部选拔的历史上发挥了重要作用,同时也带来了现实的问题与困境。如何从历史总结、实践探索、制度优化等方面对这一形式进行研究,以助于更好地理解、贯彻落实《党政领导干部选拔任用工作条例(2019)》,为干部选拔任用制度优化与程序规范的路径选择提供历史逻辑、实践依据、理论思维,为各级领导、组织人事干部、广大干部群众及研究者不断优化完善干部选拔制度提供决策参考、操作路径,是一项值得深入探讨的课题。

干部竞争性选拔方式经历了从尝试、发展、全面推行到融合发展的过程,其背后的历史逻辑与实践探索需要进行理论的研究与梳理。该书聚焦各地干部群众在干部竞争性选拔方式中的意见和建议,调查研究中形成的共识与结论,有力地支持和论证了干部选拔任用工作的最新要求,形成了干部选拔任用的趋势性建议,新的干部选拔任用条例,将竞争性选拔方式纳入常规性的选拔程序中,实现了两种方法的互补融合,使干部竞争性选拔方式的方法技术在实际操作中得到了更好的运用,具有可操作性。

新时代对干部素质的要求也带来了干部选拔制度的优化完善。本书旨在对干部竞争性选拔方式进行历史回顾与总结,从中探索有关干部选拔的经验与启示,是对党的十八大以来我们党在选人用人工作实践中形成的经验与问题的总结,是对干部工作中的新情况、新问题的总结回应。有关研究成果对2019年版《党政领导干部选拔任用工作条例》提供了理论与实践的支持。在该条例中可以看到诸多与本书成果一致的结论:第一,在干部选拔的标准中更加突出政治标准、政治素质、专业素养、工作实绩和一贯表现,防止简单以分数、票数取人;第二,将干部常规性选拔与竞争性选拔方式相融合,干部竞争性选拔方式更适合副职领导职位,非领导职务不宜选择竞争性选拔方式;第三,在干部选拔的范围上,特别强调了扩大干部选拔的视野和范围,可以从党政机关选拔任用,也可以从党政机关以外选拔任用,特别增加了从企业、高等学校、科研院所等单位以及社会组织中发现选拔干部;第四,对干部考察的方法上,特别强调了对干部面谈的方式和有关性格特点、心理素质等的考察;第五,在干部道德品行的考察方面,提出了社会公德、职业道德、家庭美德、个人品德等方面的内容;第六,在新的干部选拔任用条例中去除了一些不适合在实践中操作的内容,比如公开选拔和竞争上岗一定要报请本单位同意的要求。这些内容都是在本书的调查研究中提炼出来的结论与成果。

为解决干部竞争性选拔方式中遇到的各种问题,如实反映干部竞争性选拔方式的各种认识与评价,系统总结干部群众在干部竞争性选拔实践中的真知灼见,本书2013年启动;2014年6月至2015年2月对全国现实状况进行了调查研究,在历时8个月的调研中,进行了大量的问卷调查和访谈,遍布东部的苏浙沪、西部的川渝新、南部的闽粤、北部的京晋和中部的豫皖地区,发放问卷2 000余份,组织访谈70场次,获得了1 872份问卷和70场次、75人的访谈记录;2016—2017年组织各方专家共同参与、反复讨论论证,力图还原各方智慧、综合不同观点,提出可行建议,以回报各方的信任和支持;2018—2020年又根据最新要求,对照2019年最新版的《党政领导干部选拔任用工作条例》要求作了进一步修订。书中有些调查内容反映的是当时的情况,笔者尽量客观地予以保留,这些内容支持并丰富了干部选拔制度的完善。

在本书撰写过程中,笔者特别注重对全国现实状况的调查研究。其间,正是干部竞争性选拔方式的转折期,在历时8个月的调研中形成了大量的一手资料,反映了各级干部群众对干部竞争性选拔方式的现状与问题的认识、未来期望与改进的策略建议。本书是各地组织(人事)部门和广大干部群众对干部竞争性选拔方式的实践探索与宝贵建议的总结和提炼。笔者最大的感受是,研究的问题来源于现实的需要,问题的解决需要实践的探索;干部群众中蕴藏着巨大的智慧,理论来源于实践;政策的制定来自人民的实践,而又高于实践。

干部选拔制度的演进就是根据现实需要与事业发展的要求,在实践中不断尝试、总结、改进的过程。也就是说,不是用政策指导实践,而是根据实践的需要完善政策。干部选拔制度的优化完善正是我们从实践中、从集体的智慧中寻找答案的过程。

目 录

第一章 绪论 ·· 1
    一、研究背景 ·· 1
    二、研究目的与意义 ·· 2
    三、问题定义 ·· 3
    四、研究假设 ·· 6

第二章 文献综述 ·· 10
    一、我国干部选拔的制度沿革、实践探索与理论探讨 ············· 10
    二、国外公务员选拔任用制度与实践概略 ······························· 34

第三章 研究方法 ·· 39
    一、研究设计 ··· 39
    二、研究工具 ··· 40
    三、实施过程与资料整理 ·· 41
    四、研究伦理 ··· 43
    五、信度、效度与局限性 ·· 46

第四章 干部选拔任用工作的调查分析 ··· 48
    一、调查样本基本特征 ·· 48
    二、对干部竞争性选拔方式的整体评价 ·································· 51

三、对开展干部竞争性选拔方式的期望 …………………… 65
四、干部竞争性选拔方式面临的突出问题 ………………… 79
五、干部选拔任用的完善建议 ……………………………… 114

第五章 干部选拔的实践困境与制度探索 ……………………… 169
一、干部选拔方式的总体认识 ……………………………… 169
二、干部选拔面临的实践困境 ……………………………… 171
三、干部选拔的制度探索 …………………………………… 175
四、干部选拔调查研究的局限 ……………………………… 181

第六章 干部选拔的目标价值与优化建议 ……………………… 184
一、干部选拔的目标取向和价值诉求 ……………………… 184
二、干部选拔的制度优化建议 ……………………………… 189
三、干部选拔方法完善和技术改进策略 …………………… 199
四、干部选拔的监督 ………………………………………… 206

第七章 干部选拔任用工作调查的结论与应用趋势 …………… 220
一、正确认识科学评价干部竞争性选拔方式的现实作用 … 220
二、在实践中完善干部选拔方式 …………………………… 221
三、干部选拔方式的应用趋势 ……………………………… 227

附录 …………………………………………………………………… 229
一、干部竞争性选拔方式访谈提纲 ………………………… 229
二、访谈对象编码表 ………………………………………… 230
三、干部选拔与队伍建设调研问卷 ………………………… 233
四、调查样本基本特征分析 ………………………………… 244

参考文献 ……………………………………………………………… 246
后记 …………………………………………………………………… 254

第一章 绪 论

一、研究背景

从2004年开始,干部竞争性选拔方式在全国得到普遍推广,短短数年时间成为干部选拔的一种主要方式,得到了社会各方面的好评。它扩充了干部选拔的方式和途径。同时,在操作中,也逐渐暴露出一些问题,例如:出现了一些考试型的干部,少数组织(人事)部门演变成了记分员,选拔偏离了党管干部的原则,等等。而且,在考试的内容和形式方面,也越来越难以适应现实的需要。

2012年,中组部在全国开展了干部选拔工作的调研。2013年4月,中组部对全国调研的结果进行了课题的汇总和评价。紧接着,习近平总书记在全国组织工作会议上(简称"6·28"讲话),对干部选拔工作做了明确的定位,提出了"怎样是好干部?怎样成长为好干部?怎样把好干部用起来?"2014年1月16日,中组部发布了修订的《党政领导干部选拔任用工作条例》;2019年3月,中组部重新修订了《党政领导干部选拔任用工作条例》(简称《干部选拔任用条例》),对干部竞争性选拔方式做了明确的界定和规范。

随着习近平"6·28"讲话的发表和《干部选拔任用条例》的修订,各地出现许多新的情况。根据笔者调研的结果,全国各地的干部公开选拔工作基本停止，仅有部分单位进行内部竞争上岗。这一状况既是对干部选拔方式的总结与完善，也值得进行认真分析研究。

二、研究目的与意义

干部选拔的制度是党的思想建设、政治建设、组织建设、作风建设、制度建设和反腐倡廉建设的重要内容和保证。通过完善干部选拔制度，让能者贤者上，让庸者、不肖者下，不断优化班子和干部队伍的结构，提高选人用人的公信度，是解决"能力不足"、实现从严治党的重要措施。

在十九届中央政治局第六次集体学习时，习近平强调，选人用人是风向标，直接影响着政治生态走向。要把树立正确选人用人导向作为重要着力点，突出政治标准。干部选拔任用是整个干部制度的核心，在全部政治制度中具有举足轻重的作用。随着我国整个改革的不断深入，一方面，一些长期困扰干部选拔任用制度的老问题还没有得到实质性破解，且在新的形势下又有了新的表现；另一方面，在新的形势下，传统干部管理体制中一些深层次、体制性的问题，由"隐性"逐渐"显化"，成为选拔任用工作进一步深化改革必须突破的"瓶颈"。

目前的干部状况，尤其是关键领导的数量、结构和素质与进一步深化改革的要求不相适应，例如：厅局级领导干部年龄结构不够合理、年轻干部工作经历比较单一且来源渠道不宽，迫切需要"不拘一格"创新选拔、培养、使用的制度与程序；现有的干部选拔制度与程序从执行过程和效果来看，与党和群众的期望还有进一步完善的空间，如扩大民主的有效方法和途径的探索，需要进一步优化与规范。

干部竞争性选拔方式扩大了干部选拔的来源和范围，拓展了干部晋升的通道，形成了不拘一格选拔人才，促进了干部成长，也发现了许多优秀人才。但是，干部竞争性选拔方式，也容易出现组织（人事）部门和主管领导逃避责任，不愿意担当的现象。个别组织（人事）部门成了计分员，弱化了党管干部的定位,削弱了组织(人事)部门的职能。同时,干部竞争性选拔方式采用的笔试、面试等方法,与干部的职位要求存在一定脱节,现有的笔试和面试,未能很好地评价干部的德和过去的业绩,在实际选拔效果上,出现了缺乏基层经验的考试型干部。如何进一步优化干部选拔制度、规范相应程序,不断改进干部选拔工作已成为迫切需要解决的问题,需要创新思路,为完善干部选拔制度提供政策建议。

本书在对各地调查的基础上,坚持党管干部的原则,以历史的、现实的、理性的视角进行系统的总结与提升,借鉴科学的技术与方法,坚持德才兼备、以德为先,五湖四海、任人唯贤的选人原则;实现事业为上、人岗相适、人事相宜,符合公道正派、注重实绩、群众公认的标准;遵循民主集中制、依法依规办事的原则,建立具有中国特色与科学理论支撑的干部选拔制度与程序。本书的研究将对深化干部人事制度改革、完善干部选拔方式、建设执政骨干队伍、从源头上解决从严治党具有一定的参考价值。

三、问题定义

党政领导干部选拔任用制度是处于政治运行机制核心层面的理论和实践问题,在全部政治制度中具有举足轻重的作用。干部竞争性选拔方式是指在研判及动议时,根据工作需要和实际情况产生人选的一种方式。具体是指党委(党组)及其组织(人事)部门面向社会或内设机构(部门)采取公开报名,以考试与考察相结合的办法选拔党政领导干部的方式。干部竞争性选拔方式的价值在于扩大民主,以竞争性选拔方式为形式,目的在于促使优秀人才脱颖而出,形成有活力的干部选拔机制,避免用人上的不正之风和腐败现象。

公开选拔和竞争上岗都是对党委、政府工作部门或其内设机构的领导成员或者其人选进行选拔的方式,具有相同的程序;公开选拔面向社会进行,竞争上岗在本单位或者本系统内部进行。这两种干部竞争性选拔方式有着不同的效果，公开选拔更多地面向社会、面向体制外的群体，但选拔对象缺乏对本单位情况的了解；而竞争上岗是单位内部的竞争性选拔方式，相互之间比较了解，但是在工作中也容易造成一定的矛盾。

干部竞争性选拔方式与"常规性选拔"是一致的，不能对立来看。干部竞争性选拔方式也是组织（人事）部门选拔干部、产生意向人选的方法之一，它通过引入考试、面试等客观的胜任力评价技术，旨在发现拟任人选的潜能，以预测对拟任岗位的匹配度。整个过程的组织、实施仍然是在党委的领导下，在组织（人事）部门的组织下进行的。它与常规的干部选拔方法在干部选拔的目标、标准、程序上是相同的，即：干部竞争性选拔方式与常规的干部选拔方式存在内在价值上的一致性，都是基于同样的干部评价标准，如何选好干部、如何用好干部、如何管好干部，也就是解决为党和人民负责，吸收社会优秀分子团结在党的事业中，共同遵循干部选拔的原则与要求；在程序上，都要经过分析研判与动议、民主推荐、考察、讨论决定和任职的过程。所不同的只是在具体的能力考察方面采用了现代的人才评价技术，在本书的研究中以"常规性选拔"和"竞争性选拔方式"加以区别。

本书的研究对象，主要涉及县级以上地区各级党委、人大常委会、政府、政协、纪委、人民法院、人民检察院及其工作部门，或者机关内设机构领导成员。

经过多年探索，在党政干部选拔任用工作中取得了一定成效，也积累了不少经验，鉴于对现实问题的回应，新的干部选拔任用条例在以下三个方面做了修订：一是对选拔的职位、数量和范围做了特别规定，即一般情况下，领导职位出现空缺且本地区本部门没有合适人选的，特别是需要补充紧缺专业人才的，可以通过公开选拔产生人选；领导职位出现空缺的，本单位本系统符合资格条件人数较多且需要进一步比选择优的，可以通过竞争上岗产生人选。二是公开选拔、竞争上岗应当结合岗位特点，坚持组织把关,突出政治素质、专业素养、工作实绩和一贯表现,防止简单以分数、票数取人。三是公开选拔、竞争上岗设置的资格条件突破规定的,应当事先报上级组织(人事)部门审核同意。

通过访谈发现:2013 年以来,各地公开选拔工作处于制度转换阶段,公开选拔工作基本停滞,内部竞争上岗工作大幅萎缩。究其原因,主要有制度规定型、现实需要型、周期发展型、观望等待型和现实困惑型等情况。

(1) 制度规定型。干部竞争性选拔方式按照我国的干部制度要求来开展。但是随着 2013 年"6·28"讲话以后,据笔者了解,现在各地对竞争性选拔方式的要求减弱了,上级不是很鼓励了,2014 年以来均采取正常的干部委任制的方法,即常规性的干部选拔。

(2) 现实需要型。干部竞争性选拔的实施有着特定的历史背景和现实需要。被访者认为公开选拔有两种做法:一种是未来扩大干部选拔的视野;另一种是通过竞争选拔的技术手段进行选拔对象的识别。实施干部竞争性选拔方式来自职位空缺、岗位选拔的需要而开展。

此外,也有少数单位继续按计划实行内部竞争上岗,内部竞争上岗的选拔对象都是单位内部的人员,相互间比较了解,组织(人事)部门的考察也更客观、真实,各方面接受的程度也较高。

(3) 周期发展型。受访者更关注干部任用的周期性,是否采用竞争性选拔方式的方法与干部选拔的周期有关,一般干部任期是 5 年,干部选拔随着领导换届需要采用具体的方法和形式。

(4) 观望等待型。受访者认为,从选拔出来的干部来看,总的来讲素质都是比较高的;同时它掩盖了一些其他方面的问题,某些领导往往把原来不可调整的干部,通过竞争性方式选拔上去。然而,面对全面的停滞,仍然处于观望等待中,希望客观和理性地看待政策,不断完善干部选拔机制和手段。

(5) 现实困惑型。在干部选拔的具体操作中,仍然面临一些现实的困感。例如,法院、检察院的情况比较复杂,法官、检察官和辅助人员、行政人员的选拔仍需要继续进行制度的优化与规范。

调研中也发现,有个别单位从未做过干部竞争性选拔方式。这些单位有些是结构比较简单,单位领导职数较少;有些是成立时间较短,内部关系简单等。这说明干部选拔工作有着特定的条件和需要,并不是一种规定性的选拔方法。

基于新的要求以及新的制度、政策的颁布实施,根据习近平"6·28"讲话精神和两次修订后的《干部选拔任用条例》,着眼于干部竞争性选拔方式的优化、程序的规范,结合调研访谈所反映的新情况、新问题,通过对全国各区域、各层次对象的调研、访谈,提出进一步完善干部选拔工作的建议,回应干部制度改革的需要。

本书的研究路径来源于研究对象的实践探索与理性思考,调研考察干部选拔任用改革的成功经验和做法,分析干部管理体制中存在的深层次问题;以干部选拔任用的目标取向、价值追求和原则要求为基础,以干部选拔的制度优化与程序规范为核心,运用多学科的理论、模型与方法,科学地加以分析、总结、提升;从干部竞争性选拔方式的现实状况、适用范围、方法技术了解各地的做法和经验,对过去干部竞争性选拔方式的效果进行评价,对今后干部选拔的制度和程序加以优化,客观评价干部的实绩和干部的"德"。调研中收集到很多真知灼见和丰富的素材,例如,以层次职能和专业要求两方面寻求扩大或界定干部选拔的范围和对象;从方法、技术上考虑如何解决干部选拔的科学化和针对性问题,借鉴现代人力资源管理、人员测评、职位分析、胜任特征模型等的相关理论进行干部选拔制度的优化研究。

四、研 究 假 设

干部竞争性选拔方式本身仍处于尝试和探索中,《干部选拔任用条例》的两次修订说明现有的制度处于改进完善之中,这正是我们有必要对干部竞争性选拔方式进行深入探讨的出发点。虽然在过去数年中,该制度得到广泛的运用,甚至成为干部选拔的主要形式之一,但同时干部竞争性选拔方式本身面临着制度困境与现实冲突,有些是该制度本身的局限性,有些则面临着组织(人事)部门、选拔对象间各种关系的重新定位问题。

从干部竞争性选拔方式本身的设计来看,其承载着以下共性认识:

(1) 干部选拔任用制度是解决权力的配置和运作问题的政治制度,需要政治体制改革的制度环境;同时,进一步深化改革也迫切需要相应的干部队伍为保障。

(2) 干部竞争性选拔方式坚持党管干部的原则,提高民主集中制质量,以制度化实现民主化和科学化,以程序化落实干部选拔的民主化和科学化。

(3) 干部选拔制度由目标体系、理论体系、控制体系和方法体系组成,科学的干部选拔任用制度和程序有利于形成鼓励人才脱颖而出的制度环境和公平氛围。

(4) 专业与独立的考试机构为科学、优化干部选拔工作提供了可行的技术与方法上的解决路径,有助于提高干部选拔的效率。建立专业与独立的考试院,统一组织、评价、考试、考察干部,有利于解决选拔的周期长、成本高等问题。

(5) 正确处理过程公正与结果公认的关系,提高干部选拔的效度。既要讲求制度的刚性,同时又要服务于优秀领导人才的发现培养,大胆使用,探索面向解决具体问题的绩优选拔制。

(6) 将干部培养选拔的中长期规划,作为组织考核的内容之一,提前发现和储备人才。

(7) 建立配套性制度给上岗者充分发挥水平的平台。

(8) 建立干部选拔的信息化平台,形成量化的信度和效度评价监督体系。

基于以上判断,本书的研究目标(因变量)是干部选拔的制度优化问题。具体来看,通过对干部竞争性选拔方式的深入调研,发现干部竞争性选拔方式中面临的问题,期待提出改进建议;针对干部竞争性选拔方式与年轻干部培养之间的关系,科学确定干部竞争性选拔方式的定位问题;干部选拔的监督和责任追究制度是干部选拔工作顺利实施的保障。

本书研究的内容(自变量)是不同群体对象对干部选拔制度这一目标的不同理解、评判和建议。具体来看,包括不同区域,不同单位类别、不同编制、不同部门层级,不同职位类型、不同职位级别、不同任职时间、不同性别、不同年龄段、不同工龄、不同学历、不同专业对象的受访群体对干部竞争性选拔方式的客观评价、未来期望、问题反映、评判建议和干部选拔的监督的认识等,通过发现不同群体间差异、群体内差异,从而客观全面地把握干部竞争选拔制度对各类群体的影响,客观反映实践的探索,为干部选拔制度的优化提供实践依据。其中:

区域是指:苏浙沪东部区域、川渝新西部区域、闽粤南部区域、京晋北部区域和豫皖中部区域;

单位类别是指:党群系统、人大系统、政协系统、政府系统(含参公)、政法系统(公检法)、事业单位、企业、地区、其他;

编制情况是指:公务员(含参公)、事业、企业、编外;

所在部门层级是指:省级、副省级、市级、县(区)级、乡镇(街道);

职位类型是指:领导职务、非领导职务、已退休;

职位级别是指:正厅级、副厅级、正处级、副处级、正科级、副科级、科员、办事员、未定级;

任职时间(截至 2014 年年底)是指:1 年以内(含 1 年,下同)、3 年以内、5 年以内、10 年以内、10 年以上;

性别是指:男、女;

年龄段是指:"50后"(1950—1959年生)、"60后"(1960—1969年生)、"70后"(1970—1979年生)、"80后"(1980—1989年生)、"90后"(1990—1999年生);

工作年限是指:1—5年、6—10年、11—15年、16—20年、20年以上;

最高学历是指:大专及以下、本科、硕士研究生、博士研究生;

所学专业是指:自然科学、农业科学、医药科学、工程与技术科学、人文与社会科学。

本书的研究逻辑是通过对干部竞争性选拔方式的过去与现实的评价,研究干部竞争性选拔方式面临的现实问题与挑战,探求解决期望与现实间的路径与对策。

研究内容包括选拔主体,评价的标准、路径,适用的范围与对象、方法与技术,干部遴选与选调等制度的改进与完善及其他相关影响因素,包括年轻干部的培养、干部选拔的监督与责任追究。

本书研究的内容、逻辑和方法如图1-1所示:

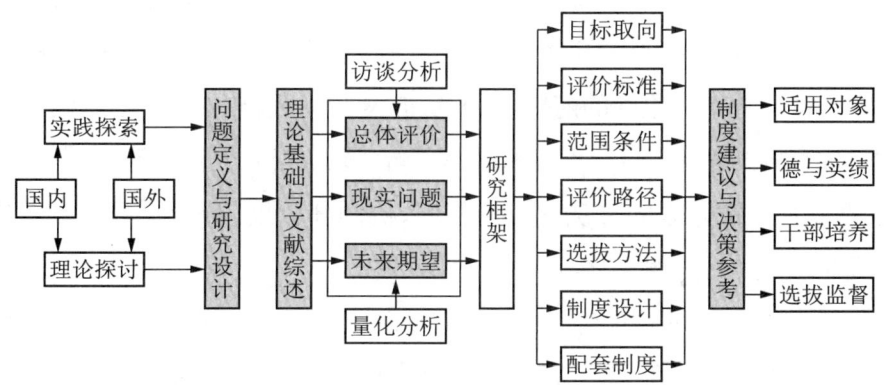

图1-1 研究内容与研究逻辑

第二章 文献综述

一、我国干部选拔的制度沿革、实践探索与理论探讨

(一) 我国干部选拔任用制度的历史沿革

干部选拔任用制度和程序经历了创立、探索和完善的过程,纵观我国干部选拔任用制度的沿革,基本上遵循了一条制度化、民主化、科学化的发展路径。所谓制度化,就是将干部工作中的成功经验,以法律、法规、制度的形式固定下来,形成互相配套、紧密衔接的制度体系;所谓民主化,就是在坚持党管干部原则的前提下,不断扩大干部工作中的民主,并使之成为一种有效的运行机制,贯穿和体现于干部工作的各个环节;所谓科学化,就是使干部管理的方法、标准、程序、机制和制度,符合干部人才的成长规律。

从中华人民共和国成立到1956年,我们初步建立起适应社会主义建设需要的干部选用制度。基本建立起了在中央及各级党委的统一领导下、由中央组织部和各级党委组织(人事)部门具体管理的分部、分级选拔任用领导干部的制度。在干部选拔任用的方式上,形成了以委任制为主要形式,并适当采取考任、选任等多种方式的格局。干部的任用开始严格履行一定手续,实现了程序化。建立了相应的监督监察制度。通过一系列法律规范的形式,将国家机关工作人员的任免权限、方法和程序等固定下来。党

和国家以及各级政府的主要领导人,均由选举产生,但人选则由委任制的选拔方式产生。干部的任用开始严格履行一定手续,实现了程序化。还制定了一系列干部管理方面的其他具体制度,设置了专门对干部的监督监察机构,建立了相应的监督监察制度,初步形成了一套与社会主义计划经济体制相适应的干部任用制度。随后的10年,1956—1966年5月"文化大革命"之前,以1957年2月《中央关于今后干部工作的方法的通知》为标志,从过去大批地、迅速地提升干部职务的方法改变为稳定干部职务、提高干部能力。

"文化大革命"时期,尝试用"大民主"方式打破僵化的官僚制,通过造反夺权、建立"革委会"探索群众自治型的委员会制度。然而,现实中却走向了"人治"和"派系"斗争。党政领导干部选拔制度脱离了正常的发展轨迹,干部的选拔与任免的程序和标准出现随意性的状况,领导干部选拔任用处于不稳定的反复局面。干部选拔任用制度的显著的特点是:在1966年下半年—1967年"全面夺权"的高潮中,大批干部特别是各级领导干部,未经正常的干部任免程序而以被打倒、靠边、下放劳动等而离开领导岗位;1968年"全面夺权"后,在干部的审查、调配、使用等各方面,以人划线、以派划线,完全否定了干部选拔任用的正常程序;建立"革委会"形式的党政军民混合领导机构,造成了制度设计、人员组成上的混乱。

改革开放之后,干部人事制度改革步伐加快,1976—1979年为制度恢复阶段。这一阶段主要是对"文化大革命"中被破坏的以委任制为主体的干部选拔任用制度进行恢复。但是,这时社会的政治和经济条件已经发生变化,委任制的弊端迅速显现出来。最主要的弊端是优秀人才难以脱颖而出,选拔任用干部中的不正之风难以有效制止。1980年12月,邓小平在中央工作会议上的讲话,明确提出干部队伍"革命化、年轻化、知识化、专业化"的方针。[①]1980年以后,党中央及其各地各部门围绕干部选拔任用制度进行了一系列改革和探索,先后下发了一系列规范性文件,建立

---

① 《邓小平文选》第二卷,人民出版社1994年版,第355页。

了比较完善的选拔任用制度。在随后的机构改革中有大批老干部离休退休或退居二线,在废除干部领导职务终身制方面取得历史性突破①,一大批德才兼备的优秀年轻干部走上各级领导岗位②。到1985年年底,全国已有近46万名中青年干部走上县级以上领导岗位。③1983年提出了干部选用制度改革原则:必须有利于干部队伍的"四化"和进行正常的新老交替与合作,有利于大量人才生长,及时发现人才,合理使用人才,有利于调动广大干部的积极性和创造性。

党的十一届三中全会之后,在完善制度化和程序化的基础上,我国的干部制度向民主化和科学化过渡。1982年进行机构改革时,中央提出在选拔领导干部、调整领导班子的工作中要打破神秘化和手工业方式,坚决地、大胆放手地走群众路线,进行了一系列探索:放手发动群众举贤荐能,甚至包括对整个班子的组成、去留、任职方案提出意见,反复征求群众意见;开始民主考评党政领导干部;民主推选领导干部;等等。1983年,中央组织部《关于领导班子"四化"建设的八年规划》提出:"选拔优秀中青年干部必须充分走群众路线,实行群众推荐、组织考察、党委集体讨论审定的三结合制度。"④1986年1月,中央发出《关于严格按照党的原则选拔任用干部的通知》,提出"选拔党政机关领导干部的程序是:民主推荐,广泛听取意见,提出选拔对象;组织(人事)部门考察,党委集体讨论决定后按干部管理权限上报;上级组织(人事)部门进一步考察,然后提请党委讨论审批。"⑤1995年颁布的《党政领导干部选拔任用工作暂行条例》确定了干部选拔任用的民主化。2004年5月,中共中央出台了《公开选拔党政领导干部工作暂行规定》《党政机关竞争上岗工作暂行规定》《党政领导干部辞职暂行规定》《党的地方委员会全体会议对下一级党委、政府领导班子正职

---

① 中共中央文献研究室:《三中全会以来重要文献选编》(下),人民出版社1982年版,第771页。
② 《邓小平文选》第二卷,人民出版社1994年版,第331页。
③ 陈凤楼:《中国共产党干部工作史纲:1921—2002》,党建读物出版社2003年版,第226页。
④ 中共中央组织部办公厅编:《组织工作文件选编》1984年版,第348页。
⑤ 《干部管理工作文件选编》,党建读物出版社1995年版,第20页。

拟任人选和推荐人选表决办法》《关于党政领导干部辞职从事经营活动有关问题的意见》。这5个文件,连同早些时候由中央纪委、中组部联合出台的《关于对党政领导干部在企业兼职进行清理的通知》,被形象地称为"5+1"文件。"5+1"文件的出台,标志着中国的干部人事制度改革已由局部改革、单项突破转向综合配套、整体推进的阶段,标志着中国的干部人事制度和程序得以确立和完善。

在干部制度的科学化方面,从1983年起,中央提出要建设第三梯队,作为较高层次领导班子接班人的后备队伍;到1985年,省、地、县级第三梯队已初步建立起来,作为较高层次领导班子接班人的后备队伍。党的十三大以后,根据初级阶段理论和中国特色社会主义基本路线,以及建立社会主义市场经济体制的需要,党大力加强领导班子建设和干部队伍建设,党政领导干部选用工作取得了很大进展,干部选用制度改革取得了显著成效。1989年8月,中共中央政治局全体会议讨论并通过《中共中央关于加强党的建设的通知》,强调选拔任用干部,要注重干部的政治立场、思想品质、领导才能和工作实绩,不能用"生产力标准"取代德才兼备的原则,防止重才轻德。党的十四大提出要加快干部选用制度改革的指导思想,综合设计干部人事制度;要建立干部的分类管理体制和有效的激励机制;要逐步实现人事管理的科学化、民主化和法制化的构想。各级党政机关干部,都要建立健全科学的岗位规范,实行严格的岗位责任制,把履行岗位职责的实绩作为考核、评价和使用干部的基本依据。要根据考核结果决定干部的奖惩及职务工资的升降,要按照各类干部的特点,改革和完善选任、委任、考任、聘任等任用制度,健全辞职辞退等制度。选拔任用干部,要贯彻公开、民主、竞争择优的原则,注重实绩,选贤任能,改变封闭式和神秘化的做法。1997年9月,党的十五大,以确立干部工作科学化、民主化、制度化为目标,深化党政领导干部选用制度的改革与完善。之后,干部选用制度改革步伐加快,各地积极进行探索,创造了许多好经验,如任前公示制、公开选拔地厅级领导干部和党政机关竞争上岗制、试用期制等。2000年7月,中央组织部提出"统筹协调、整体推进、重点突破"的工作思路,并指出当前和今后一个时期,要把解决干部能上不能下问题作为深化干部人事制度改革的着力点和突破口。此后,各地各部门在推进干部人事制度改革的过程中,越来越重视法律制度建设,注意将成熟的做法,及时用法律和制度的形式固定下来。

新时代对干部选拔任用工作提出了更高要求,干部选拔任用制度不断完善。习近平总书记高度重视组织工作,在2013年的全国组织工作会议上强调,要建设一支宏大高素质干部队伍,确保党始终成为坚强领导核心;党的十八大将建设高素质执政骨干队伍作为干部工作的出发点,集聚各方面优秀人才到党和国家事业中来。党的十八届三中全会通过的《中共中央关于全面深化改革若干重大问题的决定》(简称《决定》)对进一步深化干部人事制度改革作出了新部署。在总结实践经验的基础上,《决定》提出,坚持党管干部原则,深化干部人事制度改革,明确提出新时期党和人民需要的好干部标准,即信念坚定、为民服务、勤政务实、敢于担当、清正廉洁;在机制建设上,提出构建有效管用、简便易行的选人用人机制,着力提高干部人事制度改革科学化水平。

在2018年7月的全国组织工作会议上,习近平总书记对党的组织工作进行了全面的阐释,即提出新时代党的组织路线:全面贯彻新时代中国特色社会主义思想,以组织体系建设为重点,着力培养忠诚干净担当的高素质干部,着力集聚爱国奉献的各方面优秀人才,坚持德才兼备、以德为先、任人唯贤,为坚持和加强党的全面领导、坚持和发展中国特色社会主义提供坚强组织保证;建立以德为先、任人唯贤、人事相宜的选拔任用体系。习近平总书记强调,要建设一支忠实贯彻新时代中国特色社会主义思想、符合新时期好干部标准、忠诚干净担当、数量充足、充满活力的高素质专业化年轻干部队伍。[①]

---

① 习近平:《切实贯彻落实新时代党的组织路线　全党努力把党建设得更加坚强有力》,人民网,2018年7月4日。

2019年3月3日,中共中央印发《党政领导干部选拔任用条例》修订版,基于对前两版的实践探索,进一步强调坚持把政治标准放在首位,充分发挥党组织在干部工作中的领导和把关作用,强化党委(党组)、分管领导和组织人事部门在干部选拔任用、考察识别、管理监督中的责任。新修订的条例吸收了党的十八大以来,我们党选人用人工作中探索形成的实践成果,回应干部工作中出现的一些新情况、新问题;在第三章的分析研判和动议环节,特别增加了"在分析研判和动议时,根据工作需要和实际情况,如确有必要,也可以把公开选拔竞争上岗作为产生人选的一种方式",同时删除了上一修订版中将公开选拔和竞争上岗单列的做法。这种修订更具有可操作性,更符合现实情况,因为干部竞争性选拔方式是干部常规性选拔中的一种方式,在常规性选拔中可以使用竞争性选拔方式的方法,在竞争性选拔方式中同样必须按照常规性选拔的程序和规则来进行选拔,实现了干部选拔方式的融合和统一。

(二) 我国干部竞争性选拔方式的发展历程

从我国干部人事制度的发展来看,干部选拔制度的演进就是根据现实工作的需要与事业发展的要求,在实践中不断尝试、总结、改进的过程。干部竞争性选拔方式作为领导干部选拔模式改革的一种方式,经历了改革探索、制度规范、全面实施、调整完善的过程:

1. 改革探索阶段(1980—1992)

干部竞争选拔方式的产生有着特定的时代背景和现实需要。随着改革的推动,迫切需要大批优秀的各类人才,而原有的人才评价、干部选拔机制难以适应改革发展的需要。1980年,邓小平在《党和国家领导制度的改革》一文中提出:"随着建设事业的发展,还要制订各个行业提升干部和使用人才的新要求、新方法。将来很多职务、职称,只要考试合格,就应当录用或者授予。"[1]同年10月,重庆市公用局首次公开招聘下属企业经理

---

[1] 宋荣、谷向东、宇长春:《中国注册人力资源测评师认证教材》,中国发展出版社2008年版,第29页。

和业务干部。80年代中期,宁波、深圳、广州、西安等地为解决对外开放、经济建设与人才紧缺的矛盾,开始采用组织推荐与群众推荐相结合、考试与考察相结合的方式公开选拔处、科级领导干部。1988年,吉林省在全国率先采取"一推双考"的方法公开选拔副厅级领导干部(省交通厅、司法厅副厅长)。

2. 制度规范阶段(1992—1999)

根据各地的实践探索和经验,中组部开始总结各地的经验,并推动在全国的进一步尝试探索,随后这种形式得到了党内的认同。1992年6月,吉林省委组织部《关于采取"一推双考"的方式公开选拔副地厅级领导干部情况的报告》,被中组部转发并得到了充分肯定,全国有30个省份[①]推行了公开选拔厅、处级领导干部。1994年,党的十四届四中全会通过了《关于加强党的建设几个重大问题的决定》,指出:"对近年来一些地方在一定范围试行委任干部任期制、聘任制、试用制以及公开推荐与考试考核相结合选拔领导干部等,要认真研究和总结,使其不断完善。"[②]竞争性选拔方式制度改革开始成为党建的重要内容,并作为干部选拔的制度得到肯定。1995年,《党政领导干部选拔任用工作暂行条例》明确提出:"可以采取组织推荐、群众推荐、个人自荐和考试、考核相结合的方法推荐党委、政府及其工作部门某些领导成员人选。"1996年1月,中组部又转发了《吉林省公开推荐与考试考核相结合选拔领导干部的暂行办法》。20多个省份制订了有关规范性文件,一些地方还率先建立了公选题库。1999年3月,《关于进一步做好公开选拔领导干部工作的通知》(中组发〔1999〕3号)要求加快干部制度改革步伐。中央和中组部的这些部署,有力地推动了公开选拔领导干部工作在全国的进一步开展。1995—2000年,全国公开选拔地厅级领导干部750名,县处级领导干部7 509名。截至2000年4月,全国各地实行竞争上岗的县处级和科级领导岗位17.9万多个。

[①] 省、自治区、直辖市统称为省份,下同。
[②] 《中共中央关于加强党的建设几个重大问题的决定》,《党的生活》1994年第12期。

3. 全面实施阶段(2000—2012)

《关于印发〈全国公开选拔党政领导干部考核大纲(试行)〉的通知》(组通字〔2000〕4号)的颁布使公开选拔逐渐成为干部选拔任用的重要方式。2000年,制定了《深化干部人事制度改革纲要》,为干部竞争性选拔方式奠定了方向。

2000年6月,中央批准下发《深化干部人事制度改革纲要》,明确提出要"逐步提高公开选拔的领导干部在新提拔同级干部中的比例"。2002年7月,中央颁发的《干部选拔任用工作条例》中专门增加了"公开选拔与竞争上岗"一章,对公开选拔领导干部工作作了进一步规范。由此,公开选拔工作的力度不断加大,配套措施不断完善,公开选拔工作得到进一步深化。这一阶段的显著特点:一是公开选拔的范围进一步扩展,从公开选拔副职到正职,从部门领导到主要领导干部,从党政领导到企业领导;二是公开选拔的领导干部所占提拔干部总数的比例逐步提高;三是选拔程序、方法更加科学和规范。中央和各地方党委、政府都出台了一系列的法律规范和制度,从公开职位表、公开报名、资格审查等各个具体环节制定了一系列的规章制度,极大地丰富了公开选拔领导干部制度的内涵,具有很强的指导性、针对性和操作性。

2004年,中央又下发了干部制度改革的5个法律规范性文件,其中《公开选拔党政领导干部工作暂行规定》和《党政机关竞争上岗工作暂行规定》,对公开选拔和竞争上岗工作作了具体规定,标志着公开选拔和竞争上岗工作在科学化、规范化和制度化方面进入了新的阶段。特别是党的十六大以来,江苏、湖南、广东、吉林、贵州等在公开选拔领导干部上大胆进行改革创新,探索出了"公推公选""公推直选""公推差选""差额直选""双推一选""公推竞岗"等多种积极可行的选拔方式,其中尤以江苏南京、贵州贵阳、广东、湖南株洲等地的试点改革最受关注。

2009年9月,党的十七届四中全会通过的《中共中央关于加强和改进新形势下党的建设若干重大问题的决定》强调完善公开选拔、竞争上岗等竞争性选拔干部方式,突出岗位特点,注重能力实绩,对竞争性选拔方式制度化建设提出了更高的要求。① 与此同时,中组部《公开选拔制度考试大纲》对公选考试内容作了进一步规定。2009年12月,中共中央下发《2010—2020年深化干部人事制度改革规划纲要》(简称《规划纲要》),明确提出要"加大竞争性选拔方式干部工作力度。完善公开选拔、竞争上岗制度,积极探索多种形式竞争性选拔方式。坚持标准条件,突出岗位特点,注重能力实绩,完善程序方法,改进考试测评工作,提高竞争性选拔干部工作的质量。

4. 调整完善阶段(2013年至今)

党的十八大以来,以习近平同志为核心的党中央,带领全党全国各族人民勇于担当、积极应对前进道路上的困难和挑战,围绕治国理政提出了许多新思想、新观点、新论断,深刻回答了新的历史条件下党和国家发展的重大理论和实践问题。习近平总书记围绕选人用人制度发表了系列重要讲话,折射出丰富的思想内涵。

习近平总书记在2013年6月全国组织工作会议上的讲话是对干部竞争性选拔方式的本质回归、科学评判,是对实施过程中所出现问题的现实回应。我们应该看到,竞争性选拔方式发展过程中必然会伴随着种种问题的产生。2014年1月出台的新的《干部选拔任用条例》,对干部竞争性选拔方式进行了补充和完善。2019年3月3日《干部选拔任用条例》第二次修订版,特别增加了"在研判和动议时,根据工作需要和实际情况,如确有必要,也可以把公开选拔竞争上岗作为产生人选的一种方式",并规范了实施公开选拔和竞争上岗的相应条件。

2019年12月印发的《2019—2023年全国党政领导班子建设规划纲要》,提出要把党的政治建设摆在首位,引导各级领导班子和领导干部增强"四个意识"、坚定"四个自信"、带头做到"两个维护",提高政治能力,全

---

① 《中共中央关于加强和改进新形势下党的建设的决定》,《人民日报》2009年9月28日。

面加强和规范党内政治生活,严格执行民主集中制;要学懂弄通做实习近平新时代中国特色社会主义思想,深化理论武装,坚持学以致用、知行合一,做习近平新时代中国特色社会主义思想的坚定信仰者、忠实实践者;要优化领导班子配备、增强整体功能,选优配强党政正职,优化年龄结构,改善专业结构,完善来源、经历结构,大力发现培养选拔优秀年轻干部,合理配备女干部、少数民族干部和党外干部;要全面提高领导水平和专业素养,注重实践锻炼,提高领导班子专业化水平,发扬斗争精神、增强斗争本领。要加强管理监督、激励担当作为,严格日常管理,完善考核评价,强化正向激励;要持之以恒改进作风、严肃纪律,密切联系群众,持续推进党风廉政建设,落实全面从严治党政治责任。

党的十九大以来,习近平总书记对落实新时代好干部标准发表了一系列重要论述,为各级党组织的高素质专业化干部队伍建设指明了方向。他在党的十九大报告中强调,要坚持党管干部原则,坚持德才兼备,坚持五湖四海、任人唯贤,坚持事业为上、公道正派,把好干部标准落到实处。这是对党的十八大以来干部工作理论创新、实践创新、制度创新的科学总结和提升,体现了党的干部路线的坚持与发展,为新时代选人用人工作提供了根本遵循。他强调,要坚持严管和厚爱结合、激励和约束并重,完善干部考核评价机制,建立激励机制和容错纠错机制,旗帜鲜明地为那些敢于担当、踏实做事、不谋私利的干部撑腰鼓劲,要关心爱护基层干部,主动为他们排忧解难。

总的来看,干部竞争性选拔方式是为满足我国社会主义建设的需要,符合社会主义民主政治发展的潮流,是我国干部群众对高素质人才队伍建设、执政骨干队伍建设的实践探索,体现了在党管干部原则下中国特色干部制度的科学化、民主化进程,体现了党的集聚人才的开放策略,有利于实现组织意图和群众意愿的统一、公平公正和竞争择优的统一、德才素质和岗位需要的统一;有利于保持党的先进性和纯洁性,增强社会主义民主政治制度的吸引力和竞争力。干部竞争性选拔方式中存在的问题是在实践探索中的正常现象,这些问题也是整个干部工作中共同遇到和需要解决的基础性问题,应该通过进一步深化干部人事制度改革而不断进行完善。相对于干部选拔中的"条子""跑官"问题,"卷子""考官"是一种进步,但是改革的任务依然艰巨。较之以往,目前在选拔任用干部方面,选拔的机制越来越科学,程序越来越规范,措施越来越有力,但面对发展中的问题、面对制度的困境,我们只有不断探索,进一步改进、完善制度建设,使我们的干部制度更加科学化、民主化和制度化。

(三) 我国干部选拔的实践探索

各省份在干部选拔任用方面进行了很多实践探索:各地在探索党政一把手选拔任用方面进行了大胆尝试与有益探索。

1. 在党政一把手选拔提名方面,制订层层比选的程序

江苏省通过"两轮推荐、差额考察、差额票决"产生南通、宿迁、无锡三市新任市委书记和代市长。第一,2011年3月,江苏省召开了全省干部大会,省委委员及候补委员、在南京的副省级以上领导干部、省管领导班子的主要负责人、在苏工作的中央委员及候补委员等共222名领导干部参加了首轮民主推荐,推荐范围为1 127名符合条件的干部。在此基础上,按1∶3的比例确定进入第二轮民主推荐人选。第二,江苏省组织省委委员及候补委员、省级领导干部以及正省级老同志等118人对三市市委书记人选进行二轮差额推荐,每个岗位从9名人选中各推荐2人;不久对宿迁、南通两市市长人选也进行了二轮差额推荐。无锡市市长人选则从前期市委书记差额考察人选中产生。第三,考察名单确认之后,江苏组织熟悉党务工作、领导经验丰富的领导同志带队考察,同一个职位的人选由同一个考察组考察,便于分析比选。最后,江苏省委召开常委会,进行二选一差额票决,现场计票、现场公布结果。

山西省"两推两议两差额",一次性成功选拔了3名市委书记、4名市长人选。第一,2011年12月上旬,由省委常委会会议从符合条件的人选中按照1∶3的比例,署名推荐市委书记、市长初步人选。第二,由省委

"3+2会议"对初步人选酝酿讨论,议定市委书记初步人选9名、市长初步人选12名。第三,召开省委全委扩大会议,按照应选名额1∶2的比例,进行第二次署名推荐市委书记、市长人选。第四,省委"3+2会议"对人选再次充分酝酿,提出市委书记人选考察对象4名、市长人选考察对象5名。第五,省委组织部派出考察组差额考察后,省委常委会会议进行差额票决,确定市委书记人选3名、市长人选4名。最后,提交省委全委会表决。

2012年2月,广东省采用"公推比选"方式公开选拔省外经贸厅厅长。无论从选拔对象,即省政府组成部门的正职,还是采用"公推比选"方式上都是第一次。第一,在个人自荐的基础上,由各市和省直各单位党委(党组)推荐1—2名人选,全省共推荐了32人。第二,经资格审查后确定23人进入比选环节。第三,从个别面谈比选和能力测试比选的表现,确定6人进入实地调研和面试比选。第四,再确定3人为差额考察对象。第五,根据3人考察情况,提出2名建议人选。最后,提交省委组织部部务会差额票决,确定1名拟任人选报省委审批。

2011年9月,湖北省襄阳市采用"公推差选"选出3名县委书记、5名县(市、区)长。第一,襄阳市委召开领导干部大会,并邀请部分"两代表一委员"(党代表、人大代表、政协委员)参会,进行"公推差选"的第一个环节"海推",从400多名符合条件的人选中,"海推"3名县委书记和5名县(市、区)长的候选人,"海推"产生了16名候选人。第二,召开市委全委(扩大)会议,开始进行第二轮推荐,由市委委员、候补委员、市纪委副书记及各县(市、区)党政正职共54人实名推荐,差额产生4名县委书记、8名县(市、区)长拟任人选考察对象。第三,在第二轮推荐结束后,襄阳市委组成8个考察组,对进入考察范围的人选进行综合考察。最后,在听取考察情况汇报后,襄阳市委常委会进行差额票决,正式产生3名县委书记和5名县(市、区)长拟任人选。

2. 在干部选拔的方式方法方面,探索多种形式的评价技术

2008年3月27日,南京市委采用公推公选的方式产生市政府44名

组成人员人选(原拟订47名),同时民主推荐4名区(县)委书记人选,尤其是进行了电视PK大赛。16名市管副职干部走进南京电视台直播间进行演讲答辩,公开PK,各展风采,竞争4个局长职位。200多名观众来到现场,每人得到了一份打分表格。

2008年5月28日,贵阳市委决定将出缺的区(县)党委书记职位拿出来,在市级机关、市直企事业单位、区(市、县)现任正副县级领导干部中进行"公推竞选"。此次"公推竞岗"历时1个多月,经过11道"关卡",4名年富力强的竞争者最终脱颖而出,成为全国第一批通过公推竞岗产生的区(县)党委书记。

2008年9月24日,备受瞩目的广东省市联合公选100名年轻干部进入终极PK阶段——领导能力测试。200名入围者在顺利完成"情景模拟""无领导小组讨论"两个环节后进入最后的"决战"环节。由于之前面试的外语口试成绩虽不计入面试总分,但须达到合格分数线,这就使得54人面试成绩虽靠前,但因外语成绩达不到合格分数线而遭"一票否决"。

2018年,三门峡市委组织部探索竞争性推选路径,创新干部提名工作,将干部竞争性选拔的方法融入常规性选拔中,扩大了干部选拔的视野和范围,引入科学的选拔方法与技术,更加突出政治标准、政治素质、专业素养、工作实绩和一贯表现。竞争性推选通过资格审查、政治理论测试、政治素质测评、日常履职行为分析、业绩评价、无领导小组讨论、结构化面试等方式,对干部的任职资格、政治素质、日常表现、能力特点进行了全方位评价与考核,探索干部选拔更加客观、科学的方式与途径。通过竞争性推选方法,在众多符合条件的年轻干部中优中选优,把一批公道正派、注重实绩、群众公认的年轻干部选出来、用起来,激发广大年轻干部干事创业的激情。

3. 在干部考察方面,采取多种科学测评手段

重庆市在区(县)换届中,采用"两测评两调查"把选优配强区(县)党政正职放在突出位置,牢牢把握德才兼备、以德为先用人标准,切实考准

考实人选的德才素质。开展党性作风测评,了解掌握人选理想信念、党性修养、宗旨意识、工作作风等方面情况;开展民主测评,将对党忠诚和道德修养、统揽全局和应对复杂局面、抓班子带队伍、亲民爱民关心群众疾苦、作风民主集中决策等作为重要内容;开展德的反向调查,在召开区(县)干部大会时,让与会人员围绕作风是否民主、是否脱离群众等10项内容对人选进行评价;开展形象口碑民意调查,将区(县)党政正职的岗位职责和工作目标,细化为群众能直接感知的家庭收入、社会治安、医疗社保、幸福指数等13项指标,委托独立机构调查群众满意度。对在测评和调查中群众认可度不高的,坚决不予提名。

江西省以换届为契机,"两轮推荐、立体考察、两次票决",集中选配了9名省辖市党政正职。其中"两轮推荐"是指:一是"海推"提名,省委全委会成员、省级领导干部以及正省级老同志,地市党政正职、省直部门主要领导,省属企业、高校、中央驻赣单位负责人,省纪委常委等共306人参加了大会推荐,从符合条件的845名干部中推出16名人选。二是省委全委会扩大会议推荐,省委全委会成员、省级领导干部共80人进行推荐,省委常委会根据推荐结果、岗位要求和平时掌握情况,按照1∶1.5比例研究确定13名考察对象人选。"立体考察"是指:实行六点合一、立体聚焦考察,注意把基层群众评议意见、部门评价意见、上级考核意见、纪检机关意见和关键时刻表现、平时表现等方面结合起来,全面客观准确评价干部。有的还到考察对象所在社区、街道、企业和原工作单位进行延伸考察,实行实绩公示,接受干部群众的监督和评议。"两次票决"是指:"海推"后,常委会根据人选得票情况、换届考察和年度考核情况,组织平时了解掌握情况,以及优化干部队伍结构需要,进行认真研究、综合分析、反复比较,慎重提出提交第二轮推荐人选名单。"五人小组"两次酝酿,常委会多次研究,常委会、全委会先后投票差额表决,在扩大党内民主的同时,强化党委对干部工作的集体领导,确保了人选质量。

河南省郑州市通过选派重点项目一线历练、精选难点问题综合调研、实行多维考核等方式,从15名后备干部中遴选出7名县(市、区)长考察人选。重一线历练。市委任命8名后备人选为航空港区、富士康项目、污水处理厂、村民安置区等项目负责人,3名后备人选为郑州都市区新商城、宜居健康城等组团负责人等。通过参与省市重点项目加强锻炼,同时也通过参加具体项目考察后备人选在工作中的实际表现。一是重综合调研。根据县(市、区)政府正职岗位要求,结合市委工作难点,确定8个调研考察项目,如开展一次市容市貌巡查、进行一次火车站地区综合治理调研、选择一个煤矿进行安全生产调研等。完成调研报告,由专家匿名评审,按照质量高低排出名次。二是重多维考核。召开由市党政班子领导成员,县(区、市)、开发区一把手,市委督查室、绩效考核办主任、副主任等参加的领导干部会议。市委组织部提前分发后备人选的历练小结和综合调研排名情况,后备人选逐一作施政演讲;随后分4个层次进行民主推荐;即集体推荐、个人自荐、县(区、市)委书记署名推荐、市级领导定岗推荐;组成3个考核组深入历练项目,结合后备人选历练期间表现、项目进展、组织协调能力、突发事件处理和重大问题的应变能力、廉洁自律等情况进行考核;市考核谈话小组与市200余名干部一对一谈话,详细了解后备人选德能勤绩廉情况,综合考评后提交市委常委会讨论确定初步人选。

4. 在选拔对象的讨论决定方面,充分发挥常委会和全委会的作用

广东省针对换届前省直机关工委、省编办等8个省直单位正职超过省委委员提名年龄界限的实际,采取"全程差额择优"方式票决产生了8个职位的接替人选,并提名为省委委员人选。全程差额择优票决按照"六步法"进行:第一步,省委组织部研究制订原则意见和工作方案,报省委常委会审议;第二步,省委组织部分别听取省委常委、省人大和省政协主要负责人,分管省领导和有关方面意见,按不少于1∶3的比例,就每个职位提出推荐人选建议名单;第三步,省委常委会审议推荐人选建议名单;第四步,省委全委(扩大)会议按职位进行民主推荐;第五步,省委组织部根据全委会推荐情况、干部德才表现和人岗相适原则,按1∶2的比例研究

提出考察对象建议人选；第六步，省委常委会采取差额票决办法，票决出 8 名考察对象，并当场宣布票决结果。

辽宁省辽阳市在县（市、区）换届中，采取"三推两评两票决"方法，选配了 6 名县（市、区）党政正职。"三轮推荐"：第一轮，领导干部会议"预推"，在全市 784 名正副县级领导干部中推荐产生 14 名县（市、区）党政正职后备人选；第二轮，干部群众"海推"，组织空缺岗位所在县（市、区）党委、人大、政府、政协领导班子成员，市管正科级领导干部、部分"两代表一委员"，进行民主推荐，确定 10 名入围人选；第三轮，市委全委（扩大）会议"竞推"，组织入围人选进行竞职陈述，全委会委员、候补委员结合日常掌握情况，按照 1∶1 推荐 6 名人选，市委召开常委会集体研究，差额确定 8 名考察人选。"两项评议"：一是市委全委会委员评议。采取市委委员无记名填写评价表的方式，对差额考察对象的德才表现，特别是作风建设情况进行评价，同时与部分市委委员面谈，征求意见。二是干部群众评议。到考察对象所在单位进行深入考察，组织干部群众围绕德、能、勤、绩、廉 5 个方面 13 项指标进行民主测评，注重听取考察对象上级、同级、下级和单位干部、服务对象的意见，并到干部所在社区，全面了解干部工作和生活作风。"两次票决"：一是市委常委会议差额票决。在市委"五人小组"酝酿的基础上，召开市委常委会议，听取市委组织部推荐考察情况汇报，差额票决产生 6 名人选。二是市委全委会会议等额票决。进行无记名投票票决，产生 6 名县（市、区）党政正职人选。

江西省九江市在 2011 年县乡领导班子换届中，采取"两轮推荐、两次票决"的办法选拔党政正职，取得了较好的效果。"两轮推荐"：在换届中，县级班子成员人选必须在县中层以上干部大会第一次推荐的基础上，召开县委全委扩大会进行第二轮署名推荐。"两次票决"：由县委全委会和常委会两次票决，不经"两轮推荐、两次票决"的，一律不得进入考察环节。最后的票决环节，保证每一个进入票决环节的人选都是胜任人选，把得票情况作为提名的主要依据。在选拔县（市、区）党政正职过程中，第一轮推荐提名的干部都分别有 100 多人,第二轮推荐时不到 30 人。经过一路竞争,最后由市委常委会票决产生 8 名县(市、区)委书记和 10 名县(市、区)长提名人选。

(四) 我国干部选拔的理论探讨

党政领导干部选拔任用制度乃是政治运行机制核心层面的理论和实践问题。这个问题看似很熟悉,实际上对其研究还不够全面、深入和系统。国内的研究主要集中在各地组织(人事)部门的调研课题,学术性的研究内容非常有限,大量论文主要是经验型的总结和思考性的建议,诸多研究成果大多处于解释和宣传党的政策层面,缺乏对其进行充分的理论展开和系统的纵深探讨。事实上,党政领导干部选用的内容庞杂,很多问题仍处于探索和调整阶段。

干部选拔任用的理论探讨包括比较研究、制度分析与建构、问题与对策研究三个方面:

1. 比较研究

孙建强(2007)对公开选拔领导干部制度与我国现行的其他各种干部选拔任用制度和西方现代文官选任制度进行了比较研究和评价。

曾双(2008)把公开选拔制度与古代科举制度、西方文官选拔制度、委任制、选任制、公务员考录制度进行对比分析;提出 5 种公开选拔模式,提出了公开选拔的制度体系,即领导和组织体系、程序体系、技术和方法体系、监督体系。

孙明(2012)将竞争性选拔方式与传统选拔方式进行质量比较后发现:竞争有效度有所弱化;用人导向极容易出现偏离。

唐皇凤(2016)注意到了传统政治的有益成分进而提出"新贤能政治",并认为在干部选任体制上要推进民主选拔与民主选举有效衔接与深度融合。①但这一提法遭到了张文波(2017)的反对之声,他认为贤能政治

---

① 唐皇凤:《新贤能政治:我国干部选拔制度的民主化与现代化》,《复旦学报(社会科学版)》2016 年第 4 期。

不仅固化了官本位体制,且缺乏可操作性与可持续性,并以其"实质正义"观念背离了民主程序。①

辛晓霞(2020)认为,本着于法周延、于事简便的原则,我们党已初步形成了内容协调、程序严密、系统完备的以党章为根本原则,以相关党内法规制度为执行规范的选人用人机制。由此,选贤任能制度的科学化、程序化、规范化、法治化程度日益提升,提高了干部选拔任用的可预期性,强化了制度的导向作用,为激发人才创造活力提供了制度支撑,为推进国家治理体系和治理能力现代化打下了坚实基础。②

2. 制度分析与建构

张美琴(2005)提出了党政领导干部选拔任用制度是国家政治制度的重要组成部分,是解决如何进行权力的配置和运作问题的政治制度,选拔任用制度的改革需要政治体制改革创造环境支持。

朱东铁(2004)、曾双(2008)、陈丽(2011)、李木洲(2010)、王光政(2012)、胡宗仁(2009)从不同角度构建了竞争性选拔方式的制度体系、程序体系。

朱东铁(2004)指出我国现行公开选拔制度在理论分析、程序结构体系和方法体系方面存在的缺陷和问题。公开选拔制度是一个由科学的理论体系、目标体系、控制体系和方法体系组成的科学体系。根据系统的观点,通过对公开选拔制度的研究,构建了公开选拔制度合理的程序结构体系。即职位分类与资格条件确定、公开报名与资格审查、统一考试、组织考核、党委研究决定任命、试用期六位一体的程序结构体系。

陈丽(2011)认为竞争性选拔方式制度包含三方面特征,即政治性特征、技术性特征和市场特征,提出了竞争性选拔方式制度目前面临的四类风险,即人才的无序竞争和浪费、考试型选手的出现、报考门槛设定的尴

---

① 张文波:《贤能政治的诱惑及其不可欲——兼与唐皇凤、赵吉先生商榷》,《探索与争鸣》2017 年第 2 期。
② 辛晓霞:《制度治党视域下选贤任能显著优势的探析》,《科学社会主义(双月刊)》2020 年第 2 期。

尬、拉关系竞争等。

李木洲(2010)根据公选制度的特殊性提出了新的制度分析框架——"两维一体"制度创新分析框架,所谓"两维"即制度的纵、横两个维度,所谓"一体"即制度通过纵横两个维度的创新后而形成的整个创新制度体系。按照"两维一体"制度分析框架,分别对公选制度的横向创新、纵向创新及制度体系创新效益进行了具体分析。公选制度的横向创新包括三大分支创新,分别是隶属于考任制、选任制和"考选结合制"的三大分支创新——制度。公选制度的纵向创新主要是指公选制度各子制度的选拔任用流程的创新——程序。而公选制度的制度体系创新效益则突出表现在四个方面,即拓展了人才选拔机制、促进了民主政治发展、推动了政府职能转变和加强了制度文明建设——机制。

战伟萍、于永达(2011)通过对 1998—2007 年全国 920 位市委书记简历分析后发现,领导干部职业路径可以分为基层成长、高层下派、混合型路径三类。随着干部选拔任用制度的完善,领导任职之前的轮岗次数增加,混合型职业路径干部比重增加。①

王光政(2012)基于制度变迁、路径依赖和激励理论,提出需要从五个方面完善竞争性选拔方式制度:一是优化顶层设计,消除竞争性选拔方式干部观念和体制机制障碍;二是改进笔试面试,提高考试测评的科学性和适应性;三是破解异地考察瓶颈,强化对竞争性选拔方式干部德和实绩的考察;四是扩大民众参与,发挥民主机制在选人用人中的基础性作用;五是注重效益效率,切实增强竞争性选拔方式的统筹性。

党的十八大以来,中国特色社会主义进入新时代。随着全面推进深化改革和全面推进从严治党战略的实施,理论界也迎来了研究的深化阶段。这一阶段的研究内容体现着鲜明的政治性和时代性特点,即理论研究密切服务于党的方针政策。

---

① 战伟萍、于永达:《地方领导干部的职业路径特征及变迁》,《国家行政学院学报》2011 年第 3 期。

王志强(2019)系统梳理了党的十八大以来习近平总书记关于领导干部选拔任用的重要论述,分析当前我国领导干部选拔任用机制存在的问题,提出了新时代优化领导干部选拔任用机制的对策,包括进一步改革和完善干部考核评价机制、进一步改进竞争性选拔干部机制、进一步建设干部能上能下的更新机制、进一步优化干部选拔监督追责机制。①

李思(2020)梳理了中华人民共和国成立以来政治标准的历史演进,强调新时代领导干部选拔的政治标准实现路径,即以人岗匹配为基本原则,围绕干部选拔程序的每个环节,从选拔标准、选拔机制等多个角度探索实现路径,有针对性地提出了树立以政治标准为首的干部选拔理念,构建完备的干部选拔政治素质考评体系,完善以大数据为基础的干部考察机制三条实现路径。②

3. 问题与对策研究

傅兴国(2011)、陈丽(2011)、郭波(2012)和四川省委组织部课题组(2012)发现竞争性选拔方式干部往往更多地强调过程规范严谨、公平公正,而忽视了结果优质高效、社会公认。容易出现"唯考是举",导致"会考的不会干""会干的不会考""实绩好不如成绩好"的不良导向。实践中存在三个问题:程序烦琐、周期太长、成本较高。国敏(2006)在基层调研发现主要领导干部在选拔任用过程中仍然发挥重要作用,选拔任用干部的德才兼备标准难以落实,等等。郭波(2012)发现竞争性选拔方式干部"德"的测评不够全面、"群众公认"原则不够突出,选拔对象难以发挥水平,逐渐"泯然于众人"。

何媛媛(2011)发现和找出竞争性选拔方式干部中存在的问题,如:竞争性选拔方式干部还未成为常规方式,竞争性选拔方式还不够科学完善,质量还不够高,等等,并提出完善竞争性选拔方式的路径:科学谋划,加强

---

① 王志强:《新时代领导干部选拔任用机制优化的若干思考》,《中国行政管理》2019年第12期。
② 李思:《新时代领导干部选拔突出政治标准的价值意蕴与落实路径》,《党政干部学刊》2020年第2期。

统筹,推进竞争性选拔规范化;完善设计,提高质量,推进竞争性选拔工作科学化;阳光操作,强化监督,推进竞争性选拔工作民主化;注重总结,建章立制,推进竞争性选拔工作制度化。

萧鸣政(2011)对当前我国领导干部公开选拔任用制度的概念形成、制度化基础、发展过程及其实践形式进行了探讨。他将干部选拔的方法划分为考任制、选任制、竞任制与票决制等,并做了专门的解释。对于当前领导干部的公选制,从学科理论上进行了基础分析,从实践过程层面进行了问题分析。就公选制如何改进竞聘者理论上的广泛性与实际中的有限性、评价主体的多元性与价值观的不一致性、标准的科学性与可操作性六大问题提出了相关的对策与建议。

2014年以来,随着新的干部选拔条例的出台,开始反思干部竞争性选拔方式。孙明(2014)认为近年来出现的简单"以分取人"或"唯分取人"的做法,实质上没有很好地履行党委(党组)选人用人的领导和把关作用,一定程度上弱化了党管干部原则。改进和完善干部竞争性选拔方式,"必须探索竞争性选拔方式中党管干部的有效实现形式,以保证竞争性选拔方式健康有序、稳妥可控"。

刘学民(2015)认为为有效解决当前市县竞争性干部选拔考评工作中所存在的问题,提高基层考评工作的整体水平,应从胜任能力模型开发、试题库建设、测评技术研发、命题专家和面试考官管理等多方面完善选拔考评工作机制。

方振邦、陈曦(2015)总结了近年来对竞争性民主选拔实践和民主选拔理论的反思,认为随着干部人事制度改革步伐的加快,通过一线招考、公开遴选等形式培养和选拔了一大批地方和基层干部,但也出现了许多"火箭提拔"的违规乱纪行为或其他用人腐败现象。即使有些完全符合制度规范,但在执行中出现了问题。这说明,过去一段时期将竞争性选拔视为"灵丹妙药",作为选拔干部的唯一方式,这不仅会伤害实绩与能力突出但不善考试的干部的积极性,也会助长干部队伍不踏实工作、人浮于事的不良风气。①

仇赟(2019)聚焦干部选拔任用的干部考核考察环节,认为干部考核评价是综合性的工作,牵涉到许多不同的要素,必须细化考核评价标准,建立系统完善的综合考核评价体系,从而提高干部考察的精准度。由于领导干部岗位不同、职责各异,岗位工作的复杂程度及领导干部自身情况的千差万别,注定了不能对每名干部采用完全相同的考评标准,必须在干部考评内容上既体现普遍性、综合性,又体现差异性、个性化。提升干部考察的精准度,必须建立健全以各类领导干部岗位职责和目标责任为基础,与行业特点、岗位分类、层次高低等相匹配的考核评价指标体系,做到分清主次,统筹兼顾,以增强考评考核的针对性和可操作性。②

余绪鹏、徐艳(2019)梳理了学者对于解决干部的"为官不为"问题的建议③,认为一方面要加强制度体系建设,这可以从全面实施政务公开、健全规范政府权责体系、健全完善选拔任用制度、改进干部考核评价办法、加强问责制度建设等方面着手,④还要构建完善的容错免责机制,包括合理划定容错免责限度,严格规范容错免责步骤与程序等,从而使之承担正向激励功能,起到鲜明的纠偏作用⑤;另一方面要跳出制度视野来探讨有效途径。对"不为"官员的问责制度建设不止于制度本身,应纳入政府改革的整体视野,紧扣政府职能转变这根主轴,以理顺纵横向权力关系为前提,准确定位问责功能,完备问责体系⑥。同时,从思想、制度、组织上采取有力措施进行综合治理,既要大力加强官员思想教育与能力培养,也要完善干部正向与负向激励机制。

---

① 方振邦、陈曦:《干部竞争性选拔:发展历程、存在问题及解决对策》,《中国行政管理》2015年第12期。
② 仇赟:《我国领导干部考察制度探析》,《党政干部学刊》2019年第10期。
③ 余绪鹏、徐艳:《干部选拔任用制度研究:1979—2019——基于代表性文献的梳理与分析》,《中共天津市委党校学报》2019年第6期。
④ 李娟、余湘:《影响基层干部"为官不为"的体制机制因素分析》,《理论探索》2016年第6期。
⑤ 石学峰:《容错免责机制的功能定位与路径建构——以规制"为官不为"问题为视角》,《中共天津市委党校学报》2018年第5期。
⑥ 孔祥利:《以问责防治"为官不为":现状特点与制度反思》,《中共中央党校学报》2018年第5期。

4. 历史回顾与总结研究

祁凡骅和林欣(2018)从改革开放的维度对干部选拔任用制度的演变进行了分析梳理,认为改革开放 40 年的干部人事制度变革,在不同历史阶段呈现出不同的控制和发展偏好。从政党治理和领导力的视角出发,将干部人事政策分为控制导向政策、发展导向政策和综合性政策三类。不同历史阶段,干部人事政策取向在发展和控制之间波动摇摆,但总的趋势是发展相对稳定,控制逐渐加强。党的十九大后干部人事政策的发展权重得到提升,干部人事制度将呈现问题导向、创新导向、能力导向、智能化导向等特征。①

张向鸿(2019)也分析改革开放以来党政领导干部选拔任用制度的变革过程,他认为在改革开放初期适应以经济建设为中心和大力推进改革开放的需要,干部选拔任用逐渐走向民主化、制度化,在坚持党管干部的前提下,增加了公开推荐、民主测评、考试等环节,与国家主导的市场经济体制相适应,好干部的标准是有知识、懂业务、推进经济发展成绩显著。党的十八大以来,随着全面建成小康社会、全面深化改革开放、建设现代化国家治理体系的战略目标的确立,党政领导干部选拔任用制度在加强党管干部的前提下,逐渐走向科学化、规范化、程序化,与现代化国家治理相适应,好干部的标准将更注重政治性、务实性。变中不变的是:制度的变革始终紧紧围绕着一个目标,即通过选贤任能、建设一个人民当家作主、社会公平正义的现代化国家;旨在解决一个核心问题:实现党管干部与人民授权的统一,并努力寻求一个科学合理的制度路径。②

余绪鹏、徐艳(2019)基于对代表性文献的梳理和分析,对 1979—2019 年我国干部选拔任用制度进行研究。综观 40 年来学界的研究成果可以发现,干部选拔任用制度研究的政治性较强而科学性较弱,检视性较强而

---

① 祁凡骅、林欣:《改革开放 40 年我国干部人事制度变革逻辑——基于 166 项干部人事政策的样本分析》,《中国人民大学学报》2018 年第 6 期。
② 张向鸿:《改革开放以来党政领导干部选拔任用制度的变革与创新》,《中共石家庄市委党校学报》2019 年第 4 期。

前瞻性不够。未来的研究需要弥补当下的不足,不仅要善于在已有的实践基础上宣传、总结和提炼,还要善于对未来的改革进程进行设计、判断和预测。①

(五) 我国干部选拔制度的规律性认识与经验总结

1. 坚持党管干部原则和德才兼备、以德为先标准,确保导向正确

有了党管干部原则,才能科学确定干部选拔的方向、范围和程序,保证党在干部工作中的领导权不动摇。在实际选拔中一方面关注干部的真才实学,另一方面更加注重干部的品德素质,想方设法将德考实、考准。这一原则和标准客观上保证了选拔干部工作始终沿着正确轨道前进。

2. 选拔干部工作营造出"凭实力竞争、让真才胜出"的环境

干部选拔工作将"伯乐相马"与"赛场赛马"并重,通过对竞职者德、能、勤、绩、廉等素质的测评和遴选,让广大干部认识到,个人的成长进步,靠的是组织培养、自身德才素质和工作实绩。如在干部推荐中,杜绝会说不会干的干部,延伸考察让知情人投知情票,最大限度地保证推荐和竞争结果的真实有效。

3. 始终体现民主集中制的要求

不断健全干部选拔任用和管理监督科学机制,防止用人上的不正之风和腐败现象,切实提高选人用人公信度。人民群众的信任和支持,是决定政党兴衰的根本因素,是党执政最根本的基础。回顾中华人民共和国成立以来干部人事制度建设与改革的历程,可以看出,干部选拔任用工作在不断改革中,其科学性不断提高,党员群众的知情权、参与权、选择权和监督权不断扩大,提高了选人用人公信度。在干部的选拔上,注重群众公论,以实绩取人。

4. 增强干部素质测评的科学性

突出岗位特点、注重能力实绩,实现人岗相适、用当其时。在选拔干

---

① 余绪鹏、徐艳:《干部选拔任用制度研究:1979—2019——基于代表性文献的梳理与分析》,《中共天津市委党校学报》2019年第6期。

部工作实践中,资格条件按岗位职责来设置,推荐、考察人选按岗位需求来审查,考察测评注重干部能力实绩。实践证明,只有不断提高干部德才与职位要求的匹配程度,才能更好地做到人尽其才、才尽其用,才能真正让选上的人坦荡、落选的人服气,用人单位踏实,社会群众满意。

二、国外公务员选拔任用制度与实践概略

我国与西方国家在政治社会背景、历史文化传统方面存在根本差别,我国的干部选拔制度具有中国政治体制下的特色与规定,与国外学者的研究成果并不具有直接的对比性。这里介绍国外政府公务员选拔任用的实践经验可以进行必要的参考、借鉴。

近现代,西方国家非常重视公开考试竞争择优选拔原则。"人适其事、事适其人、人事匹配"是现代人力资源开发和管理的基本原则,现代欧美国家选拔文官的时候十分注重测评要素与拟任工作的相关性和适用性,注意不同工作岗位对任职角色观念意识、工作经历背景、个性特点和行为模式的客观要求。与此同时,各国都在不断采取多种措施加强对选拔政府官员的管理和规范考试程序。美、英、法、日在招考时的共同特点就是对考核机构不断规范,有的直接由政府主管部门组织,有的由专门的管理机构组织,专门化程度和科学化程度得到保证和提高。早期选拔政府官员面试时,考官的组成比较单一,后来实行了由人力资源部门、实际用人单位和从事人事测评的专家共同组成的考核小组来面试,为了提高考官的测评能力,许多国家和地区还针对考官进行经常性的培训,使考官的测评技术和专业知识的熟悉程度不断提高。[1]

1. 采取政务官、事务官分设形式,注重分类选拔

西方国家的政府官员大体由两部分组成:一是政务官,二是非政党型

---

[1] 约翰·P.科特:《变革之心》,刘祥亚译,机械工业出版社2003年版,第50—51页。

事务官。政务官是由执政党直接选拔和任命的一个很小范围的高层决策群体,在中央政府中是指内阁总理和部长以及直属于他们的顾问、专家和高级行政人员;在地方政府中主要是州长和一些重要的行政和司法人员。事务官是指在行政机关中负责决策执行的人员,他们不由选举或任命产生,而是通过考试取得职位,独立于政党之外,保持政治中立。美国在1978年制定了《公务员制度改革法》,在联邦政府各机关中设置9 200个高级公务员职位,通过公开选拔录用。高级公务员处于政务官与一般业务类公务员之间,通过公开选拔录用。一般分为职业任用、非职业任用、限定任用三个类别。英国工党党内干部普遍采取选举方式产生,而党组织只是对参选人的资格条件进行某种限定,并设计相应的选举程序。

2. 注重岗位分析,明确每个岗位准入条件

岗位的基本条件和专业技能一般不会有太大变化,避免岗位条件的随意性。美国公布招考公告、命制试题,选拔人才的依据就是具体职位的资格条件及素质要求。澳大利亚以《价值观与道德准则》为依据,从政治立场、就业观念、职业道德、工作环境、工作目标等方面规定了岗位需要具备的条件。印度官员选拔考试具有相当的难度,联邦公务员委员会每年组织开展一次选拔,但每人一生只有4次考试机会,有效防止"考试专业户"情况。[①]

3. 选拔范围与来源的多元化与开放性

西方国家甚至一些主要政党面临党员数量下降、后备干部的不足。近年来西欧政党组织开始主动拓展组织空间,主动吸收各界社会精英。以欧洲的保守党和自由党为代表的一些右翼政党,会主动筛选各领域的精英人士,动员他们加入政党中来,从而在选举中获得更高的支持。比如,德国基民盟就提出要建设一个更加贴近公民的政党,主张向社会精英们实行组织开放,防止党成为专业干部的俱乐部。德国社会民主党也开

---

① 吕元礼、杨伟、梅黎明:《东方国家执政党选拔官员制度比较》,《理论探索》2009年第1期。

始将眼光投向党外人士,开始尝试吸收有社会影响力的人士担任党的领导职务或推荐为本党的议员候选人,推动党的领导职位向党外人士开放。一向在干部任用上比较封闭的英国保守党也向各界社会精英和妇女、少数族裔等开放,吸纳更多的妇女和少数族裔候选人参选保守党的议员。①

4. 采取公开选拔,全程差额竞争上岗

公开选拔有两种:一是内部公开竞争上岗,二是外部公开选拔。所有职务空缺都要公布,不能私下指定。意大利的高级公务员空缺职位一般通过"外部竞考""课程竞考(培训性竞考)"两种途径。"外部竞考",即高级公务员每年70%的空缺职位由部门竞考填补,其中50%的职位预留给组织竞考的公共行政部门。"课程竞考",即培训性竞考,竞考者首先通过考试进入高等公共行政学院,接受为期2年的培训;培训结束后通过一次"期中考试",按照每年高级公务员空缺岗位数的30%安排分数前列者进入半年的工作实习;实习后通过最后的毕业竞考,即可进入高级公务员队伍。美国高级公务员的晋升除了少数人是以政府外部人员的身份就任高级文官外,大部分人的晋升是以初、中级的公务员职位为起点,通过层层激烈竞争选拔上来的。即高级公务员的选任必须经过竞争性程序产生,其中以笔试和面试为主。美国政府部门考察重要职位人选时,除了注重听取其直接上司意见外,还与被考察人单位领导、下属谈话,有时还延伸考察至其旧同事、老邻居等,在更为广泛的范围里了解官员的现实表现,使考察材料最大程度贴近被考察人的真实情况。选拔工作期间,联邦政府会设立200个咨询点、800条热线供查询考试相关事项。不同等级的文官设置不同的考试科目。外交官、情报官、科技官或某些特殊部门的官员,难以以考试测试才学,则通过非竞争性考试方式产生。②德国、韩国等也都开放低、中、高级公务员职位,通过公开选拔、竞争上岗,以此来提高绩效水平。

---

① 赵刚印:《西欧主要政党干部的培养与选拔探析》,《学术探索》2009年第4期。
② 崔鹏飞:《西方现代文官选任制度与我国公选制度的比较研究》,《理论研究》2010年第1期。

5. 注重科学考评，发挥社会第三方组织力量

英国委托 CAPITA 集团下的招聘与评估公司（RAS）根据《公职管理法规》和文官专员制定的《招聘法规》进行文官考录。采取分级考试的形式，四个文官等级在文化程度、年龄等方面有不同的报考要求。同时，英国文官制度有选拔"通才"的历史传统，笔试科目一般分为数学、古文（包括拉丁文和希腊文）、历史和科学等科目，尤其是对高级文官的考试，一般参照牛津大学和剑桥大学高材生的标准。澳大利亚90%的高级管理人才是通过猎头公司选拔的。

6. 规范选拔程序，提高选拔任用的规范性

美国职业高级公务员的选拔任用，贯彻功绩制原则，实行公开竞争。选拔程序和方法由各地各部门根据各自的实际情况而定，不尽一致。但一般有如下程序：(1)公布职位空缺情况；(2)候选人提出书面申请；(3)用人单位进行资格审查；(4)考试；(5)考官委员会提出推荐意见，部门负责人初定人选；(6)联邦人事总署资格审查委员会认定任职资格，部门负责人决定任用；(7)试用1年，期满考核合格后正式任职。选拔一名高级行政管理人员一般需要3—4个月。

英国高级公务员选拔录用包括以下几个步骤：(1)相关部门将需要公开竞争的职位报公务员委员会、内阁办公室及财政部批准，公务员委员会负责审核录用程序，草拟招聘岗位的工作职责和招聘对象的专业要求，并批准招聘广告和媒体公布招聘信息；(2)发布招聘公告，应聘者在网上登记注册。在登记注册时会有一个模拟情景的自我测试，对报考人进行初步筛选，以节约招考成本；(3)初选淘汰阶段和复选淘汰阶段是在网上进行的，初选阶段需要完成一些测试题，用来考查应考者是否具备高级公务员必须的能力和知识，复选阶段要求应考者在指定的测试中心内进行3小时的内部测试，测试内容基本上是工作情景测试，考查考生处理问题能力、抗压力能力和工作效率；(4)经过初选和复选的候选人，在终选阶段再需要进行包括结构化面试、心理测试、写作能力及小组合作等测试，最后

确定3—4名候选人;(5)最后将经过终选阶段确定的候选人报公务员委员会批准,批准后需要对高级公务员实行任前检查,包括性格、个人健康、国籍等,最终签订正式合同,递交公务员委员会办公室。英国高级公务员选拔录用要报公务员委员会、内阁办公室及财政部批准。

7. 重视早期培养,建立后备干部队伍

法国专门为培养行政精英建立了巴黎国立行政管理学院和巴黎综合工艺学院,这两个学校的学生是法国高级文官的有力竞争者。新加坡人民行动党政府从小学、中学起就着意发现优秀人才,然后给予优秀人才政府奖学金出国深造,并通过订立合同要求他们学成后归国服务,然后在实践中进一步观察、培养和选拔。

从历史和全球视野以及干部选拔的比较中可以看出:西方国家选拔任用制度越来越具有民主化、公开化、科学化。这是人才选拔和使用的必然要求和规律性认识,严格标准、公开竞争、择优录取,不断提高测评内容的科学化和系统化水平;坚持人事匹配,不断提高测评的针对性和有效性;尊重各级组织在选拔干部中相对的独立性、标准的灵活性、选拔过程中的民主性和稳定性、结果的公平性,坚持遴选队伍及对象的开放性,等等,这些做法和经验对我国干部选拔任用工作有着参考借鉴意义。另外,关于领导、领导素质的研究是干部选拔的科学化的基础,西方国家高级文官的选拔任用非常注重职位分析、专业评价技术的使用和选拔过程中的监督评价,这对于完善我国党政领导干部选拔具有借鉴意义。①

---

① 赵刚印:《西欧主要政党干部的培养与选拔探析》,《学术探索》2009年第4期。

第三章 研究方法

一、研究设计

调研的初衷是了解不同对象如组织人事干部、领导干部、参加过竞争性选拔方式的人员、普通干部群众(未参加过竞争性选拔方式)对干部选拔工作的真实想法。选取东部、西部、南部、北部和中部省份开展调研,对全国范围内的情况开展调查,最初设计所选择的省份包括:东部上海、浙江、江苏;南部广东;西部四川;北部山西、内蒙古、辽宁;中部河南、安徽。问卷调查和访谈前后历时8个月,因为时间关系和条件限制,内蒙古和辽宁的调研未能成行。最后形成71场次,75人次的访谈、1872人的问卷调查结果。

整个调研工作非常庞杂,包括前期的人员联络、物质准备、实地走访、数据记录与收集、分类整理、数据录入、记录整理、数据统计、定性定量分析,可以说是事无巨细,竭力周全,对时间、精力、协调能力、研究分析能力都是巨大的挑战。整个调研基本覆盖了我国东部、西部、南部、北部和中部地区,访谈和问卷调查,能够相对客观地定性、定量了解干部竞争性选拔方式的现状、问题和对策思路。(访谈对象详见附录二)

如何进行报告的组织?将访谈的内容和问卷调查的内容整合在一篇报告中显然面临巨大挑战。虽然秉持"定性与定量研究相结合"的原则,但在操作中会遇到极大的矛盾,因为这是两种不同的研究方法。最初的设计是希望将访谈的内容作为对策研究的部分,这样做会导致问卷分析的内容与访谈的内容无法有机衔接,毕竟是两种不同的研究路径。第二种方案是项目组讨论,采用三段论的写法,即提出问题、分析原因、对策建议。但这种结构却不能将大量的调研和访谈内容很好地利用起来。第三种方案是采用总报告和分报告的形式来解决内容与形式的统一问题。然而,在实际撰写过程中发现问卷调查统计和访谈分析是无法割裂的,将定量分析与定性分析相分离的做法明显割裂了研究本身的统一性,两者虽然有着不同的表述路径,但有着天然的联系,问卷调查是"面上"信息的客观反映,而访谈则是"点上"的背后逻辑。所以,最后确定为定量与定性相结合的报告结构,用访谈的资料解释问卷调查的结果,相互印证,访谈的结果有助于更好地解释问卷调查所反映的问题,也有利于更好地进行问卷设计和调查。结构分析与整体分析相结合,结构分析用来理解对某个问题的共识或独到见解;整体分析,用来解释这种共识和见解的背景、被访谈者的思考逻辑,从而能够将孤立问卷调查的数据用整体性的分析加以解释。

二、研究工具

由于访谈涉及不同地区、不同人员,所以在问题设计上采用统一的访谈提纲,尽量做到访谈情景的一致性,从而降低访谈的外部影响。鉴于访谈者的差异性,可能会对提出的问题有不同的解释,存在理解上的偏差。

访谈区域的选取考虑了地区的差异和代表性,但各地访谈对象的身份有一定的同质性。

干部选拔与队伍建设调查问卷内容包括三部分:基本统计信息、部门工作状况与干部发展状况调查、干部选拔培养状况调查(详见附录三)。问卷的设计思路是要了解干部竞争选拔的评价、期望、问题、建议以及对年轻干部培养、选拔和监督等,通过基本信息的交叉统计分析,发现不同群体对象间的差异性,为干部选拔工作提供决策建议。

干部竞争性选拔方式访谈提纲(详见附录一)包括两部分内容:访谈对象的基本情况和访谈内容。基本情况包括访谈对象的单位类别、职位类型、职级、工作年限;访谈内容包括:(1)您单位在2014年之前和之后开展干部竞争性选拔方式的情况?(2)您认为哪些职位、层级适合进行竞争性选拔方式?报考干部竞争性选拔方式的人员应具备哪些条件?如何优化相关制度、程序?(3)您认为干部竞争性选拔方式的方法、技术上有哪些需要改进的地方?(4)如何评价报考人员的实绩?(5)您认为如何考准、考实干部的"德"?(6)如何评价干部竞争性选拔方式的效果?(7)您认为通过公开选拔、竞争上岗的领导干部需要建立哪些配套性的措施和制度?(8)您对加强和改进年轻干部培养和选拔工作有何建议?

三、实施过程与资料整理

本书的研究从2013年启动,2014年6月—2015年2月进行了大量的问卷调查和访谈,获得了1 872份问卷和75人的访谈记录;2016—2017年在进行数据统计分析的同时,组织了各方的专家共同参与、反复讨论论证;2018—2020年又根据最新要求,对照2019年最新版的《领导干部选拔任用条例》作了进一步修订。

访谈和问卷同步进行,在进行访谈的同时,动员访谈对象所在单位的同事,包括同级、下属甚至不同部门的同事进行问卷调查。这种方法的优点是可以配合访谈内容进行相互印证,缺点是数量太少,一个单位最多收集10余份,少则只有四五份,在调研对象的覆盖面上远远不够。所以,必须借助其他力量进行访谈,一是借助访谈对象发放问卷,如广东的调研,是由省委党校的老师在广州、深圳、珠海等地的讲课期间发放问卷。二是借助各地党校的渠道,在各类培训班上发放问卷。三是借助各种朋友、同学的关系联系到各地的群体进行调研,如:江苏借助同学的关系回收了70份问卷,宁波、重庆利用同事关系进行问卷调研。共计发放问卷2 082份,有效回收1 872份,有效保证了问卷的回收和回答的质量。访谈小组由4人组成,分工进行访谈整理,每位对象的访谈时间在2—3小时,专业的速录员给我们提供了极大的便利。

问卷调查数据收集完成后,需要经过分类、报表格式设计、数据录入、校对、统计、分析、对比等工作。鉴于录入工作量很大,尤其要保证数据的准确性,尽量减少差错率,所以特别外请专业的数据录入公司进行,效果颇佳。

数据的统计分析工作,聘请了专业的数据分析人员,经过认真研究、反复讨论和试验后,采用列联表、卡方检验和交叉分析方法以发现统计指标的差异性,为进一步分析、论证奠定了科学的数据支持。

表3-1 问卷调查与访谈分布情况

区域分布	发放问卷(份)	有效问卷(份)	访谈场次(场)	访谈人数(人)
安徽	221	217	12	13
北京	155	155		
福建	9	9	3	3
广东	275	237	9	11
河南	227	227	9	10
江苏	100	70		
山西	284	241	12	13
上海	417	382	19	19
四川	240	205	5	5
新疆	84	59		
浙江	40	40	1	1
重庆	30	30		
合计	2 082	1 872	70	75

在统计分析的设计上,进行了区域比较,将各省份的调研对象划分到不同的区域中,包括东部(上海、江苏、浙江)、西部(四川、重庆、新疆)、南部(广东、福建)、北部(北京、山西)、中部(河南、安徽),根据基本统计信息的内容对不同调研对象的认识做了对比分析。不同地域、不同单位类别、不同层级、不同职位类型、不同年龄、不同任职年限的对象有着不同的态度和认识,从中发现多方向的差异性,并得出很多值得思考的结论。

四、研究伦理

本书中所有调研都是基于中立的、客观的态度而进行的。在访谈前的准备阶段,如实将访谈内容提前告知访谈对象或问卷调查者,并获取对方的同意后,再登门拜访;在访谈开始时,声明该研究的出处、目的、拟访谈内容、结果的使用范围及保密事项,如果现场录音或现场速录,也先行告知,获得同意后进行;在数据转录、校对过程中,力求忠实记录访谈结果,并将涉及姓名或其他容易引起歧义,或容易引起第三方争议的内容作了隐去。作为研究者(笔者)可以保证信息来源的真实、可靠,对所有资料的使用都是基于进一步完善干部选拔制度研究的目的。

访谈对象第一来源是熟人介绍,通过人际网络进行扩充。访谈对象的另一来源是体制内的安排。例如,在上海市委党校的调研则通过履行行政手续以保证调研的有序进行。整个流程包括:课题调研的筛选,必须由学校认可的课题才有资格进行调研;资格的确定必须经科研处备案并进行推荐,并提出调研必要性及可行性的书面申请;该申请报学员处统筹后,再报分管教学、学员工作的副校长审批同意,方可实施;具体实施要由学员处、教务处根据教学安排,由班主任具体布置,调研者到场说明并进行问卷分发和回收。这个流程保证了调研的严肃性,保证了学员回答的客观真实,也提高了问卷的回收率。

访谈的各个环节遵循了研究伦理的要求,以自愿、公正、真实地开展调研工作。

访谈前准备：通过各种途径确定访谈对象，并在访谈前进行电话或邮件沟通确认，如实告知访谈的目的和内容，获得同意后，再约定时间前往调研。

访谈过程：首先向受访者如实声明，包括研究目的、背景说明、访谈原则、保密性陈述，访谈提示语的内容是：

引导语：这个访谈是关于干部竞争选拔的调研，这是2013年国家社科基金课题的组成部分。

2013年之前，关于干部选拔大量采用了竞争性选拔方式，甚至有种说法叫作"逢提必竞，逢进必考"。习近平总书记在2013年全国组织部长会议上发表了"6·28"讲话，反对四个"唯"：唯分、唯票、唯年龄、唯GDP。2014年1月14日，《干部选拔任用条例》出台，值得注意的是，在该条例第九章保留了公开选拔和竞争上岗，根据我所了解的情况，现在各地的干部竞争性选拔方式基本上都停止了。

我希望通过调研了解一下大家对这种形式的态度和下一步做法的建议。我现在访谈的对象涉及各个方面，就是想听听不同人员、不同的角度的真实想法。我的目的是希望把大家的意见进行归纳汇总。形成一个共识性的东西，倾向性的结论。在最终报告中不会反映个人的具体信息，报告由著者执笔。

具体访谈内容包括：目前干部竞争性选拔方式的情况怎么样？在制度、程序、方法技术方面有什么问题？如何考核"实绩"和"德"？如何评价干部竞争性选拔方式？下一步该怎么做？

今天就想麻烦您谈一谈自己的态度。您也可以放开讲，您可以不完全按照上述顺序来讲，哪方面感兴趣就讲哪方面。

访谈提问：在访谈中保持与访谈对象的沟通，及时给予回应，并不断引导访谈对象按照访谈提纲的内容阐述自己的态度或观点。有时访谈对象会按照自己的逻辑来回答问题,我们也如实地进行记录,在后续的整理中,再进行重新编辑。有些访谈对象对竞争性选拔方式不是很了解,有时可能讲得不是很专业,但这也是一种客观情况,我们访谈中进行了如实记录。

访谈交流:当访谈对象全部表述完成后,访谈者还会根据访谈过程中的一些不甚明了的态度或观点进一步进行求证、交流。

访谈总结:访谈结束时,除了对访谈对象的感谢外,要求留下访谈者的名片,以保持与访谈对象的进一步沟通交流,也欢迎他们推荐不同的访谈对象。

结束语:您的建议拓展了我的思路,有很多有价值的观点,再次对您表示感谢。如果您还有任何新的想法都可以随时联系我,或者在方便的时候,我再次来拜访您。您也可以给我推荐一些对这个问题比较熟悉或者感兴趣的人,以便我们进一步的学习、研究。

资料保密:调研结果仅限于课题组成员、专业技术人员(如速录员、数据录入员、数据分析员)使用,为保证保密性,与外请的专业的数据录入公司签署了保密性协议书,并时时提醒每一位数据的使用者注意信息的保密和安全。

结果整理:包括问卷数据的录入、访谈结果的转录。数据转录尽量如实反映访谈对象的真实表述。这个在广东和上海做得最好,因为全程都是速记或录音,转录完成后,又根据访谈笔记进行校对、整理。

研究结果:研究基于对干部竞争性选拔方式问题的探讨,调查收集不同意见建议,尊重客观的表述,研究结果则是对整体情况的把握,比较不同对象、群体的差异性,综合分析各种意见建议,形成总体性的判断。

五、信度、效度与局限性

访谈总共进行了 70 场,访谈对象 75 人次,访谈对象包括领导干部、组织(人事)部门工作人员、普通的干部、一般工作人员;访谈层次有厅级局领导干部、县处级、科级及一般科员;访谈范围包括我国大陆地区多个区域。访谈结果基本上反映了当前干部竞争性选拔方式的现实状况、总体评价及改进建议。访谈内容具有一定的代表性,然而,在信度、效度方面上也存在不足。

一是访谈对象选择的局限性。访谈主要基于体制内参与者、体制内有相关关系者的访谈,对普通群众的访谈还是比较欠缺的。二是访谈对象信息的局限性。在访谈中,访谈者给访谈对象做了充分的说明和解释,以打消访谈对象的顾虑,所有访谈都是匿名访谈,甚至隐去了访谈对象的工作单位和相关个人信息,访谈结果相对来说是比较客观的。但是在访谈的内容上也发现访谈对象往往从个人的理解加以解读,有些访谈将公开选拔与竞争上岗混为一谈。三是访谈结果的差异性。整个访谈过程严格契合干部竞争性选拔方式的相关内容和现实问题,访谈的内容是客观有效的,但是整个访谈内容也存在一定的分歧,这种分歧恰恰反映了各地干部竞争性选拔方式本身的差异性,也是我们来进行研究的切入点。四是研究的局限性。由于干部竞争性选拔方式本身未能正确处理方法技术的科学性与制度的公平性及操作安全性之间的关系,因此在实践中,选拔单位的管理人员和命题人员首先关注的是安全性,而作为考试对象、社会公众比较关心的是公平性,专业的研究者关注的是科学性。如何评价干部竞争性选拔方式的效度? 在实际操作中,由于过分强调安全性、公开性和标准化,使得考评技术本身的科学性受到了抑制。现实中为了体现公开和公平,采取了一些"创新"型的做法,并不能满足考评本身的专业性和科学性要求。

考评的有效性验证包括内容、结构、过程、相关和结果 5 个方面。目前常用的是对测评分数的解释和使用,是否符合预想的内容功能、假定和目的。它是对现有的人岗匹配与班子配合效果的效度分析的一种提升,是一种收集多方证据的效度评价过程,通过各环节之间的相互印证来提升效度的水平。

从本质上看,干部选拔有效性的评价,应该是从考评成绩与效标的关系上加以评估。效标也就是指竞聘上岗者的胜任能力,即任职以后他的绩效表现、360度反馈评价与历史成绩的比较和横向单位之间的比较。同时,有效地规范人员评价的操作,建立标准化的测评制度,也是迫在眉睫的任务之一。

第四章 干部选拔任用工作的调查分析

一、调查样本基本特征

表 4-1 调查样本基本特征统计表

	人数(人)	比例(%)		人数(人)	比例(%)
性别			**所在单位**		
男	1 136	60.7	党群系统	375	20
女	693	37	人大系统	70	3.7
缺失值	43	2.3	政协系统	73	3.9
年龄组			政府系统(含参公)	832	44.4
"50后"	111	5.9	政法系统(公检法)	200	10.7
"60后"	471	25.2	事业单位	208	11.1
"70后"	752	40.2	企业	73	3.9
"80后"	474	25.3	地区	9	0.5
"90后"	45	2.4	其他	21	1.1
缺失值	19	1	缺失值	11	0.6
受教育程度			**编制情况**		
大专及以下	208	11.1	公务员(含参公)	1 433	76.5
本科	1 082	57.8	事业	272	14.5
硕士研究生	389	20.8	企业	80	4.3

(续表)

	人数(人)	比例(%)		人数(人)	比例(%)
博士研究生	44	2.4	编外	78	4.2
缺失值	149	8	缺失值	9	0.5
工作年限			部门层级		
1—5 年	258	13.8	省级	200	10.7
6—10 年	232	12.4	副省级	32	1.7
11—15 年	283	15.1	市级	607	32.4
16—20 年	307	16.4	县(区)级	694	37.1
20 年以上	769	41.1	乡镇(街道)	311	16.6
缺失值	23	1.2	缺失值	28	1.5
任现职时间			职位类型		
1 年以内	344	18.4	领导职务	1 102	58.9
3 年以内	652	34.8	非领导职务	720	38.5
5 年以内	371	19.8	已退休	29	1.5
10 年以内	277	14.8	缺失值	21	1.1
10 年以上	212	11.3	所在省份		
缺失值	16	0.9	安徽	217	11.6
职位级别			北京	155	8.3
正厅级	7	0.4	福建	9	0.5
副厅级	58	3.1	广东	237	12.7
正处级	207	11.1	河南	227	12.1
副处级	444	23.7	江苏	70	3.7
正科级	460	24.6	山西	241	12.9
副科级	253	13.5	上海	382	20.4
科员	235	12.6	四川	205	11
办事员	57	3	新疆	59	3.2
未定级	136	7.3	浙江	40	2.1
缺失值	15	0.8	重庆	30	1.6
合　计	1 872	100	合　计	1 872	100

由表 4-1 可知，关于调查样本的基本特征，即年龄、受教育程度、工作年限、任职时间、职位职别、部门级别等基本符合正态分布，具有代表性。

总共 1 872 名问卷调查对象中，年龄分布以"70 后"为主，"60 后"和"80 后"各占 1/4，其他年龄段分布相对比较均匀。

被调查者中本科学历最多，占 57.8%，其次是硕士研究生，占 20.8%，两者占到近 80%。

被调查者中 70% 以上都工作超过 10 年，其中工作 20 年以上的占 41%。

性别比例也符合现实状况：男性占 60.7%，女性占 37%。

访谈对象能客观反映调查的意向，在任职时间方面，被调查者中任职时间在 5 年以下的占比 73%，其中 2—3 年的占比 34.8%，其他时间段的分布相对也比较均匀，应该对干部选拔有较深刻的体会。

调查对象所在的单位类别主要以政府系统为主（含参公），人数比例占到将近一半；其次为党群系统，占 20%；政法系统和事业单位各占 10.7% 和 11.1%；其他人大、政协、企业等也有一定的比例，整个调查问卷对象具有一定的代表性。

编制情况主要以公务员为主，占到 76.5%，其他依次为事业单位、企业，也有少量的编外人员。

在职位类型方面，担任领导职务的占到 58.9%，非领导职务的有 38.5%，还包括少量的退休人员。在调查省份的分布上，涵盖了东、西、南、北、中各区域的省市，且调查对象分布相对均匀，相对客观反映了各地情况。

关于职位级别方面，以副处级和正科级为主，各占到 1/4 的比例，涵盖了其他各级别调查对象。

在部门层级的分布上，以市级和县（区）级为主，分别占到 32.4% 和 37.1%，被调查者中工作单位为市级和县级的共占 70%；其次为乡镇(街道)层面及省级层面。整个访谈对象的部门层级具有一定代表性。

当然,在后续的统计分析中,有些被访者的数量较少,代表性不足,缺乏统计意义,在分析中不再做具体说明。

二、对干部竞争性选拔方式的整体评价

表 4-2 对干部竞争性选拔方式的整体评价统计表

评	价	频 率	百分比
有效	很好	181	9.7
	较好	739	39.5
	一般	683	36.5
	较差	111	5.9
	差	45	2.4
	未实行	83	4.4
	合计	1 842	98.4
缺失	系统	30	1.6
合 计		1 872	100.0

由表 4-2 可知,受访者对实行干部竞争性选拔方式的整体评价是好的。认为"很好"和"较好"的比例合计高达 49.2%;有 36.5% 的人评价为"一般";认为较差和差的,总计只有 8.3%。干部竞争性选拔方式得到了各方面的普遍认可和积极评价。

综合来看,干部竞争性选拔方式仍需要进一步改进和完善。调查还发现,有 4.4% 的群体从未实行过公开选拔和竞争上岗工作。

(一)不同区域受访者的评价正面,没有显著性差异

由表 4-3 可知,总体来看,反映干部竞争性选拔方式"较差"和"差"的占比低于 10%,总体评价偏正面。反映"很好"或"较好"的比例较高的有

东部、西部和北部区域,分别占51.3%、53.7%和51.8%,南部和中部地区稍低,但是正面评价的也在46%以上,分别为46%和46.5%;同时发现也有三成的比例对干部竞争性选拔方式的评价为"一般",比例较高的是南部和中部地区,分别占39.5%和38.7%;认为"较差"和"差"的比例很低,中部地区为11.2%,其他地区都低于10%。

表4-3 区域与对竞争性选拔方式评价的列联表

计数		评价						合计
		很好	较好	一般	较差	差	未实行	
区域	东部	36	210	174	24	13	23	480
	西部	35	123	110	10	7	9	294
	南部	30	82	96	15	8	12	243
	北部	43	158	134	21	9	23	388
	中部	37	166	169	41	8	16	437
合计		181	739	683	111	45	83	1 842

表4-4 区域与对竞争性选拔方式评价的卡方检验

	值	df	渐进Sig.(双侧)
Pearson卡方	31.352[a]	20	0.051
似然比	31.055	20	0.054
线性和线性组合	0.783	1	0.376
有效案例中的N	1 842		

注:从卡方检验的结果中可以看到,Pearson卡方检验的Sig.值显示为大于0.05,即区域对干部竞争性选拔方式没有显著性影响。

(二)各单位系统半数以上的受访者持积极的认可态度,事业、企业单位存在差异

由表4-5可知,各单位类别对干部竞争性选拔方式的评价,有50%以上的受访者对这一评价持积极的认可态度;事业单位和企业单位受访者选择"一般"的评价较高,分别为41.5%和57.5%;除企业单位受访者选择

"较差"和"差"的比例为 16.4%、政法系统比例为 11.5% 外,其他单位类别中,这一比例都低于 10%。

表 4-5 所在单位与对竞争性选拔方式评价的列联表

计数		评价						合计
		很好	较好	一般	较差	差	未实行	
单位类别	党群系统	37	150	124	20	13	25	369
	人大系统	7	36	14	1	3	4	65
	政协系统	6	35	20	3	0	5	69
	政府系统(含参公)	88	334	308	38	21	32	821
	政法系统(公检法)	18	81	70	19	4	8	200
	事业单位	19	74	85	20	1	6	205
	企业	3	15	42	9	3	1	73
	地区	1	2	5	0	0	1	9
	其他	1	8	12	0	0	0	21
合计		180	735	680	110	45	82	1 832

表 4-6 所在单位与对竞争性选拔方式评价的卡方检验

	值	df	渐进 Sig.(双侧)
Pearson 卡方	79.285[a]	40	0.000
似然比	85.013	40	0.000
线性和线性组合	0.009	1	0.926
有效案例中的 N	1 832		

注:从卡方检验的结果中可以看到,Pearson 卡方检验的 Sig.值显示为小于 0.01,即认为所在单位对干部竞争性选拔方式评价有显著性影响。

分析认为:事业单位更偏重于专业性较强的岗位;在干部竞争性选拔方式中,应关注专业性的要求,而公开选拔和竞争上岗则未必能解决岗位的专业性问题和工作经验的成熟性;作为企业,对干部竞争性选拔方式持比较中性的态度,这与企业人员更加注重能力水平和业绩水平有一定的关系。

结合访谈的情况来看,干部竞争性选拔方式更适用于通用性岗位或者专业性较强的岗位;在干部竞争性选拔方式中要区别对待不同岗位的具体要求和标准,才能更加客观、科学地进行评价。企业应该更多地从实际业绩和工作表现来进行干部的选拔工作;事业单位应该更关注专业化水平和工作的能力。

(三) 不同编制的受访者评价分歧较大,企业和事业编制偏中性

表 4-7 编制情况与对竞争性选拔方式评价的列联表

计数		评价						合计
		很好	较好	一般	较差	差	未实行	
编制	公务员(含参公)	145	579	506	75	37	72	1 414
	事业单位	20	100	112	24	3	8	267
	企业	4	20	41	10	4	1	80
	编外	12	35	22	2	1	2	74
合计		181	734	681	111	45	83	1 835

表 4-8 编制情况与对竞争性选拔方式评价的卡方检验

	值	df	渐进 Sig.(双侧)
Pearson 卡方	42.045[a]	15	0.000
似然比	42.003	15	0.000
线性和线性组合	0.271	1	0.603
有效案例中的 N	1 835		

注:从卡方检验的结果中可以看到,Pearson 卡方检验的 Sig.值显示为小于 0.01,即认为编制情况对工作运行机制有显著性影响。

由表 4-7 可知,在各种不同编制情况下,对干部竞争性选拔方式的评价分歧是较大的,与前述统计一致,企业和事业编制的受访者,对这种形式评价更多的是中性的,认为"一般"的比例分别为 51.3% 和 41.9%,认为"较好"的受访者集中在编外人员和公务员编制的受访者中。这一调查统计与前述不同区域和不同单位类别的调查结果是一致的。

依前所述,在企业和事业编制中,对干部竞争性选拔方式存在一定的适应性选择问题,但同时应看到,作为企业和事业编制人员,对干部竞争性选拔方式今后的评价仍然是正面的、积极的,希望进一步扩展这项工作,尤其是企业的受访者提出了一些有益的建议,如区别岗位和职位、区别对待选拔对象、建立更加公平的选拔机构等。

(四) 不同层级的绝大多数受访者持认同态度,在基层得到了普遍认可

表 4-9 部门层级与对竞争性选拔方式评价的列联表

计数		评价						合计
		很好	较好	一般	较差	差	未实行	
部门层级	省级	12	64	91	17	4	9	197
	副省级	3	12	12	2	2	1	32
	市级	55	231	227	37	16	33	599
	县(区)级	78	285	235	41	17	29	685
	乡镇(街道)	31	137	109	13	5	10	305
合计		179	729	674	110	44	82	1 818

表 4-10 部门层级与对竞争性选拔方式评价的卡方检验

	值	df	渐进 Sig.(双侧)
Pearson 卡方	25.680[a]	20	0.177
似然比	25.379	20	0.187
线性和线性组合	11.708	1	0.001
有效案例中的 N	1 818		

注:从卡方检验的结果中可以看到,Pearson 卡方检验的 Sig.值显示大于 0.05,即认为部门层级对竞争性选拔方式评价没有显著性影响。

表 4-9 显示,绝大多数受访者是认同干部竞争性选拔方式的,整体表现是偏正面和积极赞同的态度。需注意的是:随着层级的下降,对于干部竞争性选拔方式的评价更趋于正面;在省级部门层级中,认为"较好"的比

例为 32.5%;而到了乡镇(街道)级,认为"较好"的比例则提升到 44.9%。认为表现"一般"的比例则从省级的 46.2%下降到乡镇(街道)级的 35.7%;相应地,认为"很好"的评价,市级、县(区)级和乡镇(街道)的比例则明显高于省级的比例。

可以看出:在基层尤其是在县(区)级及以下部门,干部竞争性选拔方式受到的欢迎程度更高。这也进一步和我们的访谈结果相互印证:干部竞争性选拔方式更适合于在处级及以下或副职职位开展。

(五) 干部竞争性选拔方式更适合领导职位的选拔

表 4-11 职位类型与对竞争性选拔方式评价的列联表

计数		评价						合计
		很好	较好	一般	较差	差	未实行	
职位类型	领导职务	117	471	373	51	30	49	1 091
	非领导职务	56	254	294	57	13	32	706
	已退休	6	10	9	2	0	1	28
合计		179	735	676	110	43	82	1 825

表 4-12 职位类型与对竞争性选拔方式评价的卡方检验

	值	df	渐进 Sig.(双侧)
Pearson 卡方	30.092[a]	10	0.001
似然比	29.741	10	0.001
线性和线性组合	4.209	1	0.040
有效案例中的 N	1 825		

注:从卡方检验的结果中可以看到,Pearson 卡方检验的 Sig.值显示为小于 0.05,即认为职位类型对竞争性选拔方式评价有显著性影响。

由表 4-11 可知,从不同职位类型上来看,认为干部竞争性选拔方式"较差"或"差"的比例是较低的,两者总比例不超过 10%;但作为非领导职位的受访者相对于领导职务的受访者来说,选择中性评价的更多,占41.6%;而在作为领导职务的受访者中,则有高达 43.2%的受访者认为这是一种较好的干部选拔方式。认为"很好"的比例也高于非领导职务的受访者。

结合访谈的情况来看,干部竞争性选拔方式更适合领导职位的选拔,不适合对非领导职务进行干部竞争性选拔方式,非领导职务更多地基于对资历和贡献的评价。

(六) 不同职位级别持正面积极的评价

表 4-13 职位级别与对竞争性选拔方式评价的列联表

计数		评价						合计
		很好	较好	一般	较差	差	未实行	
职位级别	正厅级	0	4	2	0	0	1	7
	副厅级	4	20	26	4	2	2	58
	正处级	21	92	67	6	7	9	202
	副处级	41	176	171	23	10	21	442
	正科级	57	173	158	30	15	23	456
	副科级	23	107	86	11	6	14	247
	科员	15	92	87	25	3	9	231
	办事员	4	19	29	2	1	1	56
	未定级	14	52	53	9	1	3	132
合计		179	735	679	110	45	83	1 831

表 4-14 职位级别与对竞争性选拔方式评价的卡方检验

	值	df	渐进 Sig.(双侧)
Pearson 卡方	44.706[a]	40	0.281
似然比	45.545	40	0.252
线性和线性组合	0.049	1	0.825
有效案例中的 N	1 831		

注:从卡方检验的结果中可以看到,Pearson 卡方检验的 Sig.值显示为大于 0.05,即认为职位级别对竞争性选拔方式评价没有显著性影响。

表 4-13 显示,随着层级的提升,对干部竞争性选拔方式的正面评价比例也在上升,干部竞争性选拔方式在不同层级中的感受有所差异。

从不同层级的受访者来看,对干部竞争性选拔方式总体持正面积极的评价,有一半以上的受访者认可干部竞争性选拔方式。

各层级之间也存在一定的差异性:副科级受访者认为干部竞争性选拔方式"好"与"较好"的比例是最高的;正处级岗位受访者对干部竞争性选拔方式的评价"较好"或"很好"的比例也是较高的;副厅级的受访者认为"一般"的比例达44.8%;办事员级受访者对这种形式评价的则认为"一般"的比例达51.8%,认为"差"或"较差"的比例在一成左右;最高的是科员级别的受访者,为12.1%。

这可以理解为科处级职位的受访者面临着职位晋升的发展期,更希望扩大干部选拔的渠道和方法;而办事员级职位的受访者更多地完成具体的任务,竞争性选拔方式可能难以体现工作任务完成情况。

(七) 不同年龄段的受访者普遍持积极、正面的态度

表 4-15　年龄段与对竞争性选拔方式评价的列联表

	计　数	评价						合计
		很好	较好	一般	较差	差	未实行	
年龄层次	"50后"	15	35	43	3	6	4	106
	"60后"	37	199	164	28	13	20	461
	"70后"	80	301	261	48	20	38	748
	"80后"	39	188	187	27	4	20	465
	"90后"	8	10	23	3	0	1	45
合　计		179	733	678	109	43	83	1 825

表 4-16　年龄段与对竞争性选拔方式评价的卡方检验

	值	df	渐进 Sig.(双侧)
Pearson 卡方	33.647[a]	20	0.029
似然比	35.059	20	0.020
线性和线性组合	0.170	1	0.681
有效案例中的 N	1 825		

注：从卡方检验的结果中可以看到，Pearson 卡方检验的 Sig.值显示为小于 0.05，即认为年龄段对竞争性选拔方式评价有显著性影响。

表 4-15 显示，不同年龄段的受访者，对干部竞争性选拔方式普遍持积极、正面的态度，但是差异在于"50 后"和"90 后"年龄段的受访者，他们对干部竞争性选拔方式更多地持有中性的评价，有 51.1%的"90 后"受访者和 40.6%的"50 后"受访者，对这种形式持"一般"的评价态度。当然，更多的受访者认同干部竞争性选拔方式，从各年龄段的受访者来看，有接近 50%的受访者对干部竞争性选拔方式的态度持"很好"或"较好"的评价。

(八) 不同工作年限的受访者持中性偏正面的评价

由表 4-17 可知，不同工作年限的受访者认为干部竞争选拔工作是"较好"的比例最高；其次为"一般"的比例。整体来看，他们对干部竞争性选拔方式持中性偏正面的评价，这与其他指标统计的结果相一致；持负面的"较差"或"差"的比例普遍低于 10%。

表 4-17　工作年限与对竞争性选拔方式评价的列联表

计　数		评　价						合计
		很好	较好	一般	较差	差	未实行	
工作年限	1—5 年	25	95	107	17	2	8	254
	6—10 年	18	83	93	17	7	9	227
	11—15 年	26	139	87	20	2	8	282
	16—20 年	30	119	113	13	13	18	306
	20 年以上	80	298	274	42	21	40	755
合　计		179	734	674	109	45	83	1 824

表 4-18　工作年限与对竞争性选拔方式评价的卡方检验

	值	df	渐进 Sig.（双侧）
Pearson 卡方	34.067ª	20	0.026
似然比	35.884	20	0.016
线性和线性组合	0.487	1	0.485
有效案例中的 N	1 824		

注：从卡方检验的结果中可以看到，Pearson 卡方检验的 Sig.值显示为小于 0.05，即认为工作年限对竞争性选拔方式评价有显著性影响。

（九）各学历背景的受访者均持积极、认可的评价

表 4-19　最高学历与对竞争性选拔方式评价的列联表

计数		评价						合计
		很好	较好	一般	较差	差	未实行	
学历	大专及以下	26	75	72	15	5	10	203
	本科	98	439	395	69	24	45	1 070
	硕士研究生	41	149	143	18	11	21	383
	博士研究生	2	17	16	4	3	2	44
合计		167	680	626	106	43	78	1 700

表 4-20　最高学历与对竞争性选拔方式评价的卡方检验

	值	df	渐进 Sig.（双侧）
Pearson 卡方	12.221ª	15	0.662
似然比	11.379	15	0.725
线性和线性组合	0.792	1	0.374
有效案例中的 N	1 700		

注：从卡方检验的结果中可以看到，Pearson 卡方检验的 Sig.值显示为大于 0.05，即认为学历差别对竞争性选拔方式的评价没有显著性影响。

(十) 各学科背景的受访者持积极、认可的评价

表 4-21 所学专业与对竞争性选拔方式评价的列联表

计 数		评 价						合计
		很好	较好	一般	较差	差	未实行	
专业	自然科学	12	50	62	4	2	6	136
	农业科学	10	39	40	6	0	1	96
	医药科学	5	15	20	8	2	2	52
	工程与技术科学	38	168	119	17	10	11	363
	人文与社会科学	104	393	397	67	27	58	1 046
合 计		169	665	638	102	41	78	1 693

表 4-22 所学专业与对竞争性选拔方式评价的卡方检验

	值	df	渐进 Sig.(双侧)
Pearson 卡方	33.586[a]	20	0.029
似然比	35.462	20	0.018
线性和线性组合	2.023	1	0.155
有效案例中的 N	1 693		

注：从卡方检验的结果中可以看到，Pearson 卡方检验的 Sig.值显示为小于 0.05，即认为所学专业对竞争性选拔方式评价上有显著性影响。

综合来看(表 4-21)，各学科背景的受访者对干部竞争性选拔方式都持积极、认可的评价。差异性表现在：工程与技术科学背景的受访者相对其他学科背景的受访者对干部竞争性选拔方式的评价更积极、正面；自然科学背景的受访者持一般的中性态度的比例稍高些；而专业性较强的医药科学背景的受访者则持较差的偏负面评价的比例稍高。

总的来看，干部竞争性选拔方式得到各方面认可，正面的、积极的评价仍占绝大多数，对这种形式存在的问题，大家也有客观的认识，普遍持积极鼓励的态度。

干部竞争性选拔方式得到了不同层级、不同部门类别、不同职位类型

和不同年龄段的受访者的积极认可。但同时也有少数,约10%左右的受访者对这种形式持负面的评价。综上,可以认为干部竞争性选拔方式得到了广泛的认可、认同和积极的评价,并希望这种形式得到进一步的开展和优化。

不同的受访者会从各自的感受和认识出发对干部竞争性选拔方式进行评价,这种差异与各自在竞争性选拔方式中的竞争力与优势相关,也启发我们在开展干部竞争性选拔方式时应该考虑不同区域、层级、岗位、选拔对象的差异性。

(十一)访谈对象对干部竞争性选拔方式形成肯定共识

关于对干部竞争性选拔方式的评价的方法论还是坚持"实践是检验真理的唯一标准"这一出发点。

第一,对关于干部竞争性选拔方式的认识是历史的、现实的、客观的。过去10年,在特定历史条件下有它的必要性,因为各个单位积压很多优秀年轻干部,由于上升空间或者制度设计的原因,使他们不能升到工作岗位;而有些岗位又迫切需要专业的人才。在这种情境下,使用竞争性选拔方式可以选拔一批比较优秀、能干、亟需的干部。今天的干部资源较过去得以丰富,干部人才的培养和开发制度也完善起来,给不同年龄段的干部提供了发展的空间,干部队伍有了比较合理的结构比例,对竞争性选拔方式的要求不像过去那么强烈。可以看到,干部选拔具有阶段性。今后,竞争性选拔方式可能会放慢脚步,甚至一些单位不再做竞争性选拔方式了。竞争性选拔方式应用的减少,不是因为这种方式不好,而是干部管理和干部选拔任用的范围和视野扩展了。在最新的《干部选拔任用条例》中,仍保留了干部竞争选拔的方式,在实践中,制度的设计还需要考虑地区、部门的差异,不能一概而论。

第二,干部竞争性选拔方式的效果评价的关键在于评价标准的选择。关于干部竞争性选拔方式的评价依据,受访者提供了一个更为广泛与现实的视角:选拔方式不仅关乎职位的胜任度,其本身的公平和公正也是一个评价指标。干部竞争性选拔方式提高了干部选拔的民主,提升了公信力,建立了良好的干部选拔风气,有比较好的社会效果和政治效果,也选出了一批优秀的、有知识的年轻干部。事实证明,绝大多数通过竞争性选拔方式上来的干部是优秀的,拓宽了干部选拔的路径和方法,干部竞争性选拔方式的效果是明显的。

在现实中,干部选拔制度的优劣需要实践的检验。在公选干部的评价标准上,访谈对象从各自的工作实践中提出了不同的标准,由此对干部选拔的评价就会有不同的结果。从实践来看:访谈对象对干部竞争性选拔方式的效果持肯定评价。具体来看,干部竞争性选拔方式丰富了组织工作的内涵,在扩大干部资源的来源、渠道方面起到了积极的作用,这个认识得到了普遍的认同。

第三,客观地认识干部竞争性选拔方式中的问题。对干部竞争性选拔方式的评价应该有一个客观的态度:不能把所有的希望寄予某种形式的选拔程序,方法、技术没有十全十美的,总会有不满意的地方。有些访谈对象认为干部竞争选拔的成本较高、周期较长;一些人的岗位稳定性不够,甚至成为考试专业户,把竞争性选拔方式作为个人晋升的一种途径。同时,访谈对象对公选出来的干部还是有着较高的期望,对这项工作提出了更高的要求。

综合访谈的结果,可以形成以下共识:

第一,干部竞争性选拔方式主要还是解决方向性、导向性的问题。不能把竞争性选拔和常规的选拔直接做简单的对比,对立地去比较两种方式的优劣是不合适的。比如两个处级干部,一个是公开选拔的,一个是常规选拔提拔上来的,两者进行比较是不合适的。原因之一是:把没有合适人选的选拔对象和有较多相对合适的人选中选出的对象去对比,选拔职位特征和干部来源肯定有着很大的差异。

第二,干部选拔的本质是一样的,就是选拔出能够胜任的优秀干部。重要的是树立一种公平的氛围,让每个人都感觉自己有成长的机会与空间。从各方面反馈的信息来看,说特别不满意的是没有的。群众对干部竞争性选拔方式的认可度、拥护度都比较高,普遍认为这是公开、公平、公正、合理的干部选拔形式。

在选拔方法上,常规选拔能选拔出能力强、素质高的干部,干部竞争性选拔方式无疑是开辟了一个途径、一个新的渠道,在干部选拔的程序上有所简化;竞争性选拔方式的优点在于扩大视野、增加透明度和公平性;在一定程度上改善了现有干部的结构。

第三,竞争性选拔和常规的干部选拔最主要的区别不是资格方面而是程序方面、途径方面的问题。为了扩大视野而公开选拔出来的人,同本系统、本单位选出来的人相比,有一个天然性的不足,这就是公开选拔很难选出来一个能力特别强(或者叫与众不同)的人。公选出来的"空降"干部能力强,但需要一定时间适应工作;而内部选拔出来的干部,"兼容性"强。一个干部不是一个人在工作,而是带领团队工作,要同各方面联系,他的社会网络决定着他的工作成效。可见,我们是在用公开选拔去弥补传统选拔的不足,然后用传统选拔的方式去改进公开选拔的不足,两者之间不是竞争和对立,而是一个互补,适应不同的岗位需要、干部需要。

通过竞争性选拔方式选拔上来的领导一是工作能力强,二是工作态度好。从操作层面来说,能够层层过关出类拔萃,也必然具备一定的能力素质。有的岗位可能因为业务性、专业性太强,是跨系统、跨部门的,这就需要有一个熟悉和适应的过程,随着时间的推移,在单位的认可度会越来越高。同时,也存在一些问题,比如有的同志能说会道、会写更占优势,但是选拔上来后,他的实际工作能力未必跟他说的、写的相吻合。

第四,对干部竞争性选拔方式的评价是一个实践检验的过程。无论从职位的胜任度,还是选拔方式本身的公平和公正上看,干部竞争性选拔方式的效果是明显的。它拓宽了干部选拔的路径和途径,提高了干部选拔的群众信任度,提升了公信力,建立了良好的干部选拔风气,有比较好的社会效果和政治效果,也选出了一批优秀的有知识的年轻干部,他们的发展也是不错的。

第五,干部竞争性选拔方式需要不断创新方法手段,否则难以选出合格的人选来。现有的竞争性选拔的评价偏重的是学校教育的路径,是用专业人员的选拔方式来解决领导干部的选拔,而领导干部的能力更多的是实践能力,这些能力不一定完全适用教育评价的方式。竞争性选拔方式能够保证"汰劣",能够保证基本的能力素质,但是不一定能够"选优"。

总的来看,干部竞争性选拔方式是干部选拔的一种方法,不能滥用,也不能完全排斥,必须承认它打破了干部交流的瓶颈。竞争是形式,核心在人,关键是能不能把个人的意愿和组织的要求叠加起来;目的是交流,通过竞争促进交流;建立岗位信息的交流选拔平台,用来交流干部信息,公开选拔的职位信息,可以有效地实现公平、公正、公开的效果。"凡提必竞"的正确的理解应该是凡有空缺职位,必公告信息。

竞争性选拔方式要继续完善,把它作为干部选拔的一个很好的补充。只要是有利于地区经济社会发展、有利于产业结构调整、有利于加强党的建设需要的,都应该探索尝试。干部选拔应该是一种生动的探索实践,而不是死气沉沉的经验,如果大家愿意把自己表现出来,这对加强党的领导,对国家、单位、个人和同事都是有益的。

三、对开展干部竞争性选拔方式的期望

对今后开展竞争性选拔方式的期望:访谈对象中有31.2%的受访者希望能够继续强化,有34.5%的受访者认为仍然需要正常的进行和开展,也有32.7%的访谈对象提出了很好的建议,认为可以在职位和对象上加以区别对待。应当严格限制的比例仅占3.3%。可以看出,超过90%的比例希望继续开展这项工作。

表 4-23　对开展干部竞争性选拔方式的期望统计表

	A26	频　率	百分比
有效	继续强化	584	31.2
	正常进行	646	34.5
	在职位和对象上区别对待	443	23.7
	适当限制	92	4.9
	严格限制	61	3.3
	合计	1 826	97.5
缺失	系统	46	2.5
合　　计		1 872	100.0

（一）各区域受访者希望继续开展干部竞争性选拔，区域间存在差异

表 4-24　区域与对竞争性选拔方式的期望的列联表

	计　数	期　望					合计
		继续强化	正常进行	在职位和对象上区别对待	适当限制	严格限制	
区域	东部	129	171	125	31	19	475
	西部	120	89	58	16	4	287
	南部	63	57	100	17	7	244
	北部	140	146	79	13	10	388
	中部	132	183	81	15	21	432
合　计		584	646	443	92	61	1 826

表 4-25　区域与对竞争性选拔方式的期望的卡方检验

	值	df	渐进 Sig.（双侧）
Pearson 卡方	90.197[a]	16	0.000
似然比	87.401	16	0.000
线性和线性组合	4.026	1	0.045
有效案例中的 N	1 826		

注：从卡方检验的结果中可以看到，Pearson 卡方检验的 Sig. 值显示为 0，即认为区域对竞争性选拔方式的期望有显著性影响。

由表 4-24 可见,西部地区对继续强化干部竞争性选拔方式持较为强烈的意愿,有 41.8%的受访者希望继续强化干部竞争性选拔方式;而南部区域则更加冷静,希望在职位和对象上区别对待,进一步完善干部竞争性选拔方式。

东部和南部有 50%以上的受访者希望对这项工作继续开展或者强化;而西部、北部和中部区域对干部竞争性选拔方式持继续强化和正常进行的意向更为强烈。

认为应该限制和严格限制的比例普遍较低,大概一成左右的受访者对干部竞争性选拔方式持限制的态度,从希望"严格限制"的受访者分布区域来看,主要集中在中部区域,这与前述对干部竞争性选拔方式效果评价的感受是一致的。中部区域反映干部竞争性选拔方式"较差"的人员比例和希望"严格限制"的比例基本相当。

(二) 企业系统受访者期望区别对待职位和对象

表 4-26 所在单位与对竞争性选拔方式的期望的列联表

计 数		期 望					合计
		继续强化	正常进行	在职位和对象上区别对待	适当限制	严格限制	
单位类别	党群系统	101	124	106	24	9	364
	人大系统	27	29	9	2	0	67
	政协系统	19	31	9	5	2	66
	政府系统(含参公)	259	295	198	39	25	816
	政法系统(公检法)	73	63	45	8	10	199
	事业单位	67	71	43	10	13	204
	企业	27	20	24	0	1	72
	地区	2	2	3	1	0	8
	其他	8	7	3	2	1	21
合 计		583	642	440	91	61	1 817

表 4-27　所在单位与对竞争性选拔方式的期望的卡方检验

	值	df	渐进 Sig.(双侧)
Pearson 卡方	48.057ª	32	0.034
似然比	53.067	32	0.011
线性和线性组合	0.738	1	0.390
有效案例中的 N	1 817		

注：从卡方检验的结果中可以看到，Pearson 卡方检验的 Sig.值显示为小于 0.05，即认为所在单位对部门人员配备有显著性影响。

表 4-26 显示，各单位系统对今后开展干部竞争性选拔方式的态度普遍倾向于"继续强化"和"正常进行"，尤其在人大系统，对继续开展干部竞争性选拔方式的期望高达 83.6%以上，希望继续强化和正常进行。

值得注意是，政府系统、党群系统、企业系统则更加希望在职位和对象上区别对待。尤其是前述对干部竞争性选拔方式评价稍低的企业系统，在这里更多选择了在职位和对象上区别对待。另外，65.3%的企业受访者仍然希望强化和正常进行这项工作。可以看出，在企业系统，对这项工作反映"一般"的评价者还是希望能够正常进行，在职位和对象上加以区别对待。

认为应当"严格限制"的比例普遍较低，只有事业单位占 6.4%；认为适当限制的比例也普遍较低，两者总和的比例基本在 10%左右。可以说有九成左右的受访者希望能够进一步开展这项工作。

(三) 各编制下的受访者倾向于继续开展干部竞争性选拔方式

表 4-28 显示，绝大多数受访者仍然希望这项工作能够"继续强化"或"正常进行"，选择这两项的比例占 65%以上；也有一部分受访者选择在职位和对象上区别对待，主要是企业编制和公务员受访者选择了这一选项。

认为应当"适当限制"和"严格限制"的比例不足一成，说明 90%的受访者仍然倾向于继续开展干部竞争性选拔方式；即使对干部竞争性选拔方式的评价偏中性的企业和事业单位人员，对这种形式仍然持积极、建设性的态度。

表 4-28 编制情况与对竞争性选拔方式的期望的列联表

计 数		期 望					合计
		继续强化	正常进行	在职位和对象上区别对待	适当限制	严格限制	
编制	公务员（含参公）	442	487	359	78	42	1 408
	事业	88	105	49	10	12	264
	企业	28	22	24	0	3	77
	编外	25	30	9	3	4	71
合 计		583	644	441	91	61	1 820

表 4-29 编制情况与对竞争性选拔方式的期望的卡方检验

	值	df	渐进 Sig.（双侧）
Pearson 卡方	22.914ª	12	0.028
似然比	27.463	12	0.007
线性和线性组合	1.885	1	0.170
有效案例中的 N	1 820		

注：从卡方检验的结果中可以看到，Pearson 卡方检验的 Sig.值显示为小于 0.05，即认为编制情况对竞争性选拔方式期望有显著性影响。

（四）各部门层级的大多数受访者认为应该继续强化和正常进行

表 4-30 部门层级与对竞争性选拔方式的期望的列联表

计 数		期 望					合计
		继续强化	正常进行	在职位和对象上区别对待	适当限制	严格限制	
部门层级	省级	65	55	59	12	5	196
	副省级	8	11	9	2	1	31
	市级	186	198	164	30	21	599
	县（区）级	209	260	150	34	24	677
	乡镇（街道）	106	116	57	13	9	301
合 计		574	640	439	91	60	1 804

表4-31　部门层级与对竞争性选拔方式的期望的卡方检验

	值	df	渐进 Sig.（双侧）
Pearson 卡方	19.984ª	16	0.221
似然比	20.223	16	0.210
线性和线性组合	3.584	1	0.058
有效案例中的 N	1 804		

注：从卡方检验的结果中可以看到，Pearson 卡方检验的 Sig.值显示为大于 0.05，即认为部门层级对竞争性选拔方式期望没有显著性影响。

表 4-30 显示，绝大多数受访者仍然认为应该"继续强化"和"正常进行"干部竞争性选拔工作。在对干部竞争性选拔方式的期望值上，不同层级之间未发现有差异性。

各个层级的受访者对这一干部选拔方式的认可度是相对一致的，省级机关认为"继续强化"和"应该在职位和对象上区别对待"的比例是较高的，分别占 33.2% 和 30.1%；在乡镇（街道）层面，则更多倾向于"继续强化"和"正常进行"，"在职位和对象上应区别对待"的比例则下降至 18.9%。这一调查与不同层级的受访者对干部竞争性选拔方式的评价结果是一致的：评价偏正面，同时也期望这些选拔的方式能够得以继续进行，或者继续强化。

从不同层级来看，作为省级、副省级和市级层面的受访者，在"职位和对象上区别对待"上有着更多认同感，这也与我们的访谈是相一致的。省级或市级层面上的干部竞争性选拔应该区别对待岗位的差异性。这种差异性显示出较大的现实需要，也是部门职责设计的必然结果。

（五）不同领导职务者的受访者认为应该区别对待职位和对象

表 4-32 显示，无论从领导职务和非领导职务的受访者来看，对干部竞争性选拔方式的期望都是积极的：希望"继续强化"和"正常进行"这项工作，比例超过六成以上。这一调查结果与评价的结果是一致的。而作

表 4-32　职位类型与对竞争性选拔方式的期望的列联表

计数		期望					合计
		继续强化	正常进行	在职位和对象上区别对待	适当限制	严格限制	
职位类型	领导职务	334	348	306	61	31	1 080
	非领导职务	241	277	129	29	28	704
	已退休	7	15	2	1	0	25
合计		582	640	437	91	59	1 809

表 4-33　职位类型与对竞争性选拔方式的期望的卡方检验

	值	df	渐进 Sig.(双侧)
Pearson 卡方	36.921[a]	8	0.000
似然比	38.418	8	0.000
线性和线性组合	8.309	1	0.004
有效案例中的 N	1 809		

注：从卡方检验的结果中可以看到，Pearson 卡方检验的 Sig.值显示为小于 0.05，即认为职位类型对竞争性选拔方式期望有显著性影响。

为领导职务的受访者则更希望"在职位和对象上进行区别对待"，认为需要"适当限制"或"严格限制"的比例也低于 10%。希望根据职位的差异性和竞争上岗者的差异作适当的区别，这样能够更好地提升干部竞争性选拔方式的效果。

（六）副职岗位者更期望区别对待职位和对象

总体上来看（表 4-34），对这种形式持积极态度的比例仍然较高，希望"继续强化"和"正常进行"的比例占 70% 左右；不同层级也显示出一定的差异性。担任副职岗位的受访者更希望"在职位和对象上区别对待"；作为正处级岗位的受访者希望"继续强化"这项工作的比例达 33%，是这一选项中比例较高的。

表 4-34　职位级别与对竞争性选拔方式的期望的列联表

计　数		期望					合计
		继续强化	正常进行	在职位和对象上区别对待	适当限制	严格限制	
职位类别	正厅级	0	5	2	0	0	7
	副厅级	18	14	20	2	2	56
	正处级	67	58	57	15	6	203
	副处级	117	117	151	41	13	439
	正科级	145	168	112	16	11	452
	副科级	87	103	40	8	5	243
	科员	87	91	31	7	15	231
	办事员	12	26	10	1	6	55
	未定级	48	59	19	2	3	131
合　计		581	641	442	92	61	1 817

表 4-35　职位级别与对竞争性选拔方式的期望的卡方检验

	值	df	渐进 Sig.(双侧)
Pearson 卡方	133.275ª	32	0.000
似然比	132.030	32	0.000
线性和线性组合	19.685	1	0.000
有效案例中的 N	1 817		

注：从卡方检验的结果中可以看到，Pearson 卡方检验的 Sig.值显示为小于 0.05，即认为职位级别对竞争性选拔方式期望有显著性影响。

(七)"60 后"和"70 后"者期望区别对待职位和对象

表 4-36 显示，与干部竞争性选拔方式的评价相一致，对干部竞争性选拔方式持积极和正面评价的仍然占到绝大多数，作为各年龄段的受访者，60%以上认可这项工作，希望"继续强化"和"正常进行"。

有 20%以上的受访者对这种形式持区别对待的态度，尤其是有 28.4% 的"60 后"受访者、有 25.4%的"70 后"受访者更多地期望"在职位

表 4-36　年龄段与对竞争性选拔方式的期望的列联表

计　数		期　　望					合计
		继续强化	正常进行	在职位和对象上区别对待	适当限制	严格限制	
年龄层次	"50 后"	26	44	21	6	6	103
	"60 后"	129	161	130	23	14	457
	"70 后"	245	240	188	48	20	741
	"80 后"	162	179	94	12	17	464
	"90 后"	19	16	5	1	3	44
合　计		581	640	438	90	60	1 809

表 4-37　年龄段与对竞争性选拔方式的期望的卡方检验

	值	df	渐进 Sig.（双侧）
Pearson 卡方	36.066^a	16	0.003
似然比	37.082	16	0.002
线性和线性组合	9.885	1	0.002
有效案例中的 N	1809		

注：从卡方检验的结果中可以看到，Pearson 卡方检验的 Sig.值显示为小于 0.05，即认为年龄段对竞争性选拔方式期望有显著性影响。

和对象上区别对待"。而认为应当"适当限制"和"严格限制"的比例则普遍较低。结果显示，亲身经历者和对自己有重大影响的受访者则能够更加客观地评价干部竞争性选拔方式。不同层级、职位类别、年龄段的受访者对干部竞争性选拔方式都是持积极的、希望继续开展的态度。

（八）七成以上不同工作年限的受访者希望继续强化或继续开展竞争性选拔方式

由表 4-38 可以看出，差异主要表现在两方面：一是工作年限在 20 年以上和 1—5 年的受访者希望"继续强化"的占比最多，希望"正常进行"的占比也比较高；少量工作年限在 6—10 年和 16—20 年的受访者希望"严格限制"。

表 4-38　工作年限与对竞争性选拔方式的期望的列联表

计数		期望					合计
		继续强化	正常进行	在职位和对象上区别对待	适当限制	严格限制	
工作年限	1—5 年	100	112	25	5	11	253
	6—10 年	80	71	52	10	12	225
	11—15 年	92	102	62	19	6	281
	16—20 年	95	90	89	20	6	300
	20 年以上	211	263	213	37	26	750
合　计		578	638	441	91	61	1 809

表 4-39　工作年限与对竞争性选拔方式的期望的卡方检验

	值	df	渐进 Sig.(双侧)
Pearson 卡方	63.461[a]	16	0.000
似然比	70.051	16	0.000
线性和线性组合	16.604	1	0.000
有效案例中的 N	1 809		

注：从卡方检验的结果中可以看到，Pearson 卡方检验的 Sig.值显示为小于 0.05，即认为工作年限对竞争性选拔方式期望有显著性影响。

不同工作年限的受访者对干部竞争性选拔方式的评价偏正面。绝大多数受访者(70%以上)希望"继续强化"或"继续开展"这项工作；也有20%以上的受访者希望在职位和对象上能够区别对待。

（九）不同学历的受访者对干部竞争性选拔方式的期望存在差异，博士学历者更慎重

在对干部竞争性选拔方式的期望上的差异主要表现在：大专及以下、本科希望"正常进行"的占比最多；硕士学位的受访者更希望"继续强化"；博士学位的受访者希望"在职位和对象上区别对待"。

表 4-40　最高学历与对公开选拔的期望的列联表

计数		期望					合计
		继续强化	正常进行	在职位和对象上区别对待	适当限制	严格限制	
学历	大专及以下	60	86	33	7	12	198
	本科	333	388	259	56	28	1 064
	硕士研究生	127	114	108	20	10	379
	博士研究生	13	10	14	4	3	44
合计		533	598	414	87	53	1 685

表 4-41　最高学历与对公开选拔的期望的卡方检验

	值	df	渐进 Sig.(双侧)
Pearson 卡方	28.759a	12	0.004
似然比	27.757	12	0.006
线性和线性组合	1.210	1	0.271
有效案例中的 N	1 685		

注：从卡方检验的结果中可以看到，Pearson 卡方检验的 Sig.值显示为小于 0.05，即认为最高学历对竞争性选拔方式的期望有显著性影响。

（十）干部竞争性选拔方式的整体评价与期望

绝大多数被调查者期望今后正常进行干部竞争性选拔；评价不太好的大多希望可以在职位和对象上区别对待。

干部竞争性选拔方式的整体评价与今后期望的列联分析（表 4-42）：对干部竞争性选拔方式的整体评价偏正面，也就是说认为"很好"或"较好"的受访者更多地倾向于今后正常开展这项工作；而对这项工作评价"较差"的受访者认为竞争性选拔方式在"职位和对象上应区别对待"。值得注意的是，对干部竞争性选拔方式整体评价差的受访者中，仍有 28.9%的受访者希望今后仍然继续进行这项工作，17.8%的受访者认为需要继续强化。合计 45%对干部竞争性选拔方式评价为"差"的受访者希望今后"继续强化"和"正常进行"这项工作。

表 4-42　整体评价与今后期望的列联表

*A26 交叉制表			期望					合计
			继续强化	正常进行	在职位和对象上区别对待	适当限制	严格限制	
评价	很好	计数	66	80	23	7	1	177
		中的(%)	37.3	45.2	13.0	4.0	0.6	100
	较好	计数	247	315	140	26	6	734
		中的(%)	33.7	42.9	19.1	3.5	0.8	100
	一般	计数	217	182	198	44	32	673
		中的(%)	32.2	27.0	29.4	6.5	4.8	100
	较差	计数	35	24	36	5	10	110
		中的(%)	31.8	21.8	32.7	4.5	9.1	100
	差	计数	8	13	8	6	10	45
		中的(%)	17.8	28.9	17.8	13.3	22.2	100
	未实行	计数	11	30	36	4	1	82
		中的(%)	13.4	36.6	43.9	4.9	1.2	100
合　计		计数	584	644	441	92	60	1 821
		中的(%)	32.1	35.4	24.2	5.1	3.3	100

　　同时应该看到,对干部竞争性选拔方式评价为"差"的比例,在总比例中所占比重还是较少的,有 45 人选择"差",只占 2.4%。即使这样,其中仍然有超过一半(65.5%)的受访者希望继续开展这项工作。对干部竞争性选拔方式评价为"较差"的比例,在总比例中所占比重也是较少的,有 110 人选择"较差",只占 6%。即使这样,其中仍有 84.3% 的受访者希望继续开展这项工作。未实行过干部竞争性选拔方式的受访者也更多地倾向于"在职位和对象上区别对待",有一半的受访者认为需要"继续强化"和"正常进行"。

　　综合来看,无论受访者对干部竞争性选拔方式的实际运行情况的评价是否满意,均支持并期望今后能够进一步开展这项工作。同时,也要注意干部竞争性选拔方式执行的情况影响了对这种形式的态度和期望,在职位和对象方面需做进一步的规范和优化,进一步规范和优化干部竞争性选拔方式的制度和程序。

(十一) 对干部竞争性选拔方式的期望之访谈分析

综合访谈的结果来看,访谈对象对干部竞争性选拔方式有着良好的期望,并提出了一些客观、积极的建议。主要集中在干部竞争性选拔方式的未来定位、制度设计、选拔原则的运用、职位选择和对象范围、实施要求等方面。

第一,干部竞争性选拔方式的未来定位。干部竞争性选拔方式是干部选拔的一种重要手段和渠道,是选拔能力强但没有资历的优秀人才脱颖而出的平台,也促进了机关、事业单位之间的交流。竞争性选拔要解决的问题是现在没有合适的人来做这个岗位,或是合适的人太多,然后通过第三方的角度来进一步筛选。所以,问题的关键在于选拔的岗位是基于工作的需要,不是盲目跟风或效仿。

但是,公选是一把双刃剑,不能把它作为干部选拔的唯一方法,干部的选拔应该是多途径的。还有其他多种途径,比如群众的民主推荐。

不宜限定竞争性选拔方式的比例,应该从工作的需要来决定干部选拔的方式和途径。根据岗位、人选、条件等需要,可以使用常规性选拔,也可以使用竞争性选拔方式。常规性选拔中,可以借用干部竞争性选拔的方法和技术;在干部竞争性选拔方式中,也要遵循常规选拔的程序和方法。

对干部竞争性选拔方式和常规选拔方式的比较来看,两者是相互融合、相互借鉴。干部竞争性选拔方式的优势是明显的,得到了各方面的认同和肯定;同时,受访者对干部竞争性选拔方式的反思与期待也是客观的。

干部竞争性选拔方式的现实风险是存在的:干部竞争性选拔方式是干部晋升的一种机会和渠道,也有一定的风险,容易出现内部选人或者选出自己人,导致失去群众的信任。对干部竞争性选拔方式的意见源于我们在实践操作中存在的腐败、谋取私利或者形式主义等问题。

受访者对干部竞争性选拔方式有着良好的期望,希望今后把这项工作做实做好,能够进一步完善。公选是一个地区经济社会发展到一定阶段,对紧缺人才的一种渴求。公选不要搞"一刀切",有些地方没有需求,硬性搞,最后党委没有积极性,组织(人事)部门没有积极性,实施部门也没有积极性。搞竞争性选拔方式,一定要考虑地域差异、发展阶段差异,需求不一样,需分类指导。

第二,干部竞争性选拔方式的原则与制度设计。任何一种选拔方法都应该是在党委的组织下进行的,坚持党管干部的原则。选拔的形式不同,但是选拔的标准应该是统一的,干部选拔的关键是解决"为谁负责"的问题。总的来看:委任制向上负责,选任制向下负责,考任制要向自己负责,我们在干部选拔中既要体现党的领导,更要体现为人民执政,还要体现干部自身的努力。

干部政策要有连续性,选拔制度要有连贯性,要保持组织工作的连续性和继承性。在选拔对象的年龄结构上,应保持合理的比例,应该兼顾各年龄段的干部。干部结构的断档就是因为组织工作的随意性造成的,大规模应急性地进行年轻干部培养或者竞争性选拔方式,都不能解决干部队伍的长期建设的需要。干部晋升不仅是职务的晋升,也要承认历史的贡献,应该建立职务、职级双通道晋升的常态化体制,而不要搞短期化或者运动式的干部提拔。对于干部的晋升,应建立多通道的发展路径,包括领导职务晋升、专业技术岗位认定、职级晋升等进行激励。

在干部工作中,应该不断发现问题、解决问题,鼓励基层进行探索尝试并宽容失误,避免不敢做、不愿做的问题。作为上级要正确区别工作中积极的创新探索与无知、无畏的"乱为",认真听取群众的意见。只有让干部干起来才有实绩,形成良好的干部选拔氛围。

综上所述,对干部竞争性选拔方式的期望可以归纳如下:

(1)干部竞争性选拔方式是干部选拔的一种重要手段和渠道。公选是一个地区经济社会发展到一定阶段,对紧缺人才的一种渴求,是选拔能力强但没有资历的优秀人才脱颖而出的平台，也促进了机关事业单位之间的交流。从理论上讲，各个层次、各个岗位、每个领域都应该可以采用竞争性选拔方式来产生，且应该将竞争性选拔方式列入长效机制固定下来。

（2）根据需要，可以使用常规性选拔，也可以引入竞争性选拔方式。干部竞争性选拔要解决的问题，是现在没有合适的人来做这个岗位，还是合适的人太多，要通过第三方来进一步筛选呢？干部竞争性选拔是因为没有合适的人选。但是，内部竞争上岗不能是因为符合条件的人数太多、内部摆不平而进行。所以，问题的关键在于针对什么样的岗位，岗位决定了职位的资格和资历要求。

实行干部竞争性选拔方式是工作的需要，具体实施中，选拔方法可以相互融合借鉴。常规性选拔中，可以借用干部竞争性选拔的方法和技术；在干部竞争性选拔方式中，也必须遵循常规选拔的程序和方法。

干部选拔应该常规化，减少人为因素，明确干部竞争性选拔方式的基本程序、操作规则和评价标准，还应建立长期的干部培养规划。

（3）干部竞争性选拔方式是保持党的先进性的重要途径和手段。竞争性选拔方式的目的应该是扩大选拔对象；着力培养忠诚干净担当的高素质干部，聚集爱国奉献的各方面优秀人才；平衡使用不同来源、不同层级、不同经历背景的领导和人才，做到合理搭配。

（4）应该建立职务、职级双通道晋升的常态化体制。要保持组织工作的连续性和继承性。干部政策要有连续性，选拔制度要有连贯性，而不要搞短期化或者运动式的干部提拔。在干部工作中，应该不断发现问题、解决问题，给基层进行探索的机会，避免不敢做、不愿做的问题。

四、干部竞争性选拔方式面临的突出问题

（一）干部竞争性选拔方式缺乏系统的总结和科学的研究

结合访谈的资料来看，干部竞争性选拔方式的制度和程序并不统

一，不同区域、层面有很多探索性的经验，但是在实践操作中也存在诸多困境，反映出对干部竞争性选拔方式缺乏系统的总结和科学的研究。

表 4-43 干部竞争性选拔面临的突出问题统计表

频率	响应 N	百分比(%)	个案百分比(%)
缺乏干部培养的长期规划(5年及以上)	902	16.5	51.5
缺乏合理的干部实绩指标	764	14.0	43.6
缺乏系统的制度安排和程序设计	639	11.7	36.5
形式公正，选拔效果不佳	615	11.3	35.1
"德"的考核不够	548	10.0	31.3
信息不够公开透明	449	8.2	25.6
选拔对象的基层经历不足，到艰苦地区锻炼不够	341	6.2	19.5
影响基层一线干部的积极性	341	6.2	19.5
轻发现和储备人才	321	5.9	18.3
被选拔职位职责模糊	272	5.0	15.5
部门领导不推荐、不鼓励干部参加公开选拔	187	3.4	10.7
打乱了部门干部培养的长期规划	84	1.5	4.8
总计	5 463	100	312

关于干部竞争性选拔方式"缺乏干部培养的长期规划"问题最为突出。应关注干部选拔工作的连续性和一致性，做好日常干部的发现、培养和人才储备工作(在下一节专门进行分析)。

调查显示：干部竞争性选拔方式所反映的"缺乏合理的干部实绩评价指标""被选拔职位职责模糊"也反映了目前干部选拔工作中对职位要求研究不够；"形式公正，选拔效果不佳"问题也受到诸多关注，说明在干部竞争性选拔方式中，出现的诸如考试型的干部，影响了干部选拔方式的效果。干部竞争性选拔方式对选拔对象的"基层经历不足，到艰苦地区锻炼不够"和"影响基层一线干部的积极性"等也受到诸多诟病。如何在今后的干部竞争性选拔方式中体现向基层一线干部、向艰苦岗位倾斜,应该作为干部选拔条件设置和选拔标准评价的指标之一。

调查同时发现,干部竞争性选拔方式的信息不够公开透明。也有少量的调查对象认为,部门领导对干部竞争性选拔方式存在一定的抵触和消极态度。

1. 区域间存在共性问题,但也呈现出地区间的差异性

多重响应的交叉分析结果如下:

表 4-44 干部竞争性选拔方式的突出问题与区域的列联表

突出问题	区域					合计
	东部	西部	南部	北部	中部	
缺乏干部培养的长期规划	211	161	131	223	176	902
缺乏系统的制度安排和程序设计	194	106	90	125	124	639
部门领导不推荐、不鼓励	41	35	21	31	59	187
被选拔职位职责模糊	68	36	24	52	92	272
缺乏合理的干部实绩指标	217	146	115	138	148	764
"德"的考核不够	120	99	72	113	144	548
形式公正,选拔效果不佳	153	108	85	96	173	615
信息不够公开透明	110	59	59	94	127	449
基层经历不足,艰苦地区锻炼不够	80	58	40	64	99	341
轻发现和储备人才	74	57	42	80	68	321
打乱了干部培养的长期规划	38	14	9	9	14	84
影响基层一线干部的积极性	102	59	37	78	65	341
合计	1 408	938	725	1 103	1 289	5 463

把表 4-44 进行转换,以该题的频率为权重对数据进行加权,利用加权后的数据进行卡方检验结果如下:

表 4-45　干部竞争性选拔方式的突出问题与区域的卡方检验

	值	df	渐进 Sig.(双侧)
Pearson 卡方	132.977ª	44	0.000
似然比	130.959	44	0.000
有效案例中的 N	5 463		

注：卡方检验的结果中可以看到，Pearson 卡方检验的 Sig.值小于 0.01，说明区域对对选拔过程中突出的问题有显著性影响。

表 4-44 显示：干部竞争性选拔方式中的突出问题主要集中在"缺乏干部培养的长期规划""缺乏合理的干部实绩指标""缺乏系统的制度安排和程序设计""形式公正，选拔效果不佳""'德'的考核不够"等方面。

第一，对干部竞争性选拔方式所面临的突出问题的认识存在显著差异："缺乏干部培养的长期规划""轻发现和储备人才"两大问题受到北部区域的被访者的认同；

在"缺乏系统的制度安排和程序设计"问题上，东部区域的被访者具有较高的响应频率；而在"部门领导不推荐、不鼓励""被选拔职位的职责模糊"两个问题上，中部区域的被访者响应频率最高；

在"缺乏合理的干部实绩指标"问题上，南部、西部、东部区域的被访者有着较高的认同，而中部和北部区域的被访者对此问题响应频率较低；

在"形式公正，选拔效果不佳"问题上，中部区域的被访者响应频率较高，而北部区域的被访者响应频率较低；

在"信息不够公开透明"问题上，中部区域的被访者响应频率较高，而东部地区的被访者响应频率较低。

关于"基层经历不足，艰苦地区锻炼不够"的问题，中部地区的被访者表现出了较高的响应频率，相对较低的是南部、东部和北部区域的被访者；

在"轻发现和储备人才"方面，北部区域的被访者认为这一问题相对较为严重，而东部和中部地区对此问题的认同则相对低些；

在"打乱了干部培养的长期规划"问题上，东部地区的被访者反映较为强烈，而北部地区的被访者对这一问题则不太认同；

在干部竞争性选拔方式"影响基层一线干部积极性"问题上，东部和北部区域的被访者认同的程度要高于中部和南部区域的被访者。

第二，不同区域的受访者对干部竞争性选拔方式突出问题的认识有显著差异：东部、西部、南部、北部区域的受访者对干部竞争性选拔方式所反映的突出问题主要集中在"缺乏干部培养的长期规划""缺乏系统的制度安排和程序设计"和"缺乏合理的干部实绩指标"等方面；

中部区域的受访者除了对"缺乏干部培养的长期规划""缺乏合理的干部实绩指标"有着普遍认同外，对"形式公正，选拔效果不佳"则有着更强烈的认识；

可以看出，不同区域的受访者对干部竞争性选拔方式中所存在的问题的认识有着显著的差异性。不同区域的受访者从干部竞争性选拔的工作实践中提出了不同的问题。对于"缺乏干部培养的长期规划"得到了普遍的认同；东部区域的受访者对干部竞争性选拔方式的"制度安排和程序设计"的关注度高于其他各区域；而对"部门领导的推荐和鼓励"方面，中部区域的关注度则是最高的；在"职位职责的规范化"方面，中部区域也相对于南部区域具有更高的响应度。

综合来看，北部区域和东部区域具有更多的相似性。干部竞争性选拔方式在不同区域所面对的不同困境，应该说为今后干部竞争性选拔方式的优化和完善提出了不同的目标，应该根据本区域的干部竞争性选拔方式所面临的问题，从而制订相应的调整策略和制度优化的方案。

2. 不同单位类型的受访者所关注的问题存在显著差异

表 4-46　干部竞争性选拔方式的突出问题与单位类别的列联表

突出问题	单位类型									合计
	党群系统	人大系统	政协系统	政府系统（含参公）	政法系统（公检法）	事业单位	企业	地区	其他	
缺乏干部培养的长期规划	174	30	25	426	93	108	29	3	11	899
缺乏系统的制度安排和程序设计	131	15	22	306	63	69	20	5	7	638
部门领导不推荐、不鼓励	35	8	2	73	23	29	10	1	4	185
被选拔职位职责模糊	38	8	9	117	36	34	24	3	2	271
缺乏合理的干部实绩指标	152	25	16	349	79	84	46	5	6	762
"德"的考核不够	128	15	25	224	50	63	34	1	7	547
形式公正，选拔效果不佳	124	25	11	279	66	69	35	2	1	612
信息不够公开透明	69	13	18	191	66	55	29	1	3	445
基层经历不足，艰苦地区锻炼不够	81	4	17	138	31	49	16	2	3	341
轻发现和储备人才	62	7	5	147	53	27	13	1	4	319
打乱了干部培养的长期规划	20	3	1	39	6	7	6	0	2	84
影响基层一线干部的积极性	68	12	16	162	26	41	8	2	4	339
合计	1 082	165	167	2 451	592	635	270	26	54	5 442

将表 4-46 进行转换，以该题的频率为权重对数据进行加权，利用加权后的数据进行卡方检验结果如下：

表 4-47　干部竞争性选拔方式的突出问题与单位类别的卡方检验

	值	df	渐进 Sig.(双侧)
Pearson 卡方	142.437[a]	88	0.000
似然比	145.074	88	0.000
有效案例中的 N	5 442		

注：从卡方检验的结果中可以看到，Pearson 卡方检验的 Sig.值显示为 0，可知所在单位对选拔过程中突出的问题有显著性影响。

表 4-46 显示：

人大系统的受访者选择"缺乏干部培养的长期规划"的比例较高。

政协系统的受访者对"部门领导不推荐、不鼓励"的问题响应程度最低。人大系统和企业的受访者对"缺乏系统的制度安排和程序设计"响应频率则较低。

企业的受访者关于"被选拔职位职责模糊"响应频率最高，在"缺乏合理的干部实绩指标"方面，企业级受访者响应频率较高，关于干部"'德'的考核不够"，政协系统的被调查者响应频率最高。

在干部竞争性选拔方式的"形式公正，选拔效果不佳"上，人大系统具有较高的响应频率，而政协系统地区级的被调查者响应频率则较低。

在"信息不够公开透明"问题上，政法系统被调查者响应频率最高，而响应频率最低的是党群系统的被调查者。

在"基层经历不足，艰苦地区锻炼不够"问题上，响应频率较高的是政协系统，较低的是人大系统，二者之间的差异性非常显著。

而关于干部竞争性选拔方式导致"轻发现和储备人才"的问题上，响应频率较高的是政法系统，响应频率最低的是政协系统。

关于"缺乏干部培养的长期规划"问题上，响应频率最低的是政协系统，响应频率相对较高的是企业系统。

关于"影响了基层一线干部的积极性"这一问题上，响应频率最高的是政协系统,响应频率最低的是企业系统的被调查者。从单位类别来看:党群系统的被调查者认为在"缺乏干部培养的长期规划""基层经历不足,艰苦地区锻炼不够"和"'德'的考核不够"等问题上,具有较高的认同度。而人大系统则认为,干部竞争性选拔方式中,"部门领导不推荐、不鼓励""形式公正,选拔效果不佳"等问题较为显著。

政协系统的受访者则认为干部竞争性选拔方式中,关于"'德'的考核不够""信息不够公开透明""基层经历不足,艰苦地区锻炼不够"和"影响基层一线干部的积极性"等问题上,表现了较高的响应频率。

在政府系统对干部竞争性选拔方式中所面临的问题,则更关注"缺乏系统的制度安排和程序设计""影响基层一线干部的积极性"及"缺乏干部培养的长期规划"等方面。

在政法系统认为干部竞争性选拔方式所面临的问题主要集中在"被选拔职位职责模糊""信息不够公开透明""轻发现和储备人才""部门领导不推荐、不鼓励"等问题上,而事业单位的受访者则集中在选拔对象的"基层经历不足,艰苦地区锻炼不够""部门领导不推荐、不鼓励"等方面;企业的受访者则对"被选拔职位职责模糊""打乱了干部培养的长期规划""信息不够公开透明"等响应频率较高。

可以看出,不同单位类型的被调查者在干部竞争性选拔方式中所面对的问题是不同的,企业类型的受访者,在业绩考核指标、选拔职位的职责模糊性上和形式公正选拔效果不佳等方面具有比较突出的反映;政协系统的受访者对干部"德"的考核问题反映更为强烈;人大系统对干部竞争性选拔方式"形式公正,选拔效果不佳"的问题反映更强烈一些;政法系统的受访者对"信息不够公开透明"的问题反映更加突出;而对于选拔对象"基层经历不足,艰苦地区锻炼不够"的问题上,政协系统的受访者反映的强烈程度远远高于人大系统;对于"轻发现和储备人才"的问题上,政法系统的反映更加强烈一些,政协系统的反映比例则相对较低。

而对于"影响了基层一线干部的积极性"方面,政协系统的反映则远远高于企业系统。可以看出单位类型不同,对干部竞争性选拔方式所关注的问题也有显著的差异,各单位系统会从自己不同的职责定位和视角来看待干部竞争性选拔方式。比如,党群系统和人大系统更关注干部培养的长期规划;而政协系统则更加关注对选拔对象"德"的考核和基层经历问题;人大系统更关注选拔的效果;而政法系统更关注信息是否公开透明,能否发现和储备人才方面,更希望保持干部选拔工作的连续性、一致性,能够持续地发现和储备人才,相应地,政协系统更关注公平性及是否影响基层一线干部的积极性。

不同单位类别的被调查者,在关于干部竞争性选拔方式所关注的问题方面存在差异性,要求我们在干部竞争性选拔方式中应该平衡各方的利益诉求,努力使得干部竞争性选拔方式能够更加平稳、有效、可持续地得到改进。

3. 公务员认为缺乏系统的制度安排和程序设计,而企业人员则认为职位职责模糊

多重响应的交叉分析结果如下:

表 4-48 干部竞争性选拔方式的突出问题与编制情况的列联表

突出问题	编制				合计
	公务员（含参公）	事业	企业	编外	
缺乏干部培养的长期规划	718	127	32	24	901
缺乏系统的制度安排和程序设计	512	88	18	18	636
部门领导不推荐、不鼓励	132	37	11	6	186
被选拔职位职责模糊	183	50	24	13	270
缺乏合理的干部实绩指标	603	96	46	17	762
"德"的考核不够	403	82	38	23	546
形式公正、选拔效果不佳	479	90	33	11	613
信息不够公开透明	329	62	35	23	449

(续表)

突出问题	编制				合计
	公务员（含参公）	事业	企业	编外	
基层经历不足，艰苦地区锻炼不够	253	62	15	11	341
轻发现和储备人才	254	46	16	5	321
打乱了干部培养的长期规划	62	12	6	4	84
影响基层一线干部的积极性	268	41	10	21	340
合计	4 196	793	284	176	5 449

把表4-48进行转换，以该题的频率为权重对数据进行加权，利用加权后的数据进行卡方检验结果如下：

表4-49 干部竞争性选拔方式的突出问题与编制情况的卡方检验

	值	df	渐进 Sig.（双侧）
Pearson 卡方	84.318^a	33	0.000
似然比	82.622	33	0.000
有效案例中的 N	5 449		

注：结果显示，Sig.值小于0.01，编制情况对选拔过程中突出的问题有显著性影响。

不同编制的受访者对干部竞争性选拔方式中所面临的问题的反映是不同的。公务员编制的受访者认为干部竞争性选拔方式"缺乏系统的制度安排和程序设计""缺乏合理的干部实绩指标""轻发现和储备人才"；事业编制受访者则认为"部门领导不推荐、不鼓励""被选拔职位职责模糊"、选拔对象的"基层经历不足，艰苦地区锻炼不够"的问题较为突出；企业受访者则认为，干部竞争性选拔方式中面临的突出问题是"信息不够公开透明""打乱了干部培养的长期规划"和"'德'的考核不够"。企业受访者反映最突出的是"被选拔职位职责模糊"的问题；作为编外人员，对干部竞争性选拔方式，认为较突出的集中在"信息不够公开透明""打乱了干部培养的长期规划"和"被选拔职位职责模糊"等问题上。

由此可以看出（表4-48），职责相对稳定的被调查者，对干部培养规划的关注度更高；而职位职责及业绩考核更清晰的企业被调查者则更关注被选拔职位的职责和干部实绩指标的考核。

4. 不同层级的受访者对突出问题的认识具有共性

进行多重响应的交叉分析，结果如下：

表 4-50　干部竞争性选拔方式的突出问题与部门层级的列联表

突出问题	部门层级					合计
	省级	副省级	市级	县(区)级	乡镇(街道)	
缺乏干部培养的长期规划	92	15	317	318	147	889
缺乏系统的制度安排和程序设计	76	14	209	216	115	630
部门领导不推荐、不鼓励	25	7	48	69	35	184
被选拔职位职责模糊	34	5	85	98	48	270
缺乏合理的干部实绩指标	88	15	279	249	122	753
"德"的考核不够	54	8	194	199	87	542
形式公正，选拔效果不佳	72	10	200	240	87	609
信息不够公开透明	63	11	157	151	60	442
基层经历不足，艰苦地区锻炼不够	24	4	122	132	53	335
轻发现和储备人才	40	4	117	113	45	319
打乱了干部培养的长期规划	9	1	26	31	16	83
影响基层一线干部的积极性	28	3	112	124	70	337
合计	605	97	1 866	1 940	885	5 393

把表 4-50 进行转换，以该题的频率为权重对数据进行加权，利用加权后的数据进行卡方检验结果如下：

表 4-51　干部竞争性选拔方式的突出问题与部门层级的卡方检验

	值	df	渐进 Sig.(双侧)
Pearson 卡方	50.959[a]	44	0.219
似然比	51.139	44	0.214
有效案例中的 N	5 393		

注：结果显示，由于 Sig.值小于 0.05，则可知部门层级对选拔过程中突出的问题没有显著性影响。

表 4-50 显示,两者之间没有显著性差异。对干部竞争性选拔方式的问题集中于:"缺乏干部培养的长期规划""缺乏合理的干部实绩指标""缺乏系统的制度安排和程序设计""形式公正,选拔效果不佳"等方面。

5. 领导职务的受访者更关注实绩指标

进行多重响应的交叉分析,结果如下:

表 4-52　干部竞争性选拔方式的突出问题与职位类型的列联表

突出问题	职位类型			合计
	领导职务	非领导职务	已退休	
缺乏干部培养的长期规划	561	325	12	898
缺乏系统的制度安排和程序设计	400	225	9	634
部门领导不推荐、不鼓励	75	107	2	184
被选拔职位职责模糊	131	129	11	271
缺乏合理的干部实绩指标	520	233	7	760
"德"的考核不够	356	179	9	544
形式公正,选拔效果不佳	397	209	4	610
信息不够公开透明	231	206	10	447
基层经历不足,艰苦地区锻炼不够	198	133	4	335
轻发现和储备人才	190	126	3	319
打乱了干部培养的长期规划	56	28	0	84
影响基层一线干部的积极性	205	124	9	338
合计	3 320	2 024	80	5 424

将表 4-52 进行转换,以该题的频率为权重对数据进行加权,利用加权后的数据进行卡方检验结果如下:

表 4-53　干部竞争性选拔方式的突出问题与职位类型的卡方检验

	值	df	渐进 Sig.(双侧)
Pearson 卡方	115.459[a]	22	0.000
似然比	111.596	22	0.000
有效案例中的 N	5 424		

注:结果显示,由于 Sig.值小于 0.01,职位类型对选拔过程中突出的问题有显著性影响。

表4-53显示,在"部门领导不推荐、不鼓励"这一问题上,作为非领导职务的被调查者,响应频率较高。对于"被选拔职位职责模糊"问题,已退休人员响应频率最高。在"缺乏合理的干部实绩指标"问题上存在较大分歧,领导职务的受访者认为这一问题比较显著,而退休人员则相对响应频率较低。在干部竞争性选拔方式所反映的"形式公正,选拔效果不佳"的问题上,已退休人员的响应频率最低,说明对这一问题的认识并不统一。

而认为"信息不够公开透明"这一问题,则受到了退休人员较多的关注。退休人员在"轻发现和储备人才"的问题上也有着较低的响应频率,对干部竞争性选拔方式"影响基层一线干部的积极性"这一问题的反映则较为显著,而对"打乱了干部培养的长期规划"这一问题,退休人员则没有相应的响应。可以看出,不同职位类型的受访者在干部竞争性选拔方式所反映的问题上存在着显著的差异,作为领导职务的受访者,关注较多的是"缺乏合理的干部实绩指标""缺乏干部培养的长期规划"和干部"'德'的考核不够""形式公正,选拔效果不佳"等问题;非领导职务的选拔者更多关注"部门领导不推荐、不鼓励"问题。退休人员则关注"被选拔职位职责模糊"问题。可以看出,关于干部竞争性选拔方式所面临的问题上,不同职位类型的受访者有着不同的感受。作为领导职务的受访者,更多关注干部竞争性选拔方式中具体操作问题,如实绩考核、干部"德"的考核以及干部培养规划等问题;作为非领导职务,考虑干部竞争性选拔方式能否得到领导的支持和鼓励;作为退休人员,则较多关注被选拔职位的职责是否清晰。

6. 级别越高越关注实绩指标,而办事员则关注信息透明的问题

多重响应的交叉分析结果如下:

表 4-54　干部竞争性选拔方式的突出问题与职位级别的列联表

突出问题	职位级别									总计
	正厅级	副厅级	正处级	副处级	正科级	副科级	科员	办事员	未定级	
缺乏干部培养的长期规划	4	28	97	238	226	126	117	20	40	896
缺乏系统的制度安排和程序设计	3	29	87	186	141	83	71	9	25	634
部门领导不推荐、不鼓励	2	6	20	21	37	36	33	9	20	184
被选拔职位职责模糊	1	9	27	41	71	31	41	15	33	269
缺乏合理的干部实绩指标	5	35	99	221	188	91	69	16	36	760
"德"的考核不够	2	18	68	139	141	66	54	17	41	546
形式公正,选拔效果不佳	2	25	73	162	148	80	71	14	38	613
信息不够公开透明	1	13	48	108	97	56	55	27	43	448
基层经历不足,艰苦地区锻炼不够	1	15	38	84	84	38	49	11	20	340
轻发现和储备人才	3	10	27	84	67	54	46	12	17	320
打乱了干部培养的长期规划	0	6	10	25	14	12	8	3	6	84
影响基层一线干部的积极性	0	12	38	81	101	41	29	9	29	340
总计	24	206	632	1 390	1 315	714	643	162	348	5 434

把表 4-54 进行转换,以该题的频率为权重对数据进行加权,利用加权后的数据进行卡方检验结果如下:

表 4-55　干部竞争性选拔方式的突出问题与职位级别的卡方检验

	值	df	渐进 Sig.(双侧)
Pearson 卡方	187.541[a]	88	0.000
似然比	185.879	88	0.000
有效案例中的 N	5 434		

注:结果显示,由于 Sig.值小于 0.01,职位级别对选拔过程中突出的问题有显著性影响。

从表 4-54 显示,级别较高的被调查者更关注的是干部竞争性选拔方式的制度安排和程序设计,作为能否得到部门领导的推荐和鼓励的问题,则更多受到了基层较低职位的关注,在副科级、科员和办事员级受到的关注度较高。

值得注意的是,级别越高,对干部实绩考核指标的关注度则更高。在"信息不够公开透明"的问题上,办事员级的受访者关注较高。关于"轻发现和储备人才",则较多地受到副科级、科员和办事员级被调查者的关注;关于"影响基层一线干部的积极性",正科级职位的受访者关注得更多一些。

7. "90 后"受访者感受性较强,"50 后"受访者认为影响了基层一线干部的积极性

进行多重响应的交叉分析,结果如下:

表 4-56 干部竞争性选拔方式的突出问题与年龄段的列联表

突出问题	年龄层次					合计
	"50 后"	"60 后"	"70 后"	"80 后"	"90 后"	
缺乏干部培养的长期规划	49	248	358	216	23	894
缺乏系统的制度安排和程序设计	41	162	276	142	14	635
部门领导不推荐、不鼓励	12	42	60	59	12	185
被选拔职位职责模糊	20	62	101	76	10	269
缺乏合理的干部实绩指标	44	217	331	153	11	756
"德"的考核不够	40	147	235	114	7	543
形式公正,选拔效果不佳	26	171	267	135	11	610
信息不够公开透明	31	114	173	115	14	447
基层经历不足,艰苦地区锻炼不够	23	95	128	83	6	335
轻发现和储备人才	13	54	139	108	5	319
打乱了干部培养的长期规划	4	21	39	16	3	83
影响基层一线干部的积极性	25	95	131	83	5	339
合计	328	1 428	2 238	1 300	121	5 415

将表4-56进行转换,以该题的频率为权重对数据进行加权,利用加权后的数据进行卡方检验结果如下:

表4-57 干部竞争性选拔方式的突出问题与年龄段的卡方检验

	值	df	渐进 Sig.(双侧)
Pearson 卡方	94.964[a]	44	0.000
似然比	90.709	44	0.000
有效案例中的 N	5 415		

注:结果显示,由于 Sig.值小于 0.01,年龄段对选拔过程中突出的问题有显著性影响。

表4-56显示,对"部门领导不推荐、不鼓励""被选拔职位职责模糊""信息不够公开透明"问题,"90后"受访者中的响应频率高于其他年龄段;而对"缺乏合理的干部实绩指标"及"'德'的考核不够"问题,"90后"群体中的响应频率反而低于其他年龄段。

相应地,"80后"群体中对"轻发现和储备人才"这一问题响应频率较高,"60后"群体相对"70后"和"80后"群体对这一问题的响应频率则较低。在"影响基层一线干部的积极性"问题上则存在较大分歧,"90后"群体对这一问题的响应频率远远低于"50后"群体对这一问题的响应频率。

8. 年资较短者关注操作性问题,而年资较长者则关注制度设计问题

多重响应的交叉分析结果如下:

表4-58 干部竞争性选拔方式的突出问题与工作年限的列联表

计 数	工 作 年 限					合计
	1—5年	6—10年	11—15年	16—20年	20年以上	
缺乏干部培养的长期规划	111	97	134	161	394	897
缺乏系统的制度安排和程序设计	78	74	92	116	274	634
部门领导不推荐、不鼓励	50	34	18	27	55	184
被选拔职位职责模糊	48	40	30	43	108	269

(续表)

计　数	工　作　年　限					合计
	1—5年	6—10年	11—15年	16—20年	20年以上	
缺乏合理的干部实绩指标	67	89	106	136	356	754
"德"的考核不够	47	61	83	92	261	544
形式公正,选拔效果不佳	74	63	97	104	271	609
信息不够公开透明	65	63	58	64	196	446
基层经历不足,艰苦地区锻炼不够	45	48	40	56	149	338
轻发现和储备人才	52	43	81	57	87	320
打乱了干部培养的长期规划	10	14	11	17	32	84
影响基层一线干部的积极性	40	40	43	56	159	338
合　计	687	666	793	929	2 342	5 417

将表 4-58 进行转换,以该题的频率为权重对数据进行加权,利用加权后的数据进行卡方检验结果如下:

表 4-59　干部竞争性选拔方式的突出问题与工作年限的卡方检验

	值	df	渐进 Sig.(双侧)
Pearson 卡方	146.687[a]	44	0.000
似然比	139.202	44	0.000
有效案例中的 N	5 417		

注:结果显示,由于 Sig.值小于 0.01,工作年限对选拔过程中突出的问题有显著性影响。

表 4-58 显示,不同工作年限的受调查群体所反映的差异性与不同年龄段群体所反映的差异性具有相似性,也就是工作年限相对较少的受访者,更多地关注部门领导是否推荐和鼓励、选拔职位职责的清晰程度以及发现和储备人才等问题上。

工作年限相对较长的受访者,关注"缺乏干部培养的长期规划""缺乏合理的干部实绩指标""缺乏系统的制度安排和程序设计",以及"形式公正,选拔效果不佳"等问题。

在调查中发现一个现象:职位级别与工作年限具有一定相关性,即职位级别较高的受访者与工作年限较长的受访者,在对问题的态度上具有相似性。这一方面是由于两者之间有必然的相关性;另一方面工作年限较长的受访者,在看问题的角度上,两者有更多的趋向性,或者说工作年限较长的受访者看问题更加系统和全面。

在调查中也发现另外一个共性的问题,即不同的受访者会从职位特点、职位类型要求等方面出发,对问题做出自己的判断、表达自己的感受。对这些问题的揭示有助于我们更加客观地理解现实问题,从而做出相应的解决策略,以呼应不同利益群体的需求。在干部竞争性选拔方式的标准、未来的系统设计上,应该有统一的规划,形成相对客观、科学的标准,这也是我们在研究中所提出的政策来源于群众的实践,同时又高于实践的理念。

9. 不同学历受访者的认识存在从系统到具体的差异

多重响应的交叉分析结果如下:

表4-60 干部竞争性选拔方式的突出问题与学历的列联表

突出问题	学历				合计
	大专及以下	本科	硕士研究生	博士研究生	
缺乏干部培养的长期规划	89	546	188	21	844
缺乏系统的制度安排和程序设计	62	368	137	23	590
部门领导不推荐、不鼓励	29	93	43	3	168
被选拔职位职责模糊	44	159	40	7	250
缺乏合理的干部实绩指标	73	448	171	19	711
"德"的考核不够	80	333	99	5	517
形式公正,选拔效果不佳	75	339	137	24	575
信息不够公开透明	62	248	92	10	412
基层经历不足,艰苦地区锻炼不够	49	192	60	7	308
轻发现和储备人才	27	182	78	7	294

(续表)

突 出 问 题	学 历				合计
	大专及以下	本科	硕士研究生	博士研究生	
打乱了干部培养的长期规划	9	41	22	4	76
影响基层一线干部的积极性	39	196	68	13	316
合　　计	638	3 145	1 135	143	5 061

将表 4-60 进行转换，以该题的频率为权重对数据进行加权，利用加权后的数据进行卡方检验结果如下：

表 4-61　干部竞争性选拔方式的突出问题与学历的卡方检验

	值	df	渐进 Sig.（双侧）
Pearson 卡方	63.427[a]	33	0.001
似然比	64.340	33	0.001
有效案例中的 N	5 061		

注：由于卡方检验 Sig.值小于 0.05，最高学历对选拔过程中突出的问题有显著性影响。

各个学历层次的受访对象对干部竞争性选拔方式的问题认识存在显著差异：

大专及以下的受访者认为干部选拔任用中的突出问题依次为："被选拔职位职责模糊""部门领导不推荐、不鼓励""基层经历不足，艰苦地区锻炼不够""'德'的考核不够""信息不够公开透明"；而对"轻发现和储备人才""缺乏干部培养的长期规划""缺乏系统的制度安排和程序设计"关注较少。

本科学历的受访者认为干部选拔任用中的突出问题依次为："缺乏系统的制度安排和程序设计""'德'的考核不够""被选拔职位职责模糊"；而对"打乱了干部培养的长期规划""部门领导不推荐、不鼓励"关注较少。

硕士研究生学历的受访者认为干部选拔任用中的突出问题依次为："打乱了干部培养的长期规划""轻发现和储备人才""部门领导不推荐、不鼓励""缺乏合理的干部实绩指标"；而对"被选拔职位职责模糊""'德'的考核不够""基层经历不足,艰苦地区锻炼不够"关注较少。

博士研究生学历的受访者认为干部选拔任用中的突出问题依次为:"打乱了干部培养的长期规划""形式公正,选拔效果不佳""影响基层一线干部的积极性""缺乏系统的制度安排和程序设计";而对"'德'的考核不够""部门领导不推荐、不鼓励"关注较少。

可以发现,研究生学历的受访者关注的问题在于选拔工作的连续性;本科和大专及以下学历的受访者则更多关注选拔职位的职责界定、"德"的考核方面;大专及以下学历的受访者对干部选拔中的显性指标更关注,如基层经历、信息公开性等,不太关注干部选拔的隐形问题,如培养规划、制度安排和程序设计方面;本科学历的受访者则关注到了干部选拔任用中的制度安排和程序设计。

可见,学历层次不同的受访者在看待干部选拔问题上的关注点是有显著差异性的,随着学历的提升,对问题的态度是从具体到系统,再到发展规划;然而,对"德"的考核、基层经历则关注较少。说明不同学历层次的受访者对干部选拔的认识都存在一定偏颇,在制度设计上需要综合各层次的特点进行设计。

10. 不同学科背景受访者的认识从客观到宏观

多重响应的交叉分析结果如下:

表4-62　干部竞争选拔面临的问题与专业的列联表

突出问题	专业					合计
	自然科学	农业科学	医药科学	工程与技术科学	人文与社会科学	
缺乏干部培养的长期规划	66	48	31	173	525	843
缺乏系统的制度安排和程序设计	44	31	20	131	377	603
部门领导不推荐、不鼓励	13	14	5	41	97	170
被选拔职位职责模糊	13	18	7	54	152	244
缺乏合理的干部实绩指标	55	42	25	146	446	714

(续表)

突出问题	专业					合计
	自然科学	农业科学	医药科学	工程与技术科学	人文与社会科学	
"德"的考核不够	48	33	21	107	297	506
形式公正，选拔效果不佳	54	36	13	122	355	580
信息不够公开透明	34	21	10	86	262	413
基层经历不足，艰苦地区锻炼不够	33	26	10	54	190	313
轻发现和储备人才	20	16	8	69	189	302
打乱了干部培养的长期规划	7	6	2	13	48	76
影响基层一线干部的积极性	25	16	7	76	186	310
合计	412	307	159	1 072	3 124	5 074

将表4-62进行转换，以该题的频率为权重对数据进行加权，利用加权后的数据进行卡方检验结果如下：

表4-63　干部竞争选拔面临的问题与专业的卡方检验

	值	df	渐进 Sig.（双侧）
Pearson 卡方	30.485[a]	44	0.939
似然比	30.397	44	0.941
有效案例中的 N	5 074		

注：由于 Sig.值大于0.05，则可知所学专业对选拔过程中突出的问题没有显著性影响。

具体来看，不同专业背景的受访者在对干部竞争性选拔方式突出问题上的认识存在差异性，但这种差异性不具有统计学意义上的显著性，仅反映统计的结果。

从表4-62可以看出，自然科学专业背景的受访者更关注的问题依次为："基层经历不足，艰苦地区锻炼不够""'德'的考核不够""形式公正，选拔效果不佳""打乱了干部培养的长期规划"；不太关注"被选拔职位职责模糊""轻发现和储备人才"。

农业科学背景的受访者更关注的问题依次为:"基层经历不足,艰苦地区锻炼不够""部门领导不推荐、不鼓励""打乱了干部培养的长期规划""被选拔职位职责模糊";不太关注"缺乏系统的制度安排和程序设计""信息不够公开透明""影响基层一线干部的积极性""轻发现和储备人才"。

医药科学专业背景的受访者更关注的问题依次为:"'德'的考核不够""缺乏干部培养的长期规划""缺乏合理的干部实绩指标";不太关注"形式公正,选拔效果不佳""影响基层一线干部的积极性""信息不够公开透明"。

工程与技术科学的受访者更关注的问题依次为:"影响基层一线干部的积极性""部门领导不推荐、不鼓励""轻发现和储备人才";不太关注"打乱了干部培养的长期规划""基层经历不足,艰苦地区锻炼不够"。

人文社会科学专业背景的受访者更关注的问题依次为:"信息不够公开透明""打乱了干部培养的长期规划""轻发现和储备人才";不太关注"部门领导不推荐、不鼓励""'德'的考核不够"。

可以看出,自然科学背景的受访者关注的问题较为客观,农业科学背景的受访者更专注对象的设计,医药科学背景的受访者更关注长期规划与评价指标;而人文社会科学背景的受访者则关注制度安排与程序设计。学科的背景差异确实会带来看问题的角度不同,各学科背景的态度都有自己的优势和特点。

综合来看,干部竞争性选拔方式面临的突出问题集中在"缺乏干部培养的长期规划""缺乏合理的干部实绩指标""缺乏系统的制度安排和程序设计""形式公正,选拔效果不佳""'德'的考核不够"上,占到总响应频率的63.7%。

调查过程中也有个别访谈对象提出,干部竞争性选拔方式过于强调年轻化和能力强,而忽视了对"德"的关注;也有调查对象提出,这种选拔方法也为任人唯亲打开了绿灯,使得少量"官二代"提拔变得名正言顺了,竞争性选拔方式也存在以票取人、以分取人问题,降低了对干部实践能力的培养。

干部竞争性选拔方式,不能当作一种短期的应急性工作,而应该与干部培养的长期规划相结合,建立具有继承性和延续性的干部培养与选拔制度。同时,关于干部实绩考核和干部"德"的考核仍然面临诸多的理论困境和现实问题,有待继续深入研究与实践探索。

11. 关于干部竞争性选拔方式中面临的问题之访谈分析

对2013年之前的干部竞争性选拔方式的制度建设是不健全的,只有文件性的指导,各地在实践中的探索也不尽相同,缺乏全面的、分类的制度规范;省市之间开展干部竞争性选拔方式也是不平衡的,全国各地所面临的问题参差不齐。干部竞争性选拔方式与单位一把手的态度有关,有的地方和部门从来没有采用过这种方式,而在有些地方形成了固定的流程和方案。

调查访谈显示,大家对干部竞争性选拔方式比较关注和了解,有着相对客观的评价。

(1) 干部竞争性选拔方式的制度问题。竞争性选拔方式受到普遍欢迎的原因在于直观地体现出公平公正、程序比较规范、专业性比较强,许多基层干部把它视为获得提拔的一种途径。同时,对干部竞争性选拔方式中的问题也需要进行反思。

干部竞争性选拔方式的程序和方法过于简单化,出现了考试型干部,干部竞争性选拔方式难以考核评价干部的基层经历,也难以对实际工作能力进行量化评价。

程序上的问题是干部竞争性选拔的形式主义。有些岗位专业性较强,本身已经有合适人选,还要搞公开选拔,结果组织(人事)部门动员其他干部报名,感觉是"陪考",反而影响了组织选拔的权威性;干部考察时,有些调查对象会有顾虑,反映的情况不一定真实,有些人对被调查对象不了解,这种考察存在着形式主义的问题。

干部竞争性选拔方式难以解决效率问题。过于注重形式上的公平和公正,出现了一些预设性、目的性的考试,反过来影响了考试本身的科学性和客观性。

特别地,干部竞争性选拔方式的一个突出问题是被误用。一种表现是组织(人事)部门和分管领导不愿意担当,逃避责任;另一种表现就是一把手干预太多,导致选拔对象与个别领导的倾向性有关,使得干部政策具有不确定性。有些领导甚至将干部竞争性选拔方式作为一种破格提拔的途径,使"自己人"得到提拔,导致干部群众不满。

(2) 干部竞争性选拔方式的对象来源问题。如何解决跨体制的干部选拔的范围和来源问题?干部竞争性选拔方式的初衷是一种扩大选拔范围、发现人才的途径,党政机关和事业、企业、高等院校、科研院所等单位的干部要求是不同的,关键要解决干部流动性差的问题。基层部门、职能部门和垂直系统有差距,垂直系统相关干部由于很难跨越系统界限,横向交流到地区其他部门,同时地方部门的干部也难以轻易进入垂直系统工作,所以部分垂直系统单位通过干部竞争选拔弥补不足,相对来说开展干部竞争上岗较多。

在公开选拔的实际操作中,虽然扩大了干部选拔的范围和来源,但是在进行竞争性选拔中出现了很多岗位都报不满的情况,而体制外符合条件的人比较多。导致这些情况的原因在于:竞争性选拔方式的频次、岗位太多,吸引力下降;报考条件的设置不切实际,导致"偏向内部人"现象,限制了体制外干部的参与,反过来也影响了报考干部的积极性。

公选任职的干部对原有的干部队伍可能会造成一些冲击,尤其对于对那些没有选上的干部有负面的影响,可能造成"选上一个人,打击了一批人"的被动局面。造成这一问题的原因在于把干部竞争性选拔方式当作应急性的工作,一岗一考,增加了干部选拔的成本,加大了组织(人事)

部门工作的随意性。应该将进入差额考察的人纳入组织视野,进行长期培养,将干部选拔工作前移。

(3) 干部竞争性选拔的方法与技术问题。选拔方法的科学性还有待研究和加强,考试形式单一,主要是通过笔试、面试来决定最终的选拔对象;考试内容比较单一,面试的方法,无非就是出几个题目,看你怎么回答。这里面经验化的因素比较多。现在有一些"考手"考中的概率肯定比较大,因为他都清楚这些套路。这些"考手"在考试方面显得突出,但实际上真正到岗后,未必能力很强。情景化面试模拟真实的情景,可以观察他的真实反应,但会产生诸多费用,成本比较大。

(4) 干部竞争性选拔方式与基层干部培养问题。基层人员断档严重,缺乏退出机制,也缺乏晋升机制。基层出现人少责任大,权力在上收,责任在下行。当前的现实问题是,人员断档现象比较普遍,尤其是"70后"干部较少,"80后"人员比例较高。

干部基层锻炼影响了基层工作的连续性。为了解决干部选拔的基层经历问题,各地所进行的补充干部基层经历实际上加重了基层的矛盾。干部到基层锻炼,有2—3年的适应期,锻炼结束了,干部就走了,实际上延误了基层的发展,基层变成了干部提拔和培养的基地。

竞争性选拔方式对后备干部培养也有一定的冲击。一是原有的后备干部的培养、成长计划,如果都列入"凡提必竞",后备干部就会感觉没有什么优势了;二是对党委(党组)权威性的挑战,如果已经有了比较合适的人选,但这个岗位又要拿出来竞争性选拔,其结果又必须尊重考官的决定,有可能造成"能干的干部不会考"的尴尬局面。

事实上,干部竞争性选拔方式与后备干部培养是并行不悖的,干部竞争性选拔方式是在缺少合适人选的条件下,扩大干部来源和范围的选拔;而后备干部培养恰恰也是为了解决干部的来源问题。在实际操作上,如果后备干部不能满足干部使用的需要,或者符合条件的人选过多,都说明后备干部培养工作存在问题。

(5) 干部竞争性选拔的配套制度问题。干部竞争性选拔同样难以解决干部能上不能下的问题。无论常规选拔还是竞争性选拔,靠技术或者经验都有它的局限性。我们不能保证每次选拔都准确无误。问题在于:在具体的工作过程中,如果发现他的能力素质不相称,能不能解决能上能下的问题?关键在于没有一个刚性、原则性的制度规定,如何评定干部的胜任力?

(6) 干部竞争性选拔方式与组织领导问题。干部竞争性选拔方式更需要党委和组织(人事)部门的重视和支持。竞争性选拔能够为当地经济发展吸引了一批专业化人才,现在问题是我们党委和组织(人事)部门不作为,或者说作为不够,或者说没有精力去作为。从而导致选拔的人才到岗后,天然地会遇到抵触情绪,有些人难以生存,就又跑掉了。对竞争性选拔的干部反映较大的问题:一是公选干部不接地气;二是原有干部的抵触,不利于公选干部的成长;三是党委和职能部门对公选对象重视不够;四是公选对象自身适应力不强。面对这些问题,从组织(人事)部门或者党委来说,必须顶住压力,对公选对象多加关心、维护,让其安全度过适应期。

选拔岗位如果设置由原单位同意报考的条件,势必影响报考者的积极性,造成选拔范围受限,阻滞干部竞争性选拔方式的开展,也会影响选拔的有效性。首先会极大地限制报名人数,而且会打击开展公开选拔的组织(人事)部门积极性,会使很多报考者有后顾之忧:毕竟竞聘的职位有限,如果报考者考不上,对其原单位工作负面影响太大,原单位组织(人事)部门在工作安排、个人培养方面可能会有所顾虑,导致一大批优秀人员望而却步。

(二)干部培养缺乏长期规划

干部培养是干部选拔的重要来源和基础性工作,干部培养需要长期的积累,制订中长期规划才能保证干部选拔工作的连续性,保证干部人才的持续成长。

表 4-64　干部培养选拔规划统计表

		频率	百分比(%)
培养规划	5年及以上	245	13.1
	3年或4年	380	20.3
	2年	208	11.1
	1年及以下	142	7.6
	没有规划	774	41.3
	合计	1 749	93.4
缺失	系统	123	6.6
合　计		1 872	100

表 4-64 显示,被调查对象所在单位没有明确的干部培养规划,或者认为没有规划的占到 41.3%,说明我们在干部培养选拔方面缺乏长期规划,在干部选拔的继承性和连续性上,缺乏一致性。

调查也发现,有些单位具有一定的短期规划,比如 3 年或 4 年的干部培养规划占 20.3%,这与领导干部的任职期限是相对一致的。我国领导干部的任职期一般是 4—5 年,所以相应的干部培养选拔规划也是在 3—4 年,5 年及以上干部选拔培养规划相对较少,只占 13.1%。

1. 北部区域反映没有干部培养选拔规划的比例最高,东部区域则反映有 3 年或 4 年规划

表 4-65　区域与干部培养选拔规划的列联表

计　数		培　养　规　划					合计
		5年及以上	3年或4年	2年	1年及以下	没有规划	
区域	东部	65	133	63	41	148	450
	西部	35	51	34	22	134	276
	南部	36	48	13	21	116	234
	北部	46	60	30	30	200	366
	中部	63	88	68	28	176	423
合　计		245	380	208	142	774	1 749

表 4-66　区域与干部培养选拔规划的卡方检验

	值	df	渐进 Sig.(双侧)
Pearson 卡方	68.025ª	16	0.000
似然比	69.681	16	0.000
线性和线性组合	7.652	1	0.006
有效案例中的 N	1 749		

注：从卡方检验的结果中可以看到，Pearson 卡方检验的 Sig.值显示为 0，即认为区域对干部培养计划年限上有显著性影响。

表 4-64 显示，没有规划的占绝大多数，其中北部没有规划的比例最高，占 54.6%；具有 3 年或 4 年规划的区域是东部，占 29.6%，中部占 20.8%，南部占 20.5%。

2. 各种单位类别受访者普遍选择没有规划，三成企业受访者选择 3 年到 4 年规划

表 4-67 显示，各种单位类别中除政协系统外绝大多数选择没有规划，具有一定的普遍性。政协系统反映，有 3 年或 4 年的培养规划占 32.2%，企业类型的单位有 33.3%的受访者选择有 3 年或 4 年的培养规划。

表 4-67　所在单位类别与干部培养选拔规划的列联表

计　数		培　养　规　划					合计
		5 年及以上	3 年或 4 年	2 年	1 年及以下	没有规划	
单位类别	党群系统	42	79	42	28	160	351
	人大系统	8	19	6	2	27	62
	政协系统	6	19	11	8	15	59
	政府系统(含参公)	98	144	88	69	379	778
	政法系统(公检法)	50	44	16	11	73	194

(续表)

计数		培养规划					合计
		5年及以上	3年或4年	2年	1年及以下	没有规划	
单位类别	事业单位	25	48	26	12	87	198
	企业	9	23	9	5	23	69
	地区	2	1	4	1	1	9
	其他	3	2	5	6	4	20
合计		243	379	207	142	769	1 740

表4-68 所在单位与干部培养选拔规划的卡方检验

	值	df	渐进 Sig.(双侧)
Pearson 卡方	90.577[a]	32	0.000
似然比	80.385	32	0.000
线性和线性组合	3.584	1	0.058
有效案例中的 N	1 740		

注:从卡方检验的结果中可以看到,Pearson卡方检验的Sig.值显示为0,即认为所在单位对选拔培养计划年限有显著性影响。

3. 各编制情况的受访者普遍认为干部培养选拔的规划不够,企业的表现稍好

表4-69显示,选择没有规划的比例最高,各编制情况的受访者普遍认为缺乏干部培养选拔的规划。企业的表现稍好,认为没有规划的比例为36%,有3年或4年规划的比例最高,达34.7%;而公务员编制和事业编制,选择没有规划的比例占45.9%和45.7%,有3年或4年规划的分别为20.6%和24.9%。

表 4-69 编制情况与干部培养选拔规划的列联表

计数	培养规划					合计
	5年及以上	3年或4年	2年	1年及以下	没有规划	
公务员(含参公)	193	276	147	111	616	1 343
事业	27	64	36	15	115	257
企业	9	26	9	4	27	75
编外	13	13	15	10	15	66
合计	242	379	207	140	773	1 741

表 4-70 编制情况与干部培养选拔规划的卡方检验

	值	df	渐进 Sig.(双侧)
Pearson 卡方	35.870[a]	12	0.000
似然比	34.570	12	0.001
线性和线性组合	7.232	1	0.007
有效案例中的 N	1 741		

注：从卡方检验的结果中可以看到，Pearson 卡方检验的 Sig. 值显示为 0，即认为干部培养选拔的规划不够。

4. 层级较高的受访者反映干部培养选拔规划较完善，部门层级间呈现出明显的差异性

表 4-71 部门层级与干部培养选拔规划的列联表

计数		培养规划					合计
		5年及以上	3年或4年	2年	1年及以下	没有规划	
部门层级	省级	33	49	11	6	89	188
	副省级	3	9	1	7	11	31
	市级	82	127	60	35	262	566
	县(区)级	85	127	93	63	288	656
	乡镇(街道)	38	66	42	30	114	290
合计		241	378	207	141	764	1 731

表 4-72　部门层级与干部培养选拔规划的卡方检验

	值	df	渐进 Sig.(双侧)
Pearson 卡方	42.970[a]	16	0.000
似然比	43.984	16	0.000
线性和线性组合	0.226	1	0.635
有效案例中的 N	1 731		

注:从卡方检验的结果中可以看到,Pearson 卡方检验的 Sig.值显示为 0,即认为部门层级对培训选拔规划年限有显著性影响。

表 4-71 显示,部门层级与干部培养选拔规划呈现明显的差异性,四成左右的不同层级的受访者表示没有干部培养选拔的规划,另外有将近 1/4 的受访者表示干部培养选拔的规划在 3 年或 4 年。具有 5 年及以上规划的则集中在省级部门和市级部门层级上,分别占 17.6% 和 14.5%。县(区)级和乡镇(街道)级培养选拔规划时间稍短,主要是指 2 年以内的培养规划,占 14.5%。而副省级单位则集中在 1 年及以下的培养与选拔规划,占 22.6%。可以看出,在干部培养选拔的规划上,仍存在欠缺。

5. 不同职位类型的受访者认为没有干部培养选拔规划的比例较高

表 4-73 显示,认为没有规划的仍然占最大比例,分别有 43.9% 和 45.6% 的受访者认为没有干部培养选拔的规划;有 3 年或 4 年培养选拔规划的占 22.1% 和 21%。

表 4-73　职位类型与干部培养选拔规划的列联表

计　　数	培　养　规　划					合计
	5 年及以上	3 年或 4 年	2 年	1 年及以下	没有规划	
领导职务	127	229	133	92	455	1 036
非领导职务	114	142	66	45	308	675
已退休	3	6	6	4	4	23
合　　计	244	377	205	141	767	1 734

表 4-74 职位类型与干部培养选拔规划的卡方检验

	值	df	渐进 Sig.(双侧)
Pearson 卡方	22.898a	8	0.003
似然比	22.494	8	0.004
线性和线性组合	1.860	1	0.173
有效案例中的 N	1 734		

注：从卡方检验的结果中可以看到，Pearson 卡方检验的 Sig.值显示为小于 0.05，即认为职位类型对培养选拔规划年限有显著性影响。

6. 不同层级的受访者对干部培养选拔规划的情况存在正态分布

表 4-75 职位级别与干部培养选拔规划的列联表

计 数		培 养 规 划					合计
		5年及以上	3年或4年	2年	1年及以下	没有规划	
职位级别	正厅级	1	1	2	0	2	6
	副厅级	9	26	5	2	13	55
	正处级	21	51	28	23	71	194
	副处级	67	96	47	31	177	418
	正科级	43	74	53	36	222	428
	副科级	37	52	20	20	110	239
	科员	33	41	30	17	106	227
	办事员	10	17	7	2	19	55
	未定级	24	20	15	10	49	118
合 计		245	378	207	141	769	1 740

表 4-76 职位级别与干部培养选拔规划的卡方检验

	值	df	渐进 Sig.(双侧)
Pearson 卡方	69.210a	32	0.000
似然比	66.583	32	0.000
线性和线性组合	1.059	1	0.303
有效案例中的 N	1 740		

注：从卡方检验的结果中可以看到，Pearson 卡方检验的 Sig.值显示为小于 0.05，即认为职位级别对培养选拔规划年限有显著性影响。

表 4-75 显示，不同层级的受访者对干部培养选拔规划的情况认识存在正态分布，正科级职位的受访者对干部培养选拔持更多负面的反映，有 51.9% 的正科级受访者认为没有干部培养选拔的规划；正厅级和办事员级则对没有干部培养选拔规划的反映分别占 33.3% 和 34.5%；副厅级职位有 47.3% 的受访者认为具有 3 年或 4 年的干部培养选拔规划；而正厅级受访者表示具有 2 年的干部培养选拔规划的比例达 33.3%。这表明正厅级受访者中，具有短期的干部培养选拔思路。

7. 各年龄段群体反映没有规划的比例较高，而"50 后"群体则反映具有 3 年或 4 年规划

表 4-77　年龄段与干部培养选拔规划的列联表

计　数		培养规划					合计
		5 年及以上	3 年或 4 年	2 年	1 年及以下	没有规划	
年龄层次	"50 后"	19	27	16	8	23	93
	"60 后"	50	115	62	35	173	435
	"70 后"	99	150	81	58	330	718
	"80 后"	64	78	46	36	224	448
	"90 后"	9	9	2	5	15	40
合　计		241	379	207	142	765	1 734

表 4-78　年龄段与干部培养选拔规划的卡方检验

	值	df	渐进 Sig.(双侧)
Pearson 卡方	39.823[a]	16	0.001
似然比	40.525	16	0.001
线性和线性组合	11.047	1	0.001
有效案例中的 N	1 734		

注：从卡方检验的结果中可以看到，Pearson 卡方检验的 Sig. 值显示为小于 0.05，即认为年龄段对培养选拔规划年限有显著性影响。

8. 不同工作年限的受访者对干部培养选拔规划的反映仍偏负面

表 4-79　工作年限与干部培养选拔规划的列联表

计数		培养规划					合计
		5年及以上	3年或4年	2年	1年及以下	没有规划	
工作年限	1—5年	50	49	20	21	103	243
	6—10年	32	39	19	12	118	220
	11—15年	34	63	35	25	113	270
	16—20年	30	55	30	23	146	284
	20年以上	97	170	99	61	286	713
合计		243	376	203	142	766	1 730

表 4-80　工作年限与干部培养选拔规划的卡方检验

	值	df	渐进 Sig.（双侧）
Pearson 卡方	36.138[a]	16	0.003
似然比	35.789	16	0.003
线性和线性组合	0.130	1	0.719
有效案例中的 N	1 730		

注：从卡方检验的结果中可以看到，Pearson 卡方检验的 Sig. 值显示为小于 0.05，即认为工作年限对培养选拔规划年限有显著性影响。

表 4-79 显示，从不同工作年限的受访者来看，对干部培养选拔规划的反映仍然是负面的，认为没有规划的占 40%—50%，认为有 3 年或 4 年干部培养选拔规划的占 20% 左右。

就干部培养选拔规划的调研来看，不同区域、不同单位类别和不同职位类型对此问题的反映具有相似性。

调查表明，各区域在干部培养规划上存在差异性，东部、南部表现相对较好，而北部区域则在干部培养规划上需要加以关注。干部培养规划是我们在调查中发现的问题,对解决干部培养选拔有重要意义。

调查对象普遍认为没有干部培养选拔规划,少量受访者认为有3年或4年干部培养选拔规划,认为有5年及以上和2年干部培养选拔规划的占比相对较少。

值得注意的是,副省级层级的干部培养选拔规划则主要集中在1年及以下。干部培养选拔规划与单位的稳定性、领导干部的任期制和组织工作的制度化有直接关系。如何有效地明确各层级的工作责任和工作权限,有助于干部培养与选拔的持续性。

可以看出,干部培养选拔规划在各单位类别中,都是比较欠缺的。政协系统和企业类别的单位中,有3—4年的规划,这与当前的单位特点和干部任期有一定的关系,主要领导在自己的任期内制订了有关干部培养的规划。

正科级职位和副处、副科级职位的受访者普遍表示缺乏干部培养选拔的规划,他们作为职位职级上特殊的、数量众多的群体,更关注部门的干部培养选拔的规划,更关心对自己工作的评价能够保持相对的连续性和一致性。

干部培养选拔规划与干部任期制有着直接的关系,主要集中在3年或4年的培养规划上。调查发现,省级和市级部门层级相对于县(区)级和乡镇(街道)级具有较长期的干部培养计划,规划的时限上也相对长一些,反映了省市级干部队伍的相对稳定;而县(区)级和乡镇(街道)级的状况也反映了人员工作状态变动更加频繁、工作内容调整较多。

从不同年龄段的评价来看,"50后"到"80后"的受访者认为没有规划的比例更高,随着年龄段的年轻化,对具有3年或4年培养选拔规划的认同度也在下降。分析认为:越是年轻的受访者,对自己未来的发展和组织(人事)部门的培养选拔感受性越低;而作为较年长的受访者则能够更多地感受到干部培养选拔的过程,这也要求组织(人事)部门的干部培养选拔工作应该有较多的透明性和主动宣传。启示在于:对干部培养选拔规划应该让广大干部能够更多地参与干部培养选拔过程中,有更多地参与感和认同感,这有利于组织工作的开展,也有利于提升干部培养的有效性和针对性。

五、干部选拔任用的完善建议

(一)干部选拔任用工作的完善对策调研

表 4-81　完善干部选拔工作的建议响应频率表

完善对策	响应 N	百分比(%)	个案百分比(%)
"扩大选拔职位,跨部门、跨体制选拔"一批专业领域的优秀人才	826	12.8	45.5
改进干部选拔的评价标准,注重专业水平和能力	785	12.2	43.3
通过岗位锻炼、长期培养、建立后备干部培养储备大批干部	671	10.4	37.0
鼓励"向基层、艰苦岗位和地区流动"	667	10.3	36.8
采取科学的人员评价技术与方法进行能力和素质测试	658	10.2	36.3
"改进干部考察、民主测评工作"	636	9.9	35.1
运用"实绩公示"、群众评价等多种途径检验干部的工作水平	571	8.9	31.5
"向优秀年轻干部倾斜"	446	6.9	24.6
建立配套性制度,给竞争上岗者开展工作创设良好的平台	397	6.2	21.9
"加强任后评估"	391	6.1	21.6
加强干部信息公开与干部状况调查制度	269	4.2	14.8
建立一支强有力的组工干部队伍	132	2.0	7.3
总　　计	6 449	100	355.5

表 4-82 干部选拔面临的突出问题与完善方法的列联表

突出问题	"扩大选拔职位,跨部门、跨体制选拔"一批专业领域的优秀人才	鼓励"向基层岗位和艰苦岗位和地区流动"	改进干部选拔的评价标准,注重专业水平和能力	采取科学的人员评价技术与方法进行能力和素质测试	"改进干部考察、民主测评工作"	运用"实绩公示"、群众评价等多种途径检验干部的工作水平	加强干部信息公开与调查状况调查制度	通过岗位锻炼、长期培养,建立后备干部培养储备大批干部	"向优秀年轻干部倾斜"	建立配套性制度给竞争上岗者开展工作创设良好的平台	"加强任后评估"	建立一支强有力的组工干部队伍	汇总
缺乏干部培养的长期规划(5年及以上)	473	347	429	387	345	280	121	360	231	208	189	72	898
缺乏系统的制度安排和程序设计	346	265	314	275	247	229	121	248	154	179	141	48	636
部门领导不推荐,不鼓励干部参加公开选拔	117	84	90	76	78	51	28	68	51	47	31	19	184
被选拔职位职责模糊	136	122	142	112	111	93	52	81	82	55	50	12	270
考察缺乏合理的干部实绩评价指标	358	302	382	344	343	312	125	302	186	187	206	55	759
"德"的考核不够	225	205	246	211	239	197	92	198	151	106	137	47	540
形式公正,选拔效果不佳	266	222	294	233	254	222	107	208	167	145	168	48	608

（续表）

突出问题	完善对策												汇总
	扩大选拔职位,跨部门,跨体制选拔一批专业领域的优秀人才	鼓励"向基层、艰苦岗位和地区流动"	改进干部选拔的评价标准,注重专业水平和能力	采取科学的人员评价技术与方法进行能力和素质测试	"改进干部考察、民主测评工作"	运用"实绩公示"、群众评价等多种途径检验干部的工作水平	加强干部公开信息与干部状况调查制度	通过岗位锻炼、长期培养,建立后备干部培养储备大批干部	"向优秀年轻干部倾斜"	建立配套性制度,给竞争上岗者开展工作创设良好的平台	"加强任后评估"	建立一支强有力的组工干部队伍	
"信息不够公开透明"	194	159	206	177	202	164	127	151	128	99	96	23	445
选拔对象的基层经历不足,到艰苦地区锻炼不够	183	182	142	115	102	122	52	157	82	87	73	29	339
"轻发现和储备人才"	154	120	156	114	112	112	50	154	100	74	73	28	321
打乱了部门干部培养的长期规划	32	34	46	29	32	27	6	34	17	22	29	7	82
影响基层一线干部的积极性	140	141	172	121	131	133	53	135	89	79	77	38	338
合计	801	640	760	638	618	547	267	643	428	386	371	127	1737

综合来看(表4-81),访谈对象希望进一步扩大干部选拔的职位来源,扩大干部选拔的范围;在干部评价上,应该进一步加强基层和艰苦岗位的工作经历的要求,同时强化对干部专业水平和能力的评价。

1. 扩大选拔职位、科学评价选拔对象

干部竞争性选拔方式可以作为年轻干部和后备干部培养的手段和途径,干部竞争性选拔,仍然需要进一步的研究和改进。

关于干部选拔工作的完善对策主要集中在以下几方面:一是扩大选拔的职位,跨部门、跨体制选拔优秀专业人才;二是改善干部选拔的评价标准,注重专业水平和能力的评价;三是通过岗位锻炼、长期培养、建立后备干部池,培养储备大批干部;四是鼓励向基层艰苦岗位和地区流动;五是采取科学的人员评价技术与方法进行能力和素质测评等。

完善干部选拔工作的其他建议:不片面强调干部年轻化,让不同的年龄层次都有机会激发干事创业的动力;干部选拔既要看能力,更要看品德,对于领导干部来讲,德比才更重要。调查中,一些访谈对象也提出,干部工作是一个动态的过程,不应片面强调干部的年轻化,应该让不同年龄层次都有公平的选拔机会;干部竞争性选拔方式可以作为干部选拔的方式之一。

受访者普遍表示,缺乏干部培养的长期规划,期望能进行系统的制度安排和程序设计。

2. 区域间经济社会发展的不平衡决定了完善路径的差异

多重响应的交叉分析结果如下:

表 4-83 干部选拔方式的完善对策与区域的列联表

完善对策	区域					合计
	东部	西部	南部	北部	中部	
扩大选拔职位,跨部门、跨体制选拔	210	162	94	154	206	826
向基层、艰苦岗位和地区流动	206	117	66	120	158	667
改进评价标准,注重专业水平和能力	179	138	114	183	171	785
采取科学的评价技术与方法	163	135	94	138	128	658

(续表)

完善对策	区域					合计
	东部	西部	南部	北部	中部	
改进干部考察、民主测评工作	166	98	93	113	166	636
多途径检验干部的工作水平	165	90	76	111	129	571
加强信息公开与状况调查	62	42	36	51	78	269
建立后备干部培养与储备机制	196	115	90	133	137	671
向优秀年轻干部倾斜	84	69	36	108	149	446
建立配套性制度，创设良好平台	126	55	60	70	86	397
加强任后评估	128	65	66	78	54	391
加强组工干部队伍建设	51	13	17	27	24	132
合计	1 736	1 099	842	1 286	1 486	6 449

将表 4-83 进行转换，以该题的频率为权重对数据进行加权，利用加权后的数据进行卡方检验结果如下：

表 4-84 干部选拔方式的完善对策与区域的卡方检验

	值	df	渐进 Sig.（双侧）
Pearson 卡方	146.797[a]	44	0.000
似然比	148.301	44	0.000
有效案例中的 N	6 449		

注：由于 Sig.值小于 0.05，则可知区域对完善干部选拔方式有显著性影响。

表 4-83 显示，关于干部竞争性选拔方式的完善对策上，主要集中在"扩大选拔职位，跨部门、跨体制进行选拔""改进评价标准，注重专业水平和能力""建立后备干部的培养和储备机制""向基层、艰苦岗位和地区流动"及"采取科学的评价技术与方法"等方面。

然而，从不同区域来看，存在显著的差异性，中西部地区对"扩大选拔职位，跨部门、跨体制选拔"持有较高的关注度，响应频率较高；西部地区对"采取科学的评价技术与方法"关注度明显高于其他区域;如何"改变评价标准,注重专业水平和能力的评价",则受到了南部和北部区域被调查者的认同;而"向基层、艰苦岗位和地区流动"则在南部和北部区域关注度较低。

在"加强信息公开与状况调查"方面,中部区域的响应频率较高,对这一问题的建议较为强烈。而关于"建立后备干部培养与储备机制"方面,则东部区域关注较多。在"向优秀年轻干部倾斜"这一对策上,中部和北部区域的被调查者响应频率较高,建议较为强烈;而东部和南部区域的被调查者则对这一问题的认同度较低。

关于"建立配套性制度,创设良好平台"这一问题上,也存在着明显的差异。东部和南部的受访者关注度要高于北部和中西部区域的受访者。在"加强任后评估"方面,东部和南部的受访者关注的程度也远远高于中部区域的受访者。

在"加强组工干部队伍建设"方面的关注度上,相对比较平均;西部区域受访者的关注度稍低于其他区域。

综合来看,东部区域的受访者更关注组工干部队伍的建设问题,"加强任后评估""建立配套性制度,创设良好平台"和"向基层、艰苦岗位和地区流动";西部区域受访者则更多地建议"采取科学的评价技术与方法""扩大选拔职位,跨部门、跨体制选拔"优秀的人才;而南部区域的被调查者则更多地关注"加强任后评估""建立配套性制度,创设良好平台"和"改进干部考察、民主测评工作""采取科学的评价技术与方法"。

北部区域的受访者,更多关注"改进评价标准,注重专业水平和能力""向优秀年轻干部倾斜";中部区域的受访者更多关注"向优秀年轻干部倾斜""加强信息的公开与状况调查"及"改进干部考察、民主测评工作"。

可以看出,不同区域的受访者,关注的着眼点和工作的内容是不同的:东部区域的受访者更多关注干部选拔后的完善和队伍建设问题;西部地区的受访者,关注扩大干部选拔的来源、改进干部选拔的方法和技术;南部和东部区域的受访者有更大相似性,比较关注后续的评估和配套性制度的建设,对评价的标准和方法有较高的关注度;北部区域的受访者更加看重评价的标准及如何"向优秀年轻干部倾斜",保证干部选拔和年轻干部培养工作的一致性;而中部区域和北部区域受访者,具有较高的相似性,更多地看重向年轻干部倾斜;中部区域的受访者希望能够加强信息的公开与状况调查、改进干部考察和民主测评的工作。

综上,可以看出区域的差异来自经济、社会发展的不平衡及干部选拔工作的差异。这种差异性,在今后完善干部选拔方式的路径选择和对策制定上,应该予以关注。

3. 不同单位类别的受访者对完善干部选拔有着共性的认识

多重响应的交叉分析结果如下:

表4-85 干部竞争性选拔方式的完善对策与单位类别的列联表

计　　数	单 位 类 别									合计
	党群系统	人大系统	政协系统	政府系统(含参公)	政法系统(公检法)	事业单位	企业	地区	其他	
扩大选拔职位,跨部门、跨体制选拔	165	29	35	362	88	99	30	4	12	824
向基层、艰苦岗位和地区流动	133	26	41	286	73	64	28	5	8	664
改进评价标准,注重专业水平和能力	153	24	30	367	78	94	29	1	7	783
采取科学的评价技术与方法	124	22	16	310	70	86	22	1	7	658
改进干部考察、民主测评工作	122	27	25	284	68	67	30	3	4	630
多途径检验干部的工作水平	125	22	14	245	57	62	35	2	9	571

(续表)

计数	单位类别									合计
	党群系统	人大系统	政协系统	政府系统（含参公）	政法系统（公检法）	事业单位	企业	地区	其他	
加强信息公开与状况调查	63	8	9	100	29	32	25	1	0	267
建立后备干部培养与储备机制	142	18	23	309	58	70	34	4	9	667
向优秀年轻干部倾斜	81	16	18	195	50	54	24	0	5	443
建立配套性制度，创设良好平台	72	16	10	171	58	45	15	3	6	396
加强任后评估	80	11	8	175	55	42	15	2	1	389
加强组工干部队伍建设	33	6	9	51	12	14	5	2	0	132
合计	1 293	225	238	2 855	696	729	292	28	68	6 424

将表4-85进行转换，以该题的频率为权重对数据进行加权，利用加权后的数据进行卡方检验结果如下：

表4-86 干部选拔方式的完善对策与单位类别的卡方检验

	值	df	渐进 Sig.(双侧)
Pearson 卡方	110.769^a	88	0.051
似然比	112.091	88	0.043
有效案例中的 N	6 424		

注：由于卡方检验 Sig.值大于 0.05，则可知所在单位对完善干部选拔方式没有显著性影响。

干部选拔方式的完善对策与单位类别及分析显示，两者差异性不显著。

4. 企业人员更关注干部选拔的信息公开与选拔对象的工作能力

多重响应的交叉分析结果如下：

表 4-87　干部选拔方式的完善对策与编制情况的列联表

完善对策	编制				合计
	公务员（含参公）	事业单位	企业	编外	
扩大选拔职位，跨部门、跨体制选拔	627	126	33	37	823
向基层、艰苦岗位和地区流动	500	98	27	40	665
改进评价标准，注重专业水平和能力	615	110	28	29	782
采取科学的评价技术与方法	514	100	23	21	658
改进干部考察、民主测评工作	503	77	30	24	634
多途径检验干部的工作水平	446	68	37	18	569
加强信息公开与状况调查	196	39	26	8	269
建立后备干部培养与储备机制	520	94	35	19	668
向优秀年轻干部倾斜	316	85	25	19	445
建立配套性制度，创设良好平台	312	57	16	8	393
加强任后评估	313	46	17	13	389
加强组工干部队伍建设	100	18	7	7	132
合计	4 962	918	304	243	6 427

将表 4-87 进行转换，以该题的频率为权重对数据进行加权，利用加权后的数据进行卡方检验结果如下：

表 4-88　干部选拔方式的完善对策与编制情况的卡方检验

	值	df	渐进 Sig.（双侧）
Pearson 卡方	61.890[a]	33	0.002
似然比	57.779	33	0.005
有效案例中的 N	6 427		

注：由于 Sig.值小于 0.05，则可知编制情况对完善干部选拔方式有显著性影响。

表 4-87 显示，在"扩大选拔职位，跨部门、跨体制选拔"问题的建议和"向基层、艰苦岗位和地区流动"的建议上，得到了编外人员较高响应。对"多途径检验干部的工作水平"这一建议则受到了企业受访者较高的响应

和关注。

如何进一步加强信息的公开与状况调查,也得到了企业被调查者较高的响应。而"向优秀年轻干部倾斜"这一建议,则较多受到事业单位类型受访者的认同。

可以看出,从不同编制受访者来看,主要集中在企业和编外人员对建议的差异性,而在其他问题的态度上,则具有相对的一致性。这与企业的特点具有一定的联系,比如,企业运用干部选拔的评价技术和方法相对更加科学、客观和全面,所以这一问题的认同相对较低,而对如何检验干部的具体工作水平和能力上,则响应较高。

5. 部门层级越高越关注制度层面,层级越低越关注选拔的机会

多重响应的交叉分析结果如下:

表 4-89 干部选拔方式的完善对策与部门层级的列联表

完善对策	部门层级					合计
	省级	副省级	市级	县(区)级	乡镇(街道)	
扩大选拔职位,跨部门、跨体制选拔	90	16	252	293	165	816
向基层、艰苦岗位和地区流动	53	9	187	253	155	657
改进评价标准,注重专业水平和能力	76	18	284	298	99	775
采取科学的评价技术与方法	69	12	224	233	112	650
改进干部考察、民主测评工作	64	10	214	229	111	628
多途径检验干部的工作水平	69	10	188	198	100	565
加强信息公开与状况调查	38	5	90	85	46	264
建立后备干部培养与储备机制	69	9	247	222	118	665
向优秀年轻干部倾斜	35	5	152	174	76	442
建立配套性制度,创设良好平台	40	9	136	159	49	393
加强任后评估	40	7	151	126	62	386
加强组工干部队伍建设	12	2	45	39	32	130
合计	655	112	2 170	2 309	1 125	6 371

将表 4-89 进行转换,以该题的频率为权重对数据进行加权,利用加权后的数据进行卡方检验结果如下:

表 4-90　干部选拔方式的完善对策与部门层级的卡方检验

	值	df	渐进 Sig.(双侧)
Pearson 卡方	79.996ª	44	0.001
似然比	80.252	44	0.001
有效案例中的 N	6 371		

注:由于 Sig.值小于 0.05,部门层级对完善干部选拔方式有显著性影响。

表 4-89 显示:对于"多途径检验干部的工作水平""加强信息公开与状况调查"受到了省级单位被调查者较高响应和认同。

"改进评价标准,注重专业水平和能力""建立配套性制度,创设良好平台"的建议,受到了副省级单位较高关注,而乡镇(街道)级的关注较低;副省级和省级单位的调查者在"向优秀年轻干部倾斜"的问题上认同度较低。

市级机关的被调查者则更多地选择"加强任后评估""建立后备干部的培养与储备机制""加强组工干部队伍建设""加强信息公开与状况调查"。

县(区)级的被调查者更多地关注"向优秀年轻干部倾斜""建立配套性制度,创设良好平台""向基层、艰苦岗位和地区流动"。在"向优秀年轻干部倾斜"的问题上,副省级和省级单位的调查者对这一建议的认同度较低。

乡镇(街道)级的被调查者则更多地关注"加强组工干部队伍建设"和"向基层、艰苦岗位和地区流动""扩大选拔职位,跨部门、跨体制选拔";乡镇(街道)级对干部"向基层、艰苦岗位和地区流动"的关注度远远高于省市级。

可以看出,不同职位层级的被调查者对问题的关注程度有着显著的差异性,这种差异性与所在层级的职位特点、工作类型存在着直接的相关性。

6. 非领导职位的调查者倾向于扩大选拔职位,退休人员建议向基层艰苦岗位倾斜

多重响应的交叉分析结果如下:

表 4-91　干部选拔方式的完善对策与职位类型的列联表

完善对策	职位类型			合计
	领导职务	非领导职务	已退休	
扩大选拔职位,跨部门、跨体制选拔	462	346	11	819
向基层、艰苦岗位和地区流动	384	256	18	658
改进评价标准,注重专业水平和能力	471	296	13	780
采取科学的评价技术与方法	404	240	12	656
改进干部考察、民主测评工作	423	201	10	634
多途径检验干部的工作水平	365	194	8	567
加强信息公开与状况调查	161	102	5	268
建立后备干部培养与储备机制	419	236	7	662
向优秀年轻干部倾斜	220	211	8	439
建立配套性制度,创设良好平台	249	143	1	393
加强任后评估	270	118	1	389
加强组工干部队伍建设	75	50	6	131
合计	3 903	2 393	100	6 396

将表 4-91 进行转换,以该题的频率为权重对数据进行加权,利用加权后的数据进行卡方检验结果如下:

表 4-92　干部选拔方式的完善对策与职位类型的卡方检验

	值	df	渐进 Sig.(双侧)
Pearson 卡方	78.491[a]	22	0.000
似然比	79.307	22	0.000
有效案例中的 N	6 396		

注:由于 Sig.值小于 0.05,职位类型对完善干部选拔方式有显著性影响。

对干部选拔方式的完善对策与职业类型分析表明,非领导职务的被调查者在"扩大选拔职位、跨部门、跨体制选拔"及"向优秀年轻干部倾斜"的建议上响应较高;而退休人员则更多地建议"向基层、艰苦岗位和地区流动""向优秀年轻干部倾斜""加强组工干部队伍建设"等。

7. 职位级别越高越关注制度建设,职位级别较低的则更关注选拔机会

多重响应的交叉分析结果如下:

表 4-93 干部选拔方式的完善对策与职位级别的列联表

完善对策	职位级别								总计
	正厅级	副厅级	正处级	副处级	正科级	副科级	科员	办事员	未定级
扩大选拔职位,跨部门、跨体制选拔	2	27	92	204	185	107	119	31	54	821
向基层、艰苦岗位和地区流动	2	31	77	163	158	82	76	25	47	661
改进评价标准,注重专业水平和能力	3	22	102	182	205	100	92	20	54	780
采取科学的评价技术与方法	1	18	85	169	151	90	86	12	41	653
改进干部考察、民主测评工作	4	26	74	171	170	68	63	11	43	630
多途径检验干部的工作水平	4	29	65	150	141	66	56	18	40	569
加强信息公开与状况调查	2	13	35	62	60	29	36	8	21	266
建立后备干部培养与储备机制	5	20	68	183	166	89	72	22	43	668
向优秀年轻干部倾斜	3	10	38	63	123	66	82	16	43	444
建立配套性制度,创设良好平台	3	15	46	102	91	64	52	7	16	396
加强任后评估	1	22	57	124	85	42	25	10	25	391
加强组工干部队伍建设	1	7	11	38	30	16	17	3	7	130
合计	31	240	750	1 611	1 565	819	776	183	434	6 409

将表 4-93 进行转换,以该题的频率为权重对数据进行加权,利用加权后的数据进行卡方检验结果如下:

表 4-94　干部选拔方式的完善对策与职位级别的卡方检验

	值	df	渐进 Sig.(双侧)
Pearson 卡方	149.962ª	88	0.000
似然比	154.564	88	0.000
有效案例中的 N	6 409		

注：由于 Sig.值小于 0.05，职位级别对完善干部选拔方式有显著性影响。

表 4-93 显示，不同职位级别的受访者对干部选拔方式的相应建议有着显著的差异，在"扩大选拔职位，跨部门、跨体制的选拔"问题上，级别越低的被调查者对这一建议的响应程度越高；在"采取科学的评价技术与方法"的建议上，正厅级职位的受访者和办事员层级的受访者反映较弱一些。而关于"改进干部考察、民主测评工作"的建议，随着级别的提升对这一问题的响应则相对较高一些。

在"多途径检验干部的工作水平"的建议上，厅级、正厅级和副厅级职位的受访者较多地持认同态度；而副科级及科员级的受访者，对这一建议的响应频率则较低。正厅级职位的受访者对"加强信息公开与状况调查"持有较高的响应频率；在"建立后备干部培养与储备机制"问题上，正厅级干部也有着比较高的认同。"向优秀年轻干部倾斜"这一建议，受到了正厅级、副科级、科员的认同，而对这一建议响应较低的则是副处级和副厅级职位的被调查者。

在"加强组工干部队伍建设"的问题上，正厅级职位的受访者响应较为强烈。

8.年轻群体更关注方法和技术的改进，而相对年长者则更关注制度上的设计

多重响应的交叉分析结果如下：

表 4-95　干部选拔方式的完善对策与年龄段的列联表

完 善 对 策	年 龄 层 次					合计
	"50 后"	"60 后"	"70 后"	"80 后"	"90 后"	
扩大选拔职位，跨部门、跨体制选拔	46	205	326	224	22	823

(续表)

完善对策	年龄层次					合计
	"50后"	"60后"	"70后"	"80后"	"90后"	
向基层、艰苦岗位和地区流动	60	183	246	160	11	660
改进评价标准,注重专业水平和能力	42	221	309	183	21	776
采取科学的评价技术与方法	32	153	289	158	19	651
改进干部考察、民主测评工作	49	196	256	121	7	629
多途径检验干部的工作水平	39	141	241	133	11	565
加强信息公开与状况调查	17	68	112	59	8	264
建立后备干部培养与储备机制	32	145	299	179	12	667
向优秀年轻干部倾斜	27	86	154	165	11	443
建立配套性制度,创设良好平台	19	110	160	94	10	393
加强任后评估	18	126	174	64	8	390
加强组工干部队伍建设	13	44	46	26	2	131
合计	394	1 678	2 612	1 566	142	6 392

将表 4-95 进行转换,以该题的频率为权重对数据进行加权,利用加权后的数据进行卡方检验结果如下:

表 4-96 干部选拔方式的完善对策与年龄段的卡方检验

	值	df	渐进 Sig.(双侧)
Pearson 卡方	131.992[a]	44	0.000
似然比	129.540	44	0.000
有效案例中的 N	6 392		

注:由于卡方检验 Sig.值小于 0.01,年龄段对完善干部选拔方式有显著性影响。

由表 4-94 可以看出,年龄段越年轻的受访者对"扩大选拔职位,跨部门、跨体制选拔"的对策认同较高,而"向基层、艰苦岗位和地区流动"这一对策则随着年龄段的年轻化认同度越来越低,有逐渐减轻的倾向。"改进评价标准,注重专业水平和能力"的建议,受到了"90后"和"60后"群体的认同。在"采取科学的评价技术和方法"问题上则出现了较大分歧,

"90后"的群体对这一问题的认同度要远远高于"50后"群体。而"改进干部考察、民主测评工作"则出现了"50后"群体的认同度远远高于"90后"群体的态势。可以看出,年轻群体更关注方法和技术的改进,而相对年长的受调查者则更多关注"改进干部的考察、民主测评工作"。

在"加强任后评估"的对策上,"60后"群体的响应较为强烈一些,而关于"加强组工干部队伍建设"的对策则受到了"50后"群体的认同。可以看出,年纪稍长的群体更多地在制度层面、对干部工作的难点问题上有较多的思考,比如关注组工干部队伍的建设、干部考察和民主测评工作和向基层艰苦岗位和地区流动问题。这几大问题相对来说处理的难度更大,问题也更为复杂,是我们干部选拔工作中长期面对而又难以解决的问题。随着年龄的增长、工作年限的累计,对问题的认识也会更加深刻和系统化。

9. 工作年限较短的受访者希望扩大选拔机会,工作年限较长者则希望改进干部考察的民主

多重响应的交叉分析结果如下:

表4-97　干部选拔方式的完善对策与工作年限的列联表

完善对策	工作年限					合计
	1—5年	6—10年	11—15年	16—20年	20年以上	
扩大选拔职位,跨部门、跨体制选拔	131	107	120	134	325	817
向基层、艰苦岗位和地区流动	89	73	84	108	304	658
改进评价标准,注重专业水平和能力	97	98	118	133	334	780
采取科学的评价技术与方法	88	86	103	113	265	655
改进干部考察、民主测评工作	55	66	82	103	323	629
多途径检验干部的工作水平	67	63	85	103	248	566
加强信息公开与状况调查	37	31	36	45	116	265
建立后备干部培养与储备机制	86	85	111	131	251	664

(续表)

完善对策	工作年限					合计
	1—5年	6—10年	11—15年	16—20年	20年以上	
向优秀年轻干部倾斜	79	84	68	56	150	437
建立配套性制度,创设良好平台	42	57	69	60	164	392
加强任后评估	36	26	56	65	205	388
加强组工干部队伍建设	13	15	14	24	66	132
合　　计	820	791	946	1 075	2 751	6 383

将表4-97进行转换,以该题的频率为权重对数据进行加权,利用加权后的数据进行卡方检验结果如下:

表4-98　干部选拔方式的完善对策与工作年限的卡方检验

	值	df	渐进 Sig.(双侧)
Pearson 卡方	119.283[a]	44	0.000
似然比	119.066	44	0.000
有效案例中的 N	6 383		

注:由于卡方检验 Sig.值小于0.01,工作年限对完善干部选拔方式有显著性影响。

由表4-97可以看出,工作年限较短的受访者,更多地关心扩大"选拔职位,跨部门、跨体制选拔",而关于"改进干部考察、民主测评工作",则较多地受到工作年限20年以上及16—20年工作年限受访者的响应;而在"向优秀年轻干部倾斜"问题上,则较多地受到6—10年和1—5年工作年限受访者的关注和支持;对于"建立配套性制度,创设良好平台",6—15年工作年限的受访群体有较高的响应频率。

关于任后评估的问题,工作年限较长的群体和工作年限较短的群体存在较大分歧,工作年限越长的受访者,越倾向于加强任后的评估问题。可以看出,工作年限的长短,与不同年龄段在对改进干部选拔方式对策的认识上有相似性,但是两者也有一定的不同。年龄较长、而工作年限较短的受访者,通常由于求学时间较长,具有相对较高的学历层次,所以不能简单地以年龄代替工作年限,二者对问题的态度会有差异。

10. 研究生学历的受访者关注选拔的效果,本科学历的受访者更注重改进干部考察的民主,而大专及以下学历者则希望能实现干部面向基层、艰苦岗位和地区流动

多重响应的交叉分析结果如下:

表 4-99 干部选拔方式的完善对策与学历的列联表

完善对策	学历				合计
	大专及以下	本科	硕士研究生	博士研究生	
扩大选拔职位,跨部门、跨体制选拔	90	463	182	18	753
向基层、艰苦岗位和地区流动	109	366	119	16	610
改进评价标准,注重专业水平和能力	82	454	164	24	724
采取科学的评价技术与方法	69	375	154	13	611
改进干部考察、民主测评工作	73	394	118	8	593
多途径检验干部的工作水平	58	339	120	15	532
加强信息公开与状况调查	34	149	51	11	245
建立后备干部培养与储备	56	399	163	16	634
向优秀年轻干部倾斜	59	255	94	7	415
建立配套性制度,创设良好平台	43	236	78	11	368
加强任后评估	35	224	96	14	369
加强组工干部队伍建设	16	70	28	1	115
合计	724	3 724	1 367	154	5 969

将表 4-99 进行转换,以该题的频率为权重对数据进行加权,利用加权后的数据进行卡方检验结果如下:

表 4-100　干部选拔方式的完善对策与学历的卡方检验

	值	df	渐进 Sig.(双侧)
Pearson 卡方	57.639ª	33	0.005
似然比	56.640	33	0.006
有效案例中的 N	5 969		

注：由于 Sig.值小于 0.05，最高学历对完善干部选拔方式有显著性影响。

整体来看：对完善干部选拔任用的建议主要集中于"扩大选拔职位，跨部门、跨体制选拔""改进评价标准，注重专业水平和能力""建立后备干部培养与储备机制""向基层、艰苦岗位和地区流动""采取科学的评价技术与方法"；而对"加强组工干部队伍建设""加强信息公开与状况调查"关注较少。

各个学历层次的受访对象存在显著差异：

大专及以下学历的受访者对完善干部选拔任用的建议依次为："向基层、艰苦岗位和地区流动""向优秀年轻干部倾斜"；而对"建立后备干部培养与储备机制""加强任后评估"关注较少。

本科学历的受访者对完善干部选拔任用的建议依次为："改进干部考察、民主测评工作""建立配套性制度，创设良好平台""多途径检验干部的工作水平"；而对"向基层、艰苦岗位和地区流动"关注较少。

硕士研究生学历的受访者对完善干部选拔任用的建议依次为："加强任后评估""建立后备干部培养与储备机制""采取科学的评价技术与方法"；而对"向基层、艰苦岗位和地区流动""改进干部考察、民主测评工作"关注较少。

博士研究生学历的受访者对完善干部选拔任用的建议依次为："加强信息公开与状况调查""加强任后评估""改进评价标准，注重专业水平和能力"；而对"加强组工干部队伍建设""改进干部考察、民主测评工作""向优秀年轻干部倾斜"关注较少。

可以发现，研究生学历的受访者关注"加强任后评估"，而对"改进干部考察、民主测评工作"不太关注,更看重后续的过程监督;本科学历的受访者更注重"改进干部考察、民主测评工作";而大专及以下学历的受访者则更多关注"向基层、艰苦岗位和地区流动"。学历层次越高,更多地从制度设计方面进行考虑,本科学历的受访者则希望完善干部选拔的过程。分析认为:大专及以下学历的受访者大多工作在基层、艰苦岗位及地区,更关注干部选拔的来源和范围。

11. 人文社会科学背景的受访者希望改进评价标准,而自然科学、医药科学工程与技术科学背景的受访者更关注组工队伍建设和信息公开

多重响应的交叉分析结果如下:

表 4-101 干部选拔方式的完善对策与专业的列联表

完善对策	专业					合计
	自然科学	农业科学	医药科学	工程与技术科学	人文与社会科学	
扩大选拔职位,跨部门、跨体制选拔	59	47	21	144	475	746
向基层、艰苦岗位和地区流动	53	47	19	111	375	605
改进评价标准,注重专业水平和能力	49	40	19	154	460	722
采取科学的评价技术与方法	49	39	21	146	362	617
改进干部考察、民主测评工作	44	33	15	126	370	588
多途径检验干部的工作水平	36	24	14	116	351	541
加强信息公开与状况调查	23	17	9	62	140	251
建立后备干部培养与储备机制	52	39	24	130	382	627
向优秀年轻干部倾斜	29	28	12	81	255	405
建立配套性制度,创设良好平台	30	19	11	80	228	368
加强任后评估	30	22	19	68	238	377
加强组工干部队伍建设	14	4	6	28	67	119
合计	468	359	190	1 246	3 703	5 966

将表 4-101 进行转换,以该题的频率为权重对数据进行加权,利用加权后的数据进行卡方检验结果如下:

表 4-102　干部选拔方式的完善对策与专业的卡方检验

	值	df	渐进 Sig.(双侧)
Pearson 卡方	37.806ª	44	0.733
似然比	37.112	44	0.759
有效案例中的 N	5 966		

注：由于 Sig.值大于 0.05，则可知所学专业对完善干部选拔方式没有显著性影响。

具体来看，不同专业背景的受访者在对完善干部选拔任用的建议上存在差异性，这种差异性不具有统计学意义上的显著性，仅反映统计的结果。

自然科学专业背景的受访者对完善干部选拔任用的建议依次为："加强组工干部队伍建设""加强信息公开与状况调查""向基层、艰苦岗位和地区流动"；不太关注"多途径检验干部的工作水平"。

农业科学背景的受访者对完善干部选拔任用的建议依次为："向基层、艰苦岗位和地区流动""向优秀年轻干部倾斜"；不太关注"多途径检验干部的工作水平"；

医药科学专业背景的受访者对完善干部选拔任用的建议依次为："加强组工干部队伍建设""加强任后评估"；不太关注"多途径检验干部的工作水平"。

工程与技术科学背景的受访者对完善干部选拔任用的建议依次为："加强信息公开与状况调查""采取科学的评价技术与方法""加强组工干部队伍建设"；不太关注"加强任后评估""向基层、艰苦岗位和地区流动"。

人文社会科学专业背景的受访者对完善干部选拔任用的建议依次为："多途径检验干部的工作水平""改进评价标准，注重专业水平和能力""扩大选拔职位，跨部门、跨体制选拔"；不太关注"加强信息公开与状况调查""采取科学的评价技术与方法"。

可以看出，自然科学、医药科学、工程与技术科学专业背景的受访者普遍建议"加强组工干部队伍建设"；自然科学、工程与技术科学专业背景的受访者对"加强信息公开与状况调查"持共同的建议,在"多途径检验干部的工作水平"建议上均不太关注;而人文社会科学专业背景的受访者则有着不同的理解,认为更应该"多途径检验干部的工作水平""改进评价标准,注重专业水平和能力""扩大选拔职位,跨部门、跨体制选拔",却不太关注"加强信息公开与状况调查""采取科学的评价技术与方法"。分析认为:人文社会科学专业背景的受访者工作的岗位跨度较大,对选拔对象的来源、工作水平、评价标准上相对其他专业性受访者有着更多的关注,对具体的技术与方法的建议则关注较少。

12. 干部选拔方式完善对策之访谈分析

(1) 干部选拔的范围与对象:

一是选拔对象应该关注所在层级,而不是以职级作为评价选拔对象的依据。重岗位而不是重职级,所选职位的职能定位是否适合。选拔对象应该重视职务能力,轻职务级别;以岗位的层级、功能设置来选择合适的人选;在选拔对象的适合程度上,不宜划定处级或科级作为选拔范围,而应重视职位的职能设定,比如,作为副职岗位比较适合进行干部竞争性选拔方式。相对来说,公开选拔不适用于非常重要的政治素质要求较高的岗位。

干部竞争性选拔的岗位多集中在中层领导干部,但不同的单位层次,选拔的级别是不一样的。比如,作为正处级的机构,中层就是科级领导干部;而作为厅局级机构,中层就是处级职位。一般来说,单位内部进行的干部竞聘,如处级及以下单位,可针对中层岗位,如正科、副科实职进行干部竞聘;跨地级市的干部竞聘,可针对副处和正处的岗位(类似于中层)进行干部竞聘。

基层一线处理复杂事务的岗位不适合公开选拔,这些岗位需要解决具体事务、具体问题,要求具有较高的群众工作经验和熟悉当地情况的经历。

二是公开选拔适合副职岗位,内部竞争上岗可以适用于部门中层的正职岗位。因为副职岗位相对容易控制风险。一方面,这样的干部不是主要负责人,如果选拔成功了,会成为一把手的很好助手,可以放开手脚让他工作,很可能会给这个岗位和部门带来新的面貌,甚至带出一个充满活力的团队。反过来,如果选拔的干部没有达到预期的话,作为副职,也不至于带来不可挽救的后果,还是可控的,比如通过减少他的分工范围,或者进行岗位调整。但一把手就不一样了,岗位职责决定他必须全面负责,风险较大,调整起来也不容易。

三是从普遍的经验来看:竞争性选拔岗位一般适用实施单位或地区的中层实职,不宜对非领导职务和党直机关岗位采用竞争性选拔方式。竞争性选拔岗位可在单位或地区的实职领导职务内进行,非领导职务则不适用。由于领导职务是职责的管理,即有一定的职权,能够明确界定其工作职责。非领导职务通常是任职年限期满且单位有空缺名额就可以职级晋升,不需要进行公开竞聘和选拔。

四是在竞争性选拔对象上,应考虑专业性强的岗位,比如旅游、经济、信息等,但是领导岗位作为竞争性选拔对象,其效果难以预料。对一些专业技术岗位,比如,质检、卫生、检查、法官等,在条件设置上应该加入相应的专业水平和经历,可以考虑采用聘用制公务员管理。

(2) 干部选拔制度的完善:

坚持党管干部的根本,按照新时代党的组织路线要求,着力培养忠诚干净担当的高素质干部。

一是干部选拔应该常规化,建立长期的干部培养规划。减少人为因素,明确干部选拔的基本程序、操作规则和评价标准。

二是干部竞争性选拔方式和常规选拔方式不存在竞争和对立关系。两者选拔的前提条件不同,适应不同的岗位需要。干部竞争性选拔方式的目的是要扩大干部选拔的视野,扩大干部选拔来源,竞争性选拔的方式有利于弥补常规选拔的不足。

三是干部选拔方式要规范,选拔过程经得起推敲。制订完善的干部选拔工作方案,并在选拔范围内进行广泛公告,保证干部选拔运作在阳光下进行。要将最后结果在当地或者部门重要网站、公告栏进行公示,保障社会和相关人员应有的知情权。

四是建立组织(人事)部门主导、其他相关部门协同参与的机制。一方面,组织(人事)部门要在整个过程中发挥主导作用,从干部选拔的准备到最后的人员到岗,要充分体现组织作用;另一方面,用人部门、纪委、监察局、审计机关等相关部门要协同配合,对干部工作中出现的问题及时纠正。

五是不唯分、不唯票。部门之间会有不同的业务、不同年龄、不同性别、不同性格,组织(人事)部门选人,测评的评分结果是参考,但不是最主要的参考指标,要考虑整体队伍的情况、民主测评、群众口碑、相关政绩等,也不要过多关注 GDP 指标的评价。

六是非定向选拔干部有利于扩大干部选拔的视野,客观评价干部的综合素质。非定向选拔干部在不明确拟任岗位的前提下选拔某级别的领导,更关注选拔对象的综合素质、实际能力,扩大了干部选拔的视野与范围,更有利于干部的组合配置。

(3)进一步加强干部公开遴选和公开选调制度。尤需注意的是:在访谈中,对干部公开选调和公开遴选制度的提出了现实的渴求。这个工作是另一种形式的干部选拔方式,更侧重于干部的培养,丰富干部的来源和经历。

进一步拓展公务员选调和遴选制度,建立从基层到中央委办局的干部垂直晋升通道。通过逐级选拔制解决干部的基层经历问题,也就是说中央部委可以向省市级选调、遴选干部;省市级可以向地市级选调、遴选干部;地市级向县区级选调、遴选干部;县区级可以向乡镇级选调、遴选干部。通过公开选调或公开遴选可以给乡镇等基层干部提供进入县区、市区级,甚至更高的省部级晋升的通道。

干部公开选调和公开遴选制度是公务员转任的方式,中央机关公务员从省厅级有工作经验、成熟的公务员里招录,省厅级从市县级招录,市县级从乡镇招录。公开选调还面对企业、事业单位的人员，这样就建立起了从中央到地方全通道的晋升空间，给基层公务员、企事业单位优秀人才提供了一个职业发展的通道，有利于优秀的领导人才的脱颖而出，拓展了干部选拔渠道。

干部选拔强调基层经历，通过纵向遴选的干部是从基层一级一级上来的，本身就具有丰富的基层经历，从而避免干部选拔资历上的尴尬，即需要提拔的机关干部还要放在基层里去丰富经历。

干部公开选调和公开遴选制度可以有效地解决干部年龄层次层层递减的问题，盘活了全国性干部资源，调动各年龄段干部的积极性。当然，完全通过选调或遴选也有它的弊端，可能会出现机关干部年龄结构偏大的问题。可以在公开招录公务员和公开遴选、公开选调之间设定一定的比例。

(4) 建立干部选拔的信息化平台。不宜全面推行干部竞争性选拔方式，各单位"运动式"进行干部选拔难以保证组织工作的稳定性和延续性，建议引入信息化平台，由市委组织（人事）部门统一发布选拔信息，要求各区（县）推荐合适人选，根据推荐的人选统一组织遴选。这种方式有利于扩大选拔的来源，在更大范围内解决干部资源的开发利用：避免单位推荐干部有所保留，把优秀的干部留下使用，阻碍了人才的发展，造成干部资源的浪费。

干部选拔工作借助信息技术的平台，它的作用是显而易见的：一是促进信息的公开；二是促进干部交流；三是提供了个人表达的意愿平台，通过这样的平台，提供了干部交流渠道或手段。

（二）干部选拔任用标准的调研

调查问卷对受访者所在单位或部门选拔任用干部过程中所关注的选拔标准进行了调查，对改进干部选拔任用工作提供了借鉴。

选拔任用干部过程中比较看重工作实绩、工作的胜任能力、领导的认可和群众公认。

由表4-103可知，干部选拔任用的标准主要看过去的工作业绩，同时考虑未来的胜任能力。在具体任用过程中,领导的意见和班子的匹配程度具有一定的影响作用,关注群众的满意度,也考虑未来的工作环境和上下级配合。

表4-103 选拔任用中看重的方面响应频率表

	频率	响应		个案百分比（%）
		N	百分比(%)	
选拔标准	工作实绩	1 209	17.9	66.0
	工作胜任能力	1 096	16.3	59.8
	领导肯定	822	12.2	44.9
	群众公认	757	11.2	41.3
	政治面貌和政治素质	738	11.0	40.3
	坚持原则,求真务实的工作作风	507	7.5	27.7
	关系背景	365	5.4	19.9
	基层经历	354	5.3	19.3
	民主公开	352	5.2	19.2
	学历专业	309	4.6	16.9
	年轻干部	230	3.4	12.6
合 计		6 739	100	367.8

调查显示:干部选拔对象的学历和年龄,不应该作为干部选拔的关键条件,各单位在这两方面关注的程度只有4.6%和3.4%。可见,强调选拔对象的学历和年龄,并未得到广泛认可。这两项条件仅仅作为组织(人事)部门的选拔条件或干部培养的要求来看待。

调查发现:对基层经历的要求只有5.3%。这与前述的完善对策的要求不一致,仍需要得到进一步分析。

调查表明:干部的具体工作能力和取得的成绩,是干部选拔任用工作中体现公平性和实力的评价指标。对工作胜任能力的评价,需要借助科学的方法和客观的评价体系。受访者对干部选拔中工作业绩和未来胜任能力是比较看重的,这是干部选拔的首要条件和标准。

1. 东部区域更强调政治面貌和政治素质，北部看重民主公开

多重响应的交叉分析结果如下：

表4-104　选拔任用中看重的方面与区域的列联表

计数		区域					合计
		东部	西部	南部	北部	中部	
选拔标准	政治面貌和政治素质	241	128	82	133	154	738
	工作实绩	349	199	150	240	271	1 209
	工作胜任能力	307	190	148	240	211	1 096
	坚持原则，求真务实	128	95	62	93	129	507
	基层经历	110	44	30	53	117	354
	年轻干部	64	34	25	39	68	230
	学历专业	77	48	42	69	73	309
	领导肯定	213	131	119	179	180	822
	群众公认	219	132	104	149	153	757
	关系背景	71	51	58	80	105	365
	民主公开	70	68	47	99	68	352
合计		1 849	1 120	867	1 374	1 529	6 739

将表4-104进行转换，以该题的频率为权重对数据进行加权，利用加权后的数据进行卡方检验结果如下：

表4-105　选拔任用中看重的方面与区域的卡方检验

	值	df	渐进 Sig.（双侧）
Pearson 卡方	115.507^a	40	0.000
似然比	114.747	40	0.000
有效案例中的 N	6 739		

注：由于卡方检验 Sig.值小于 0.01，则可知区域对选拔过程中看重的方面有显著性影响。

表4-104显示，各区域在对干部选拔任用看重的因素上有差异。东部区域更强调"政治面貌和政治素质"；东部和中部较为重视"基层经历"；南部和北部区域对"基层经历"重视程度则相对较低。在干部选拔中，对"关系背景"方面的认识也存在差异，东部区域不太关注"关系背景"，而中部区域的调查者认为"关系背景"的影响较大。

关于干部选拔的"民主公开"方面,也存在显著差异,东部区域受访者响应不高,而北部区域受访者对民主公开响应较为强烈。

2. 人大系统看重基层经历,政协系统关注政治素质及工作作风,企业则关注学历专业

多重响应的交叉分析结果如下:

表4-106 选拔任用中看重的方面与单位类型的列联表

计 数		单位类型									合计
		党群系统	人大系统	政协系统	政府系统(含参公)	政法系统(公检法)	事业单位	企业	地区	其他	
选拔标准	政治面貌和政治素质	165	29	43	281	102	85	19	4	8	736
	工作实绩	233	50	50	520	134	145	49	8	15	1 204
	工作胜任能力	221	43	40	498	110	120	35	6	16	1 089
	坚持原则,求真务实	104	19	28	207	53	74	13	2	6	506
	基层经历	57	19	17	151	46	41	18	1	3	353
	年轻干部	46	10	10	94	17	28	21	1	1	228
	学历专业	37	3	9	144	35	41	35	0	2	306
	领导肯定	165	21	16	396	89	82	41	2	7	819
	群众公认	173	29	24	342	77	67	27	6	7	752
	关系背景	62	7	13	159	48	40	31	0	4	364
	民主公开	57	14	5	174	44	42	11	1	4	352
合 计		1 320	244	255	2 966	755	765	300	31	73	6 709

将表4-106进行转换,以该题的频率为权重对数据进行加权,利用加权后的数据进行卡方检验结果如下:

表4-107 选拔任用中看重的方面与单位类型的卡方检验

	值	df	渐进 Sig.(双侧)
Pearson 卡方	193.214[a]	80	0.000
似然比	189.295	80	0.000
有效案例中的 N	6 709		

注:由于卡方检验 Sig.值小于 0.05,则可知所在单位对选拔过程中看重的方面有显著性影响。

表 4-106 显示，不同单位类型的被调查者对选拔任用中所注重的方面是有差异的。

在"政治面貌和政治素质"方面，政协系统关注度较高；在"基层经历"方面，人大系统比较看重，而党群系统则关注度相对较低；在"年轻干部"选拔方面，政法系统关注度较低，而企业则具有较高的关注度；在"坚持原则和求真务实"的工作作风方面，政协系统和事业单位都较为看重，而企业则关注度较低。

在"学历专业"方面，党群系统、人大系统普遍关注度较低，而企业则具有极高的关注度，相对于总体平均 4.5% 来看，企业有 11.4% 的被调查者对"学历专业"的关注度较高。是否得到"领导肯定"方面，政协系统关注度较低。在关系背景方面，人大系统关注度较低，而企业关注度则较高。在"民主公开"方面，政协系统关注度也较低。

3. 公务员关注群众公认，事业及编外人员关注工作作风

多重响应的交叉分析结果如下：

表 4-108　选拔任用中看重的方面与编制情况的列联表

计　数		编　制				合计
		公务员（含参公）	事业单位	企业	编外	
选拔标准	政治面貌和政治素质	564	104	20	48	736
	工作实绩	925	172	51	54	1 202
	工作胜任能力	861	151	37	44	1 093
	坚持原则，求真务实	369	88	14	34	505
	基层经历	264	58	17	15	354
	年轻干部	149	47	21	12	229
	学历专业	213	45	37	12	307
	领导肯定	652	107	44	17	820
	群众公认	620	77	27	29	753

(续表)

计　数		编　制				合计
		公务员 （含参公）	事业 单位	企业	编外	
选拔 标准	关系背景	269	51	33	12	365
	民主公开	279	51	13	8	351
合　计		5 165	951	314	285	6 715

将表 4-108 进行转换，以该题的频率为权重对数据进行加权，利用加权后的数据进行卡方检验结果如下：

表 4-109　选拔任用中看重的方面与编制情况的卡方检验

	值	df	渐进 Sig.（双侧）
Pearson 卡方	142.221ª	30	0.000
似然比	128.708	30	0.000
有效案例中的 N	6 715		

注：由于 Sig. 值小于 0.01，则可知编制情况对选拔过程中看重的方面有显著性影响。

由表 4-108 可以看出，不同编制来源的受访者，对选拔中所关注的要素存在显著性差异。公务员受访者对"群众公认"的关注度较高。事业编制的受访者对年轻干部"坚持原则，求真务实"的工作作风关注度较高；而对"工作胜任能力""学历专业"，是否得到"领导肯定"和"群众公认"等则关注度较低。企业受访者比较关注的仍然是"学历专业""关系背景"。编外人员关注度较高的是能否"坚持原则，求真务实"的工作作风以及"政治面貌和政治素质"，而对是否得到"领导肯定""关系背景"及"民主公开"的程序方面不太关注。

4. 越往基层越关注群众公认、干部年轻化，基层单位更看重工作作风和工作实绩

多重响应的交叉分析结果如下：

表 4-110　选拔任用中看重的方面与部门层级的列联表

计数		部门层级					合计
		省级	副省级	市级	县(区)级	乡镇(街道)	
选拔标准	政治面貌和政治素质	75	9	221	275	149	729
	工作实绩	124	22	386	443	214	1 189
	工作胜任能力	110	15	361	399	193	1 078
	坚持原则,求真务实	32	7	137	216	107	499
	基层经历	48	5	78	153	67	351
	年轻干部	24	3	61	83	56	227
	学历专业	45	7	115	107	31	305
	领导肯定	111	20	325	257	101	814
	群众公认	65	17	243	297	123	745
	关系背景	47	10	145	122	37	361
	民主公开	34	3	124	132	54	347
合计		715	118	2 196	2 484	1 132	6 645

将表 4-110 进行转换,以该题的频率为权重对数据进行加权,利用加权后的数据进行卡方检验结果如下:

表 4-111　选拔任用中看重的方面与部门层级的卡方检验

	值	df	渐进 Sig.(双侧)
Pearson 卡方	147.817[a]	40	0.000
似然比	151.668	40	0.000
有效案例中的 N	6 645		

注:由于 Sig.值小于 0.01,部门层级对选拔过程中看重的方面有显著性影响。

表 4-110 显示,不同部门层级的受访者感受到的干部选拔工作中的注重方面是不同的。总的来看,所有受访者较关注的是"工作实绩""工作胜任能力""领导肯定""群众公认""政治素质"5 个方面,但是不同层级部门之间存在差异性。

在"坚持原则,求真务实"的工作作风方面,乡镇(街道)和县(区)级关注度较高,而省级关注度较低。可以看出,在工作作风方面,随着层级的下沉,关注度在逐渐提升,基层单位更加看重工作作风和解决实际问题的能力及工作实绩。

在基层经历方面,省级和市级机关存在明显差异。省级机关比市级机关更看重基层的工作经历。在"年轻干部"的要素上,可以看出层级越低对干部年轻化这一选拔要素的关注度明显提升,乡镇(街道)对是否是"年轻干部"的关注度达到4.9%,相对于平均响应值3.4%高出很多。乡镇(街道)对干部的年龄问题关注度很高,在干部选拔中比较看重。

在"学历专业"方面,可以发现随着层级的提升,对"学历专业"的关注程度在提升,省级单位的关注度达到6.3%,而乡镇(街道)只有2.7%。

在"领导肯定"这一选拔要素上,随着层级的提升,关注度也逐渐提高。乡镇(街道)对"领导肯定"关注度相对较低,而副省级、省级部门层级的单位被访者对得到"领导肯定"的关注度则明显提升,分别达到16.9%和15.5%。而对于"群众公认"这一问题的关注则存在相反的倾向,越是基层对这一问题的关注度越高,在省级单位有9.1%的响应频率,而县(区)级则达到12%。

在"关系背景"方面,副省级单位的关注度最高,达到8.5%,省级、市级关注度是一致的,分别有6.6%的受访者认为在干部选拔中"关系背景"起到了一定的作用,而乡镇(街道)对此的关注度则较低,仅有3.3%的响应。

在"民主公开"方面,副省级单位的关注度较低。省级单位比较关注的选拔要素分别为"学历专业""基层经历""领导肯定""关系背景",而相对关注较低的选拔要素是"坚持原则,求真务实"的工作作风和"群众公认"。

在市级层面,比较关注的评价要素为"关系背景""领导肯定""学历专业"。在县(区)级干部选拔中,普遍关注的要素分别为"基层经历""坚持原则,求真务实"的工作作风以及"群众公认""民主公开"。

在乡镇层面,普遍比较关注的选拔要素分别为:"年轻干部""政治面貌和政治素质""坚持原则,求真务实"的工作作风。

5. 领导职务受访者关注职位胜任力和群众公认,非领导职务受访者关注选拔的具体条件

多重响应的交叉分析结果如下:

表 4-112 选拔任用中看重的方面与职位类型的列联表

计 数		职 位 类 型			合计
		领导职务	非领导职务	已退休	
选拔标准	政治面貌和政治素质	469	245	19	733
	工作实绩	759	417	22	1 198
	工作胜任能力	679	391	16	1 086
	坚持原则,求真务实	307	179	16	502
	基层经历	188	159	5	352
	年轻干部	115	106	7	228
	学历专业	156	141	8	305
	领导肯定	480	333	5	818
	群众公认	552	190	10	752
	关系背景	193	165	5	363
	民主公开	228	119	2	349
合 计		4 126	2 445	115	6 686

将表 4-112 进行转换,以该题的频率为权重对数据进行加权,利用加权后的数据进行卡方检验结果如下:

表 4-113 选拔任用中看重的方面与职位类型的卡方检验

	值	df	渐进 Sig.(双侧)
Pearson 卡方	124.589[a]	20	0.000
似然比	126.306	20	0.000
有效案例中的 N	6 686		

注:由于 Sig.值小于 0.05,则可知职位类型对选拔过程中看重的方面有显著性影响力。

由表 4-112、表 4-113 可以看出,从不同职位类型的受访者来看,对干部选拔中所关注的方面也有显著差异。

具体来看,领导职务的受访者相对于非领导职务的受访者,更关注"民主公开"方面;非领导职务的受访者更关注"关系背景"方面。

在是否为"年轻干部""基层经历""学历专业"方面,非领导职务受访者的关注度普遍高于领导干部;领导干部对能否得到"群众公认"的关注度则高于非领导职务的受访者。

担任领导职务的受访者,比较关注"政治面貌和政治素质""工作实绩"等方面,可以看出不同领导职务的受访者对干部选拔任用中所看重的方面具有职位上的差异,领导职务者更关注未来"工作胜任能力""群众公认";作为非领导职务的受访者更关注选拔任用的条件,比如"基层经历""年轻干部""学历专业""领导肯定""关系背景"等。

退休人员更多关注"坚持原则,求真务实"的工作作风,"学历专业""年轻干部""工作实绩""政治面貌和政治素质";而对是否具有"基层经历"关注较少。

6. 级别越高越看重政治素质,级别较低的则更关注学历专业、基层经历和年轻化

多重响应的交叉分析结果如下:

表 4-114 选拔任用中看重的方面与职位级别的列联表

	计 数	职位级别									总计
		正厅级	副厅级	正处级	副处级	正科级	副科级	科员	办事员	未定级	
选拔标准	政治面貌和政治素质	4	36	103	185	170	80	77	24	53	732
	工作实绩	6	46	149	310	283	150	136	40	81	1 201
	工作胜任能力	2	36	132	281	252	147	132	32	75	1 089
	坚持原则,求真务实	4	14	59	114	121	60	63	14	54	503
	基层经历	1	13	39	81	67	48	57	16	30	352
	年轻干部	1	6	21	42	52	31	37	12	24	226

（续表）

计数		职位级别									总计
		正厅级	副厅级	正处级	副处级	正科级	副科级	科员	办事员	未定级	
选拔标准	学历专业	2	11	37	72	58	38	40	17	31	306
	领导肯定	2	27	90	221	199	108	95	30	48	820
	群众公认	4	36	106	219	190	89	64	11	35	754
	关系背景	1	7	25	92	89	51	50	15	34	364
	民主公开	1	15	35	79	108	52	34	5	23	352
合计		28	247	796	1 696	1 589	854	785	216	488	6 699

将表4-114进行转换，以该题的频率为权重对数据进行加权，利用加权后的数据进行卡方检验结果如下：

表4-115 选拔任用中看重的方面与职位级别的卡方检验

	值	df	渐进 Sig.（双侧）
Pearson 卡方	139.635ª	80	0.000
似然比	141.449	80	0.000
有效案例中的 N	6 699		

注：由于卡方检验 Sig.值小于 0.05，则可知职位级别对选拔过程中看重的方面有显著性影响。

由表4-114可知，不同职位级别的被调查者，对干部选拔任用中所关注的方面也具有差异：

正厅级、副厅级及正处级职位的受访者对"政治面貌和政治素质"关注度较高。正厅级的受访者更关注的是"坚持原则,求真务实"的工作作风和"工作实绩""学历专业"等显性的评价指标。正厅级职位的受访者对"坚持原则,求真务实"的工作作风响应频率高达14.3%,远远超过平均响应频率7.5%；不太看重"工作胜任能力""领导肯定"这些方面,相对于平均响应度16.3%来看,正厅级职位的受访者对"工作胜任能力"这一选项仅有7.1%的响应频率；而副厅级和正处级受访者更关注"政治面貌和政治素质""群众公认"；副厅级不太关注"关系背景""年轻干部"两个要素。

副处级职位的受访者则普遍关注"群众公认""工作胜任能力""工作实绩"而相对不太看重是否为"年轻干部"。正科级职位的受访者更看重"民主公开""群众公认",不太看重"基层经历""学历专业";副科级职位的受访者看重"民主公开""关系背景";科员层级的受访者则较为关注"年轻干部""基层经历",相对不太关注"群众公认""关系背景";办事员层级的受访者则更关注"年轻干部""学历专业",不太关注"民主公开""群众公认"。

值得注意的是,在"群众公认"方面,则受到了从副厅级一直到副科级四个层级普遍看重;在"民主公开"方面,正科级和副科级受访者则给予了较多的关注。

可以看出:级别越高越强调工作作风、政治素质的要求;级别较低的受访者则更多关注学历专业、基层经历和干部的年轻化等具体条件。

7. 不同年龄段的受访者从自身的条件和特点关注选拔任用的标准

多重响应的交叉分析结果如下:

表 4-116 选拔任用中看重的方面与年龄段的列联表

计数		年龄层次					合计
		"50后"	"60后"	"70后"	"80后"	"90后"	
选拔标准	政治面貌和政治素质	59	233	279	149	15	735
	工作实绩	79	298	503	291	28	1 199
	工作胜任能力	56	270	442	291	29	1 088
	坚持原则,求真务实	43	132	188	126	13	502
	基层经历	23	77	136	101	14	351
	年轻干部	22	64	79	56	4	225
	学历专业	20	79	117	80	10	306
	领导肯定	31	196	352	217	19	815
	群众公认	47	215	338	149	4	753
	关系背景	19	86	149	95	13	362
	民主公开	11	101	152	78	8	350
合计		410	1 751	2 735	1 633	157	6 686

将表 4-116 进行转换,以该题的频率为权重对数据进行加权,利用加权后的数据进行卡方检验结果如下:

表 4-117 选拔任用中看重的方面与年龄段的卡方检验

	值	df	渐进 Sig.(双侧)
Pearson 卡方	97.078ª	40	0.000
似然比	101.713	40	0.000
有效案例中的 N	6 686		

注:由于 Sig.值小于 0.05,则可知年龄段对选拔过程中看重的方面有显著性影响。

表 4-116 表明,不同年龄段的受访者普遍关注的选拔标准有"工作实绩""工作胜任能力""领导肯定""群众公认",相对不太关注的有"年轻干部""基层经历""民主公开""关系背景""学历专业"。但是各个年龄段在干部选拔所关注的要素上还是存在显著差异:"50 后"的受访者在"政治面貌和政治素质""工作实绩""坚持原则,求真务实"的工作作风方面的关注度要大于其他年龄段的受访者;"60 后"的受访者比较关注的干部选拔要素则是"政治面貌和政治素质""民主公开""群众公认";"70 后"的受访者则更关注"群众公认""领导肯定""民主公开";"80 后"的受访者更关注的是"基层经历";"90 后"的受访者更关注"基层经历",对"学历专业"的关注度也较高。

调查显示,在基层经历的选拔要素上,呈现出随着年龄段的年轻化关注度逐渐提升的趋势。

在干部选拔的关注的要素上,不同年龄段的受访者会从自身条件和特点来做出选择,"50 后"的受访者关注"群众公认""政治素质""坚持原则,求真务实"的工作作风;而"60 后"、"70 后"及"80 后"的受访者关注相对比较均衡,对各选拔要素的响应差别不太明显。

调查显示,党委、组织(人事)部门及主要领导应该强调干部选拔的政治导向,按照习近平总书记提出的"好干部标准"进行选拔,而不能机械地从经历、要求、年龄状况等这些个人条件来确定干部选拔的标准,干部选拔的标准应具有统一性和一致性。

8. 不同工作年限的受访者基于各自的优势特点有着不同的感受

多重响应的交叉分析结果如下：

表 4-118　选拔任用中看重的方面与工作年限的列联表

计　数		工　作　年　限					合计
		1—5年	6—10年	11—15年	16—20年	20年以上	
选拔标准	政治面貌和政治素质	87	64	95	115	370	731
	工作实绩	154	140	199	204	500	1 197
	工作胜任能力	163	124	169	184	448	1 088
	坚持原则、求真务实	74	49	75	79	228	505
	基层经历	68	48	66	53	115	350
	年轻干部	36	28	36	28	98	226
	学历专业	52	32	40	47	136	307
	领导肯定	109	115	122	149	316	811
	群众公认	66	70	124	128	362	750
	关系背景	45	58	53	62	142	360
	民主公开	50	26	61	58	157	352
合　计		904	754	1 040	1 107	2 872	6 677

将表 4-118 进行转换，以该题的频率为权重对数据进行加权，利用加权后的数据进行卡方检验结果如下：

表 4-119　选拔任用中看重的方面与工作年限的卡方检验

	值	df	渐进 Sig.(双侧)
Pearson 卡方	102.167[a]	40	0.000
似然比	102.862	40	0.000
有效案例中的 N	6 677		

注：由于卡方检验 Sig.值小于 0.05，则可知工作年限对选拔过程中看重的方面有显著性影响。

由表 4-118 可以看出，工作年限较长的受访者对"政治面貌和政治素质"的关注度较高；工作年限在 11—15 年，也就是年富力强、工作能力较强的受访者更加看重"工作实绩""基层经历"等方面;工作年限较短的受访者更加看重"工作胜任能力"和"基层经历"。

工作年限6—10年的受访者则认为"领导肯定"更为重要。该年限的受访者具有一定的工作年限,单位对其比较熟悉,更容易得到领导的肯定。16—20年工作年限的受访者刚好处于干部选拔中的关键期,年龄大约在40—45岁,具有较丰富的工作经验和基层经历,其普遍不太认同是否为"年轻干部"这一选拔要素。

9. 大专及以下学历者关注工作作风和政治素质,博士学历者关注关系背景和基层经历

对进行多重响应的交叉分析,结果如下:

表 4-120 选拔任用中看重的方面与学历的列联表

计数		学历				合计
		大专及以下	本科	硕士研究生	博士研究生	
选拔标准	政治面貌和政治素质	91	432	138	11	672
	工作实绩	133	695	264	31	1 123
	工作胜任能力	113	627	244	28	1 012
	坚持原则,求真务实	71	308	92	5	476
	基层经历	42	201	71	10	324
	年轻干部	40	126	40	3	209
	学历专业	45	162	66	11	284
	领导肯定	70	485	199	22	776
	群众公认	69	452	165	16	702
	关系背景	46	202	81	12	341
	民主公开	31	209	78	7	325
合计		751	3 899	1 438	156	6 244

将表 4-120 进行转换,以该题的频率为权重对数据进行加权,利用加权后的数据进行卡方检验结果如下:

表 4-121　选拔任用中看重的方面与学历的卡方检验

	值	df	渐进 Sig.（双侧）
Pearson 卡方	53.753ª	30	0.005
似然比	53.978	30	0.005
有效案例中的 N	6 244		

注：由于卡方检验 Sig.值小于 0.05，则可知最高学历对选拔过程中看重的方面有显著性影响。

由表 4-120 可知，干部选拔任用标准中关注的方面主要集中在"工作实绩""工作胜任能力""领导肯定""群众公认""政治面貌和政治素质"；而对"年轻干部""学历专业""基层经历""民主公开""关系背景"关注较少。

各个学历层次的受访对象存在差异：大专及以下的受访者选拔任用中关注的重点依次为："年轻干部""学历专业""坚持原则，求真务实"的作风，"政治面貌和政治素质""关系背景"；而对"领导肯定""民主公开""群众公认"关注较少。

本科学历的受访者对选拔任用中关注的重点依次为："坚持原则，求真务实"的作风，"群众公认""政治面貌和政治素质""民主公开"；而对"学历专业""关系背景"关注较少。

硕士研究生学历的受访者对选拔任用中关注的重点依次为："领导肯定""工作胜任能力""民主公开"；而对"年轻干部""坚持原则，求真务实"的作风关注较少。

博士研究生学历的受访者对选拔任用中关注的重点依次为："学历专业""关系背景""基层经历"。

可以看出，本科和大专及以下学历的受访者更关注工作作风和政治素质；博士研究生学历的受访者则希望培养关系背景和获得基层经历。

10. 不同专业背景的受访者在选拔任用标准的感受上较为一致

多重响应的交叉分析结果如下：

表 4-122 选拔任用中看重的方面与专业背景的列联表

计数		专业					合计
		自然科学	农业科学	医药科学	工程与技术科学	人文与社会科学	
选拔标准	政治面貌和政治素质	50	42	18	130	421	661
	工作实绩	81	62	36	228	700	1 107
	工作胜任能力	85	57	32	211	627	1 012
	坚持原则、求真务实	37	32	20	104	264	457
	基层经历	23	25	6	83	190	327
	年轻干部	19	23	2	43	118	205
	学历专业	23	19	9	68	167	286
	领导肯定	62	40	26	166	489	783
	群众公认	58	45	21	147	422	693
	关系背景	25	19	14	75	211	344
	民主公开	32	21	11	69	197	330
合计		495	385	195	1 324	3 806	6 205

将表 4-122 进行转换,以该题的频率为权重对数据进行加权,利用加权后的数据进行卡方检验结果如下:

表 4-123 选拔任用中看重的方面与专业背景的卡方检验

	值	df	渐进 Sig.(双侧)
Pearson 卡方	34.066[a]	40	0.734
似然比	33.455	40	0.758
有效案例中的 N	6 205		

注:由于卡方检验 Sig.值大于 0.05,则可知所学专业对选拔过程中看重的方面没有显著性影响。

具体来看,不同学科背景的受访者在对干部选拔任用关注方面的认识上存在差异性,这种差异性不具有统计学意义上的显著性,仅反映统计的结果。

自然科学专业背景的受访者更关注"民主公开""年轻干部";

农业科学背景的受访者更关注"年轻干部""基层经历"等;

医药科学专业背景的受访者更关注"坚持原则,求真务实"的工作作风、"关系背景";

工程与技术科学的受访者更关注"基层经历""学历专业";

人文社会科学专业背景的受访者更关注"政治面貌和政治素质""工作实绩"方面。

11. 干部选拔任用标准之访谈分析

选拔任用标准基本的要求应该保持一定的稳定性、客观性,这是保证干部选拔具有可比性、权威性的基础。同样岗位的选拔标准要相对统一,避免出现每年、每次选拔,甚至同一岗位的选拔条件都不相同,影响选拔的科学性。选拔方案确定后,要保持相对稳定,选拔条件的变更会被理解为变相卡人,或者因人设条件。公示要提前,不是任命后才公示,要在考察、考试前就公示;用人单位可以提出岗位的要求或建议,但不能决定最后的选拔结果,干部选拔要坚持党管干部,发挥组织(人事)部门的作用。

干部选拔条件的设定应该发挥组织(人事)部门的作用,多部门参与,尤其是用人部门不要有导向性、暗示或者倾向性。组织(人事)部门最后把关选拔条件的公平性。

(1) 基本任职条件和岗位要求。干部选拔必须符合《干部选拔任用条例》规定的基本条件,这是底线,也是政治素质的体现,还涉及组织原则与纪律的严肃性。

关于选拔的条件,应该强调政治素质,能力是可以逐步培养的。从岗位职责来说,不同职位有着不同的素质要求,如有些岗位需要善谈者;有些岗位则需要睿智思考者。如果岗位职责比较清晰,职能容易界定,在选拔方面相对比较简单;如果岗位职责比较复杂,难以界定清楚干什么,选拔条件则比较难以界定。

(2) 资格条件。可以归纳为知识水平、能力特点、工作态度与专业要求。知识水平应具备相近或者相似的工作经历和必要的文化知识水平。不能唯分论、唯学历论,要全面考察候选者与职位之间的匹配程度,能力要过硬，最好有相应的工作经历和专业知识背景；要具备良好的工作态度，德和勤的要求一定要严格，要勤勉敬业、积极进取，要有责任心；根据选拔地区或部门的性质可进行专业限制，如税务、法官等，而对普通的管理岗可以放宽。

选拔条件不能过于注重学历，现实中往往容易出现高学历、低能力，缺乏解决现实问题的能力和经验的现象。干部选拔中应关注基层经历，主要看基层工作的表现、群众的评价。

(3) 资历条件。这是从事相关岗位工作所具备的实绩评价。应聘者应该具有原工作岗位连续工作年限的要求(有受访者提出至少2年)，这也是出于对单位、对岗位的负责；要有实际的基层工作经历，对重要的岗位甚至可以要求多个基层或者部门的工作经历，有些岗位还应该熟悉当地情况，如方言、习俗等。

相对工作年限和学习专业等要素的评价，更应看重工作经历，要看这个干部从参加工作开始，他所到的每个单位对他的评价，是否工作实绩突出，群众口碑好。选拔任用不是终点，任后的考评也要跟上。

对任职条件可以作适当放宽，确需改善干部队伍结构的可在年龄、学历、专业、政治面貌、性别等方面作专门要求，一般应是本地区工作的人员，避免跨地区选拔；组织上要重点考察政治坚定、业务精湛、实绩突出、潜力明显、群众公认的干部。

在干部竞争性选拔方式中，着力避免考试型干部。可以在报名条件中增加工作经历和业绩评价进行筛选和限制，应该多关注埋头苦干型的干部。测评技术能够评价干部的工作胜任能力，但同时应该加大领导实务的测评。

同时，在干部选拔中应建立更广泛的组织信息的交流系统，做好违纪行为的处理。

(4) 限制性条件。报考条件按照德才兼备、人岗匹配的原则具体确定，不宜过于具体。报考条件不应该设得很窄，对一些非特殊的岗位，要放宽学历、年龄等条件限制，有利于扩大选人的视野。

年龄条件受到较多关注,也是争议比较大的地方。因为年龄限制的随意性比较大,而且划定标准缺乏相应依据。调查中有被访者反映:年龄很重要,但不是决定条件。因为在基层的工作时间越长,越有优势,现在的问题是人为设定干部选拔的年龄条件,使得大批有丰富实践经验、基层历练的干部无用武之地,客观上也造成了干部年龄层层递减的趋势。

选拔条件不能划定年龄界限,可以设置拟任职期限,只要任期内不到法定退休年龄都可以有资格。在现有的干部队伍年龄结构下,为保证干部队伍结构的合理化,在选拔条件的设定上可以设立多年龄段、多岗位选拔制度,针对不同年龄段设定相应的比例,即对选拔的岗位划分不同年龄段报名的比例,允许各年龄段参与报名。

在扩大干部选拔视野方面,不断地吸收社会优秀分子加入干部队伍中来,从党外、体制外吸引优秀的干部、人才到体制内的领导岗位上。通过长期考察,拉长考察期,积极吸收体制外的优秀青年进入体制内。

(三) 对建立考评机构的态度

干部选拔工作中有大量烦琐、专业的技术性工作,如干部考察、素质测评、专业水平鉴定,还有公务员招录、事业编制人员招录考试、面试等需要专业测评技术支持,这些技术支持性工作是否可以委托专业的考评机构来实施？事实上,各地组织部门、人力资源与社会保障部门有类似的机构,如"考试中心""评价中心",社会上还有很多专业的测评公司,本书对建立专业的第三方考评机构提供选拔技术的态度进行了调研。

表4-124 建立专业的第三方考评机构的态度响应频率表

态	度	频 率	百分比(%)
有效	客观公正	549	29.3
	辅助补充	964	51.5
	没必要	294	15.7
	合计	1 807	96.5
缺失	系统	65	3.5
合	计	1 872	100

表4-124显示,有29.3%的访谈对象认为建立专业的第三方考评机构是一种客观公正的做法,有51.5%的访谈对象认为有必要建立第三方考评机构,对现有的组织(人事)部门和单位工作加以辅助和补充。

1. 八成以上的受访者对建立第三方考评机构持认同的态度,北部区域比例稍低

表4-125　区域与对建立第三方考评机构的态度的列联表

计数		态度			合计
		客观公正	辅助补充	没必要	
区域	东部	109	280	83	472
	西部	80	163	39	282
	南部	60	140	41	241
	北部	125	178	82	385
	中部	175	203	49	427
合计		549	964	294	1 807

表4-126　区域与对建立第三方考评机构的态度的卡方检验

	值	df	渐进 Sig.(双侧)
Pearson 卡方	52.571ª	8	0.000
似然比	52.221	8	0.000
线性和线性组合	21.033	1	0.000
有效案例中的 N	1 807		

注:从卡方检验的结果中可以看到,Pearson 卡方检验的 Sig.值显示为0,即区域对干部队伍结构表现有显著性影响。

表4-125显示,受访者普遍认为建立第三方考评机构是一项有益的辅助和补充,但是各区域之间对该问题的认识存在一定的差异:中部区域持正面观点的人员比例高达88.5%;而北部区域对这一问题的态度则存在较大分歧,认为这项工作是客观公正的和认为没必要的比例,分别占32.5%和21.3%,这一比例远远高于其他各区域对这一问

题的态度。东部、西部和南部对建立第三方考评机构的态度基本一致。

2. 政协、企业系统的受访者对建立第三方考评机构的认同度最高

表4-127 所在单位与对建立第三方考评机构的态度的列联表

计 数		态 度			合计
		客观公正	辅助补充	没必要	
单位类别	党群系统	95	216	52	363
	人大系统	16	43	9	68
	政协系统	29	26	8	63
	政府系统(含参公)	236	422	146	804
	政法系统(公检法)	62	102	34	198
	事业单位	82	91	29	202
	企业	21	46	5	72
	地区	0	5	4	9
	其他	7	9	4	20
合 计		548	960	291	1 799

表4-128 所在单位与对建立第三方考评机构的态度的卡方检验

	值	df	渐进 Sig.(双侧)
Pearson 卡方	41.048[a]	16	0.001
似然比	42.328	16	0.000
线性和线性组合	1.608	1	0.205
有效案例中的 N	1 799		

注：从卡方检验的结果中可以看到，Pearson 卡方检验的 Sig.值显示为小于 0.05，即认为所在单位对干部队伍结构表现有显著性影响。

表 4-127 显示，总体来看，不同单位系统对建立第三方考评机构的态度都是积极、正面的，认为这项工作客观公正，对干部选拔工作起到辅助补充作用。政协系统和企业系统的表现尤为突出，政协系统有 46% 的受

访者认为建立考评机构有利于客观公正地开展干部选拔,企业系统则有 63.9%的受访者认可建立考评机构作为干部选拔工作的辅助和补充。企业系统的受访者基于客观和市场化的视角来看待这一问题,希望以此提升企业经济效益。

3. 事业编制的受访者对建立第三方考评机构持客观公正评价的比例最高

表 4-129　编制情况与对建立第三方考评机构的态度的列联表

计数		客观公正	辅助补充	没必要	合计
编制	公务员(含参公)	377	772	244	1 393
	事业	111	114	36	261
	企业	19	52	5	76
	编外	40	21	8	69
合计		547	959	293	1 799

表 4-130　编制情况与对建立第三方考评机构的态度的卡方检验

	值	df	渐进 Sig.(双侧)
Pearson 卡方	59.060[a]	6	0.000
似然比	56.932	6	0.000
线性和线性组合	28.570	1	0.000
有效案例中的 N	1 799		

注:从卡方检验的结果中可以看到,Pearson 卡方检验的 Sig.值显示为 0,即认为编制情况对建立第三方考评机构态度有显著性影响。

表 4-129 显示,各编制的受访者对建立第三方考评机构的态度也是持正面和积极的态度,事业编制的受访者持客观公正的比例占 42.5%。

企业受访者认为第三方考评机构可作为辅助补充的占 68%;而认为没必要的,除公务员编制占 17.5%以外,普遍都较低。建立第三方考评机构,应该作为今后干部选拔工作在技术上不断完善的一个有益补充。

4. 越往基层建立第三方考评机构的意愿越高

表 4-131　部门层级与对建立第三方考评机构的态度的列联表

计数		态度			合计
		客观公正	辅助补充	没必要	
部门层级	省级	51	117	26	194
	副省级	5	20	7	32
	市级	163	331	99	593
	县(区)级	209	339	116	664
	乡镇(街道)	106	150	44	300
合计		534	957	292	1 783

表 4-132　部门层级与对建立第三方考评机构的态度的卡方检验

	值	df	渐进 Sig.(双侧)
Pearson 卡方	14.544ª	8	0.069
似然比	14.878	8	0.062
线性和线性组合	2.931	1	0.087
有效案例中的 N	1 783		

注:从卡方检验的结果中可以看到,Pearson 卡方检验的 Sig.值显示为大于 0.05,即认为部门层级对建立第三方考评机构没有显著性影响。

表 4-131 显示,随着层级降低,对建立第三方考评机构是"辅助补充"的认识,从 60.3% 逐渐下降至 50%;但对"客观公正"的认同度则从 26.3% 上升到 35.3%。可以看出,总体有 80% 以上的受访者认同建立第三方考评机构,也有 21.9% 的副省级层面的受访者认为没必要。

总的来看,建立第三方考评机构得到了广泛的认可和积极的评价;越往基层响应比例越高,越希望建立独立的第三方专业科学的考评机构。

5. 非领导职位者和退休人员对引入第三方考评机构持更加积极正面的态度

表 4-133　职位类型与对建立第三方考评机构的态度的列联表

计数		态度			合计
		客观公正	辅助补充	没必要	
职位类别	领导职务	258	608	204	1 070
	非领导职务	270	342	84	696
	已退休	18	4	2	24
合计		546	954	290	1 790

表 4-134　职位类型与对建立第三方考评机构的态度的卡方检验

	值	df	渐进 Sig.(双侧)
Pearson 卡方	70.055[a]	4	0.000
似然比	68.244	4	0.000
线性和线性组合	57.732	1	0.000
有效案例中的 N	1 790		

注：从卡方检验的结果中可以看到，Pearson 卡方检验的 Sig.值显示为小于 0.05，即认为职位类型对建立第三方考评机构态度上有显著性影响。

表 4-133 显示，绝大多数受访者对建立第三方考评机构持客观公正的评价，退休人员对建立这一机构的态度更加正面和积极。

有 80% 以上的受访者普遍认可采取这种方式来辅助或者客观地进行干部选拔；作为领导职务的受访者则更倾向于把这一机构作为对干部选拔工作的辅助和补充。退休人员对这一方面的正面评价更加积极，有高达 75% 的受访者认为这是一种客观公正的干部选拔方法，认为辅助补充的比例也达 16.7%，总计超过 90% 的退休人员认可这个方法。

6. 越是基层的受访者越倾向于建立第三方考评机构，而层级较高的受访者则偏慎重

表 4-135 显示，级别越低的受访者对建立第三方考评机构的态度越

表 4-135　职位级别与对建立第三方考评机构的态度的列联表

计数		态度			合计
		客观公正	辅助补充	没必要	
职位层级	正厅级	4	2	1	7
	副厅级	7	37	12	56
	正处级	40	121	34	195
	副处级	91	258	89	438
	正科级	154	212	79	445
	副科级	77	136	32	245
	科员	94	108	26	228
	办事员	20	30	4	54
	未定级	55	57	16	128
合计		542	961	293	1 796

表 4-136　职位级别与对建立第三方考评机构的态度的卡方检验

	值	df	渐进 Sig.(双侧)
Pearson 卡方	75.173[a]	16	0.000
似然比	77.897	16	0.000
线性和线性组合	43.499	1	0.000
有效案例中的 N	1 796		

注：从卡方检验的结果中可以看到，Pearson 卡方检验的 Sig.值显示为小于 0.01，即认为职位级别对建立第三方考评机构态度有显著性影响。

客观公正，即越是层级较低的受访者，越希望建立第三方考评机构作为干部选拔的技术支持。

同时，认为辅助补充的比例，从副厅级的 66.1% 逐渐下降至办事员级的 55.6%、科员级的 47.4%。可见，层级越低越希望通过独立科学的第三方考评机构参与干部选拔，以保证这项工作的客观公正性。

分析认为，越是基层的受访者，越倾向于建立第三方考评机构作为选拔技术的支持,而层级较高的受访者则对选择第三方考评机构的建议偏慎重,更期望其是作为一种辅助性和补充的手段。

7."50后"和"90后"受访者持客观公正评价,"70后"受访者偏慎重

表4-137　年龄段与对建立第三方考评机构的态度的列联表

计　数		态　度			合计
		客观公正	辅助补充	没必要	
年龄层次	"50后"	47	36	20	103
	"60后"	150	220	77	447
	"70后"	185	414	133	732
	"80后"	143	262	58	463
	"90后"	18	22	5	45
合　计		543	954	293	1 790

表4-138　年龄段与对建立第三方考评机构的态度的卡方检验

	值	df	渐进 Sig.(双侧)
Pearson 卡方	34.724[a]	8	0.000
似然比	35.130	8	0.000
线性和线性组合	0.006	1	0.937
有效案例中的 N	1 790		

注:从卡方检验的结果中可以看到,Pearson 卡方检验的 Sig.值显示为小于 0.01,即认为年龄段对建立第三方考评机构态度有显著性影响。

表4-137显示,从年龄段上来看,"50后"和"90后"有较大的一致性,有45.6%的"50后"受访者和40%的"90后"受访者对建立第三方考评机构持客观公正态度。绝大多数受访者认为这种形式具有辅助补充功用,这一比例占到将近一半以上。综合来看,认为客观公正和辅助补充的比例超过80%,可见,通过建立第三方客观考评机构来进行干部选拔的方式得到了各年龄段受访者的普遍欢迎和认可。

8. 随着工作年限的增加认为没必要的比例在增长

表 4-139　工作年限与对建立第三方考评机构的态度的列联表

计数		态度			合计
		客观公正	辅助补充	没必要	
工作年限	1—5 年	95	126	32	253
	6—10 年	56	140	30	226
	11—15 年	80	164	36	280
	16—20 年	70	172	59	301
	20 年以上	241	353	134	728
合计		542	955	291	1 788

表 4-140　工作年限与对建立第三方考评机构的态度的卡方检验

	值	df	渐进 Sig.(双侧)
Pearson 卡方	32.317[a]	8	0.000
似然比	32.657	8	0.000
线性和线性组合	2.914	1	0.088
有效案例中的 N	1 788		

注：从卡方检验的结果中可以看到，Pearson 卡方检验的 Sig. 值显示为小于 0.05，即认为工作年限对建立第三方考评机构态度上有显著性影响。

表 4-139 显示，绝大多数受访者认为建立第三方考评机构是客观公正的能起到辅助补充作用。认为没必要的比例占 12%—18%。有意思的是，认为没必要的比例，会随着工作年限的增加有一定的增长，如工作年限在 1—5 年的受访者，认为没必要的比例占 12.6%；工作年限在 16—20 年的受访者，认为没必要的比例提升到 19.6%。

分析认为，工作年限在 6—10 年的受访者更多倾向于建立第三方考评机构作为辅助补充，该比例达 61.9%。该年限的受访者具有一定的工作经验，在工作的胜任能力上得到提升，希望能够更客观、全面地得到认可，迫切希望能够借助第三方考评机构来评价自己的工作，在培养选拔上能够得到更加客观、公正的反馈。

9. 各学历层次受访者的态度总体积极,博士研究生学历者的态度相对慎重

表 4-141 最高学历与对建立第三方考评机构的态度的列联表

计数		态度			合计
		客观公正	辅助补充	没必要	
学历	大专及以下	108	60	20	188
	本科	313	552	185	1 050
	硕士研究生	68	252	62	382
	博士研究生	6	27	11	44
合计		495	891	278	1 664

表 4-142 最高学历与对建立第三方考评机构的态度的卡方检验

	值	df	渐进 Sig.(双侧)
Pearson 卡方	105.313[a]	6	0.000
似然比	101.306	6	0.000
线性和线性组合	53.038	1	0.000
有效案例中的 N	1 664		

注:从卡方检验的结果中可以看到,Pearson 卡方检验的 Sig.值显示为 0,即认为最高学历对建立第三方考评机构的态度有显著性影响。

由表 4-141 可以看出,在建立第三方考评机构的态度占比上:大专及以下学历的受访者持客观公正的态度占比最多;本科学历的受访者认为辅助补充功用的占比最多;研究生学历的受访者趋于慎重。

10. 自然科学专业的受访者多持认可态度,而医药科学专业的受访者认为没必要的比例较高

由表 4-143 可以看出差异主要体现在以下两个方面:

在建立第三方考评机构的态度上:自然科学、农业科学、工程与技术科学专业受访者比例大于人文社会科学等学科的受访者。

表 4-143 所学专业与对建立第三方考评机构的态度的列联表

计数		态度			合计
		客观公正	辅助补充	没必要	
职位专业	自然科学	50	71	11	132
	农业科学	34	48	13	95
	医药科学	16	22	14	52
	工程与技术科学	118	185	57	360
	人文与社会科学	266	580	178	1 024
合计		484	906	273	1 663

表 4-144 所学专业与对建立第三方考评机构的态度的卡方检验

	值	df	渐进 Sig.(双侧)
Pearson 卡方	23.158[a]	8	0.003
似然比	23.555	8	0.003
线性和线性组合	13.256	1	0.000
有效案例中的 N	1 663		

注：从卡方检验的结果中可以看到，Pearson 卡方检验的 Sig.值显示为小于 0.05，即认为所学专业对第三方考评机构的态度有显著性影响。

医药科学专业的受访者中各态度的占比与整体水平差异最大，认为"辅助补充"的比例是最少的，认为"没必要"是最多的。

分析认为：建立第三方考评机构为干部选拔提供技术支持，有利于干部选拔的客观公正、公平和科学，降低干部选拔上的主观判断，减少在选人、用人中的腐败现象，赢得多数人的信任和认可。但是，如何核定第三方考评机构的资质和监督及评价仍有待于进一步研究。

11. 对建立考评机构的态度之访谈分析

通过访谈，深刻体会到干部群众尤其是组织干部对干部选拔工作进行了大量的实践和认真的思考，受访者对组织（人事）部门的干部考察和市场化的评价手段做了对比，从评价标准、评价手段、评价技术、评价结果运用和程序上做了较为详细的论述。组织（人事）部门在进行内部竞争上岗时，便于考察评价管理权限范围内干部的表现情况和群众反映；而公选干部大多来自跨体制的企事业单位，或者超出组织（人事）部门的管理权限范围，很难对候选人进行全面了解，也难以进行相互比较，所以需要借助专业的外部公司或机构来进行履历调查等，有必要引入第三方考评机构进行调查、评价，尽量减少人为因素。与猎头公司不同之处在于，第三方调查的结果仅是作为党委（党组）对干部选拔差额考察的必要参考，这体现了党管干部的原则和差额选拔的组织程序。

第五章　干部选拔的实践困境与制度探索

一、干部选拔方式的总体认识

对全国各层面的调研访谈显示：干部选拔应扩大来源和渠道，形成不拘一格、人才脱颖而出的局面。干部竞争性选拔方式有着积极的作用，经过调整改进、合理使用，可以作为干部选拔工作的一种有效方法。

（一）对干部选拔方式的认识是历史的、实践的、客观的

干部竞争性选拔方式在特定的历史条件下有它的必要性，今天的干部资源较过去得以丰富，干部人才的培养和开发制度不断健全、完善，给不同年龄段的干部提供了发展空间，干部队伍有了比较合理的结构比例，这也对干部选拔方式提出了新的要求。由此可见，干部选拔具有阶段性，竞争性选拔方式的减少，不是对这种选拔方式的否定，而是干部管理和干部选拔任用的范围和视野在扩展。

（二）不同区域的受访者对干部选拔中存在的问题认识既有共性，也有显著差异

不同区域的受访者根据干部选拔方式的具体操作情况和实际效果，提出了不同的问题和建议。总的来看，是对建立干部选拔的长期规划方面的普遍认同；东部区域的受访者对干部选拔的制度安排和程序设计的关注度高于其他各区域；对部门领导的推荐和鼓励方面，中部区域的关注

度则是最高的;在职位职责的规范化方面,中部区域的受访者相对于南部区域具有更高的响应度。因而,完善干部选拔制度、程序与方法还需要考虑地区、部门和对象的差异。

(三) 干部竞争性选拔方式应在不断改进、完善中坚持下去

从调研结果看,干部竞争性选拔方式获得了积极的评价,拥有广泛的支持。对实行公开选拔、竞争上岗选拔方式的整体评价是好的,认为"很好"和"较好"的比例占49.2%,有36.5%的人评价为"一般",认为"较差"和"差"的,总计只有8.3%。干部竞争性选拔方式得到了各方面的普遍认可和积极评价。

总体来看,受访者还是支持今后能够进一步开展这项工作,同时也要求在职位和对象来源方面做进一步的规范和优化。访谈对象中有31.2%的群体希望能够继续强化这种形式;有34.5%的群体认为仍然需要正常地进行和开展这项工作;也有32.7%的访谈对象提出了很好的建议,如可以在职位和对象上加以区别对待;而认为应当严格限制的比例仅占3.3%。可以看出,超过90%的比例期望继续开展这项工作。

(四) 对干部竞争性选拔方式和常规选拔方式的比较来看,两者相互融合、相互借鉴

干部竞争性选拔方式和常规选拔方式在干部选拔的本质上是一致的,在干部选拔的标准、原则、条件上,两者是共同的,区别仅是干部选拔程序或途径的不同。干部竞争性选拔方式需要不断创新方法手段,才能不断适应党对干部选拔、深化改革事业的需要。

干部的选拔应该是多途径的。竞争性选拔方式有利有弊,不能把它作为干部选拔的唯一方法。干部竞争性选拔方式是保持党的先进性的重要途径和手段,其目的应该是扩大选拔对象,注重吸收社会优秀分子加入到体制内队伍中来,平衡使用不同来源、不同层级、不同经历背景的领导人才,做到合理搭配。

在实践中不宜限定竞争性选拔方式的比例,应该从工作的需要来决

定干部选拔的方式和途径。根据需要,可以使用常规性选拔,也可以使用竞争性选拔方式。常规性选拔中可以借用干部竞争性选拔的方法和技术;干部竞争性选拔方式应该遵循常规选拔的程序和方法。在完善干部选拔晋升制度的同时,应该建立职务、职级双通道晋升的常态化体制,职级与待遇挂钩,完善干部评价与激励制度。

二、干部选拔面临的实践困境

(一) 干部选拔的工作导向不明确

2013年之前的干部选拔任用工作与整个干部人事制度改革不相适应。虽然创新的"名词"很多,但实质内容上大同小异。缺乏系统的制度安排和程序设计,缺乏深化改革的勇气与魄力。由于担心拟选领导干部未来可能出现错误而承担相应的责任,个别领导和组织(人事)部门"怕"字当头,领导不敢推荐、组织(人事)部门不敢选用,只好"唯考是举",以考代选、以考代荐。

值得思考的是:干部竞争性选拔方式是要解决选拔的内容问题还是形式问题?是为追求干部选拔的民主、公开、竞争、择优的原则,还是作为干部选拔工作的一种补充形式?前者倡议干部竞争性选拔方式,甚至要替代常规性选拔;而后者则仅仅把它当作一种技术的补充。采用干部竞争性选拔方式并不是削弱党管人才、党管干部的基本原则,也不应该弱化组织(人事)部门的作用。

干部竞争性选拔方式在程序方面比较规范,专业性比较强,这是做得好的方面。问题是干部竞争性选拔方式也存在形式主义,导致出现了一些预设性、目的性的考试,反过来影响了考试本身的科学性和客观性。还有一个显著的问题是竞争性选拔方式对干部基层经历要求相对较少,导致出现考试型干部,实践中产生"能干的不会考""能考的不能干",影响了竞争性选拔的实际效果。

调查发现,有25.6%的受访者认为干部竞争性选拔方式的"信息不够公开透明"。有些岗位专业性较强,本身已经有合适人选了还要搞公开选拔,反而影响了组织选拔的权威性,以形式的公正行内容的不实。

形式公正,柔性不足,选拔效果不佳。以形式公正弥补干部选拔的公信力不足、制度和程序脱离选拔的本质。干部竞争性选拔方式解决了公平问题,强调了程序化,但是干部竞争性选拔方式没有解决干部选拔效率与效果问题,尤其是干部选拔的目标问题与价值导向应该作为干部选拔的根本问题加以界定。

(二)干部选拔制度的运动化、应急式问题

缺乏干部选拔任用的总体规划和长期规划,干部选拔随意性大,选拔标准不统一,甚至出现因人设岗。干部竞争性选拔方式的成本高、跨度长,反映了相关制度不配套,而选拔随意性大是缺乏长期规划的体现,也反映了组织(人事)部门区域化、局部化,难以整体协调的困境。

有51.5%的受访者认为干部选拔缺乏长期规划(5年及以上),36.5%的受访者认为干部选拔缺乏制度安排和程序设计。应关注干部选拔工作的连续性和一致性,做好日常干部的发现、培养和人才储备工作。调查显示,有15.5%的受访者认为干部竞争性选拔方式选拔职位的职责相对模糊,这也反映了目前干部选拔工作中对职位要求的研究不够。

选拔范围有限,轻培养和储备人才,导致干部资源开发利用不够。选拔范围一般都局限于本地区、本部门、本单位,而本地区、部门、单位以外的优秀人才难以进入选拔视野;对干部标准的设定有待创新,年轻干部、基层一线干部和离退休干部资源的开发不足。由此导致了对竞争性选拔方式的依赖,重复选拔也导致成本不断增加。其中一个重要原因在于缺乏干部培养的长期规划。干部政策要有连续性,选拔制度要有连贯性,要保持组织工作的连续性和继承性,避免搞短期化或者运动式的干部提拔。在干部工作中,应该不断发现问题、解决问题,给基层进行探索的机会,创设想干事、能干事、干成事的氛围。

(三) 干部选拔对象的来源限制问题

由于缺乏对职位职责的明确分析,在干部选拔时导致选拔标准模糊,对选拔对象的来源难以界定,也无法对选拔对象进行明确的考核评价。有43.6%的受访者认为干部选拔缺乏实绩评价指标;未能落实向基层一线干部倾斜和选拔对象的基层经历要求也受到诸多关注(占19.5%)。如何在今后的干部选拔中体现向基层一线干部、向艰苦岗位倾斜,应该作为干部选拔的条件设置和选拔标准的指标之一。

干部选拔还面临一个现实情况,即公开选拔虽然扩大了干部选拔的范围和来源,但是在进行竞争性选拔中出现了很多岗位报不满的情况,而且往往是体制外符合条件的人比较多的前提下。导致这些情况的原因在于:竞争性选拔方式的频次、岗位太多,吸引力在下降;报考条件的设置不切实际,导致"偏向内部人"现象,反过来也影响了干部的积极性。

如何解决跨体制的干部选拔的范围和来源问题?党政机关干部和事业单位、企业、高等院校、科研院所以及社会组织中的干部要求是不同的,关键要解决干部流动性差的问题。基层部门、职能部门和垂直系统在干部晋升上有差距。垂直系统干部由于很难跨越系统界限,横向交流到地区其他部门,同时地方部门干部也难以轻易进入垂直系统工作,所以部分垂直系统单位借助干部竞争性选拔方式弥补内部人才的不足,开展内部竞争上岗也较多。

(四) 干部选拔的方法与技术问题

缺乏合理的干部能力与政绩评价指标。在干部选拔中注重短期甚至外在表现,以学历高、专业好、表达好的考试、测评手段选拔干部,常用的考试技术与方法难以考出真才实学,可以实现"汰劣",却难以保证"选优"。现有的考试、考评的手段不够科学,测评要素与职位需求相脱节,手段单一,难以有效地评价候选人的性格特征、道德品质和领导潜能。传统的考察也难以发现相关的真情实况。

选拔方法的科学性有待研究和加强。考试形式单一,笔试、面试内容单一,面试经验化的因素比较多,有一些干部善于表现自己,清楚考试的套路,是"考手",考中的概率肯定比较大,但真正到岗后,未必能力很强。

干部选拔技术的成本与效果的关系问题。笔试筛选难以全面评价一个人的能力水平,但是采用综合性的评价手段,比如每个人都做背景调查和心理测评,成本又太高。情景化面试模拟真实的情景下的反应,可以看出他的真实表现,但是成本较高。

其主要原因:一是缺乏对考试的专业研究,各个地方相互简单模仿,导致考试僵化。干部选拔的技术与方法不专业,导致在干部选拔的操作和设计上存在一定的问题;同时,很多所谓的考评机构也不专业,缺乏专业人才,所出题目千篇一律,重复性、大众化的题目比较多,缺乏对具体岗位的研究,使题目的针对性不强。二是考评专家缺乏专业性的训练,对评分标准把握理解不一,从而影响考评的客观性和实际效果。考察的内容和形式趋于简单化、程式化。如何解决干得好不如考得好、实绩好不如成绩好的现象?如何解决群众监督和民主测评,真实反映候选人的综合情况?这些问题仍需进一步深入研究。

(五) 干部选拔与基层干部培养问题

基层人员断档严重,缺乏退出机制,也缺乏晋升机制。调查发现,基层趋向人少责任大,权力在上收,责任在下放。当前的现实问题是,单位中人员断档现象普遍存在。

基层人员断档的原因:一是年龄的限制,导致基层干部没有优势,一个岗位直到退休,反过来影响的年轻人到基层工作的积极性;二是历史性的,我们公务员招录热是2004年开始的,招录对象大多是"80后"人员。但是在这之前,"70后"就没有这样大规模的招录空间,导致"70后"干部在年龄层次上有一个普遍断档现象;还有一个过程性的结果,随着工作年限和经历、资历积累,干部自然流动造成干部年龄结构断档。自然流动包括离职、调动、交流、提任等情况,结果必然导致周期性的基层中年(45—55岁)人员结构断层。

干部基层锻炼影响了基层工作的连续性。为解决干部选拔的基层经历问题,各地进行的补充基层经历加重了基层的矛盾。干部到基层锻炼,有2—3年的适应期,锻炼结束了,干部就走了,实际上耽误了基层的发展,基层变成了干部提拔和培养的基地。如何增强基层在选人用人上的话语权是一个现实问题。

(六) 对年轻干部、后备干部培养锻炼不够重视

后备干部作为党政领导干部的主要来源渠道,其成长既需要个人努力,也离不开组织的及时培养和适当的岗位锻炼。就当前干部选拔任用的实际来看,所在单位特别是主要领导在后备干部的培养锻炼工作中起着主要作用,也存在以下三个方面的问题:一是讲究论资排辈,不敢大胆使用后备干部。个别领导担心使用后备干部特别是优秀年轻干部会挫伤一批老同志的积极性,影响班子凝聚力和工作推进,而年轻人今后发展机会多,再等等不要紧,从而造成后备干部青黄不接、断层现象严重;二是过分求全责备,不愿放手使用后备干部;三是存在恋栈私心,不想倾力培养后备干部,担心"教会徒弟饿死师傅",对这项工作存在抵触情绪,有意无意造成后备干部没有发挥空间。

三、干部选拔的制度探索

(一) 理念创新

干部选拔任用工作要处理好三种关系。

第一,要正确把握和处理好党管干部和发扬民主的关系。党管干部原则是我国干部人事制度最鲜明的特色,是坚持党的领导和巩固党的执政地位的根本保证,是选人用人的根本原则。发扬民主是选准用好干部的重要方法,是提高选人用人公信力和实际效果的重要内容,也是落实党管干部原则的重要途径。在实践操作中,既不能以民主为名,将党管干部变成票管干部,也不能把程序等同民主,使得党管理干部的原则空转;更不能把党管干部等同于个人说了算,把民主变成走"程序"。党管干部原则,关键体现在干部提名和民主选举上,一把手是关键,既要民主也要集中。民主达不成一致,如果又缺乏相应的协调与包容,反而会造成制度上的分歧甚至班子的不团结,从而延误干部培养与选拔,影响党和人民的事业发展。

第二,正确把握和处理好党委(党组)决策与发挥职能部门作用的关系。党委(党组)决策是干部选拔任用的基础和关键,是落实党管干部原则,体现党组织主体地位和发挥领导把关作用的直接体现;各职能部门是党组在选人用人方法的参谋服务机构,对干部选拔任用工作提供履行政策依据、参谋建议、组织实施、加强监督等重要职责。

第三,正确把握和处理好从优选拔与从严监督的关系。从优选拔是干部选拔任用的根本目标,从严监督是选好用准干部的必然要求和重要保证,也是提高选人用人公信度的重要途径,两者并重,不可偏颇。既要坚持从严治党、从严治吏,严格对选任工作的监督,同时又要把严格的监督措施嵌入民主推荐、考察、讨论、决定、任职等关键环节中去,做到同步监督,环环把关,加强责任追究制度。

(二) 制度优化

在组织工作中不断发现问题,及时纠正问题是一种实事求是、客观务实的工作作风,有利于不断地改进工作;同时,要认真分析纷繁复杂的各种表面现象背后的内在原因,研究系统的解决问题的方法,从制度上解决干部选拔的问题,而不是"头痛医头脚痛医脚"地疲于应付。干部选拔已经形成了相对固定的制度和程序,关键是进一步完善干部选拔制度,优化程序并认真执行。

第一,要建立可持续的干部培养选拔规划制度。调查显示,被调查对象所在单位没有明确的干部培养规划,或者认为没有规划的占 41.3%;有些单位具有一定的短期规划,比如 3 年或 4 年的干部培养规划,占 20.3%,这与领导干部每届的任职期限是一致的。5 年以上干部选拔培养规划相对较少,只占13.1%。由于存在较普遍的缺乏干部选拔培养的中长期规划,从而在干部的培养、选拔、使用上造成诸多的现实问题,也影响了干部人才的正常成长,并在客观上造成应急式的干部选拔。

这一问题值得各级党委系统和组织(人事)部门加以重视,制订合理的干部培养、选拔规划,对保持干部工作的连续性、一致性,解决当前干部工作所普遍面临的年龄断层、专业干部缺乏等问题,保证干部选拔工作的公平性、科学性,具有基础性的作用。

如果能够打破干部任期制对干部培养选拔规划的影响,建立组织(人事)部门相对统一和连续的干部培养选拔规划,则有利于各单位更好地培养选拔人才,保持干部工作的一致性。干部培养选拔规划应作为一项基础的干部工作制度加以推行。无论领导的任期调整或领导干部如何替换,各地区干部工作的发展、人才的培养应该保持一贯性。这样,才能保证党的各项事业发展的持续性和连续性,保证党的各项政策的落实。

干部培养规划可以从本部门的人员年龄结构、学历结构和本单位的编制情况中加以比较分析,从而确认未来职位的变动情况,给员工提供培养的路径和各种平台锻炼的机会。

为了更好地进行干部的培养选拔工作,各单位应根据实际情况制订长期、中期和短期的培养方案,以明确干部工作的重点和方向,有利于各级各类公务人员明确自己的发展路径和未来方向。从宏观来看,应明确干部培养选拔工作规划的制度安排,并且将该规划公之于众,作为干部工作的基本出发点;同时,这项工作也需要更高层面的规划和协调,建立跨部门的干部交流和任职通道。

在干部工作中应把组织培养和个人意愿相结合,从单纯的职务晋升向多通道的职级晋升过渡,形成具有针对性的、有效、科学、客观的干部培养、选拔、激励机制。

第二,干部选拔方式需要相互融合、相互借鉴。不应强调某一种方式,或者依赖于某一种干部选拔形式。干部选拔方式的选择要根据工作需要、职位要求、干部资源状况和工作本身的具体实际状况来选择合适的工作方式;如果工作明确、职位定义明晰,而后备干部不足或者干部资源丰富、符合条件的干部较多则可以采用竞争性选拔方式。

干部竞争性选拔方式可以纳入常规性干部选拔工作,也就是将干部竞争性选拔方式的报名、考试等引入常规性干部选拔工作中。竞争性选拔方式应遵循常规选拔的程序、方法和手段,即干部竞争性选拔方式同样经过分析研判和动议、民主推荐和考察、讨论决定和公示环节。在选拔对象的条件设置上,可以采用常规选拔的方法进行考察,通过推荐和报名相结合,实绩考核和笔试、面试相结合,考试与考察相结合,实现干部的实绩与能力相结合。

第三,干部选拔路径从横向选拔到纵向提任。采用纵向提任制度,加大干部公开遴选与公开选调的力度,建立从中央到地方全通道的晋升空间,给基层公务员、企事业单位优秀人才提供了一个职业发展的通道,有利于优秀的领导人才脱颖而出,拓展干部选拔的渠道。破除干部选拔的单位层级限制,可以有效地调动各级干部的积极性,同时为各级党政机关开发具有丰富基层经历的优秀干部资源。纵向选调制度也可以有效地解决干部年龄层层递减的问题,进一步发挥基层干部的经验、优势,充分调动乡镇等基层干部的积极性、主动性和创造性。也避免了机关干部人为"补"基层经历的问题,鼓励优秀干部、人才向基层流动,从基层成长。为保证各级党政机关干部年龄结构的合理性,仍应保留适当比例的公务员招录的渠道。

第四,不拘一格培养开发干部人才。正确把握和处理好干部年轻化与合理使用各年龄段干部的关系。推进干部年轻化,是确保中国特色社会主义事业后继有人的重要方针,也是激发干部队伍活力的重要途径;合理使用各年龄段的干部,是改善各干部队伍结构的重要基础,两者相互补充、相互促进。

破除干部培养期的观念,解决年龄层层递减的问题,要做到"人尽其用,量能适岗,用当其时",就是根据岗位的需要和干部的能力、身体条件来决定能否胜任岗位,而不能一味地划定年龄界限,把培养和使用并重起来。培养干部,不要划定提前期,不要把每一个干部的培养方向都定为厅局级干部、省部级干部。即使57岁,有3年的任职期,也足以发挥推动性作用,也应当作为干部选拔的对象。

(三) 程序规范

建设由组织(人事)部门牵头的、开放的干部选拔系统。在党委统一领导下,由组织(人事)部门牵头,其他相关部门全程或部分参与的组织实施,也就是借助各部门的力量对干部选拔进行实施,保证它的良性运作、科学运作,提高选拔的效果,降低各类成本,同时也有利于接受各方面的监督。

第一,营造公平的竞争环境。要营造公平的竞争环境,确保信息的平等,防止因信息不对称导致不公平,要确保机会均等,降低干部选拔报名的条件,杜绝因人设线、量身定制。

第二,优化选拔的流程。根据实践的探索,对干部竞争性选拔方式的流程再造:可以在考试之前增加考察环节,将考试报名和民主推荐相结合,从而保证有基层工作经历、有群众基础的候选人进入考试、面试环节,减少考试面试的风险,把好入口关。

可以考虑采用考前公示的办法,从而避免组织工作的盲目性,因为如果通过了考察、考试,最后公示中再发现问题,会导致工作的极大被动,所以可以考虑在考前进行公示。

第三,客观选择选拔的职位。在干部公开选拔的对象方面存在不同的理解,一种观点认为干部竞争性选拔方式适用于各职能、各层次;另一种观点则认为干部竞争性选拔方式只适用于副职岗位。事实上,干部竞争性选拔方式的对象应该重职能而不是重职级;干部竞争性选拔方式不适合非领导职务的选拔,也不适用党委及直属机关的职务选拔。

第四,科学设计选拔条件。条件设置与职位要求有关。在具体的条件设置上，应区分通用条件与专业条件。通过设置最低标准，扩大选拔对象的来源范围，不应该设置过高的标杆条件，从而限制选拔的范围。公选条件应该有一致性或者统一性，即公选的条件要前后一致。不要一年一变、一考一变，造成量身定做的印象。

注重基层的表现。在干部选拔的条件设置上可以加大基层工作经历的条件限定，从而保证在选拔条件上保证向基层一线倾斜。

第五，正确把握和处理好任职考察和平时考核的关系。任职考察是准确识别、正确使用干部的重要途径和方式；平时考核是全面考核，真实反映干部情况的重要方法和依据，只有两者有机结合，才能将干部考准、考实，才能确保选拔任用工作实现预期目标。既要加强干部任职考察，作为干部选拔任用的主要途径与重要环节，进一步完善考察的程序和方法，切实提高考察的质量；又要把平时考核作为干部选拔任用的重要参考，改进平时考核的内容、方式，努力提高科学性、针对性和实用性，特别要注意加强对干部平时考核结果的运用。

第六，加强后续跟踪、监督和及时调整。应加强对任用上岗的干部进行后续的跟踪、监督和及时调整。完善任后配套制度，强化岗位培训、班子匹配、能力开发、考核评价、纪律监督等任后继续培养，严格执行试用期要求，对不胜任的干部及时进行调整。

（四）方法完善

选拔目标决定选拔方法，选拔的方法与技术是发展的，要不断运用现有的测评技术，完善干部选拔信息化平台。

第一，坚持科学化。加强对干部选拔任用方法的研究，首先要研究选任职位的岗位职责和要求，选拔的方法和技术针对具体岗位，体现工作能力导向。

坚决避免在选拔技术上追求形式和内容的简单化，但是也不能追求猎奇性、特色性而不切实际地选择测评技术。适当创新测评的思路、内容和方式，不提倡干部考试应对型的培训，减少背诵式的考试，加大对综合分析、应急应变、解决复杂问题的能力考核；同时，综合运用多种考试评价方法，如结构化面试、心理测量、情景模拟、现场调研、策论答辩、履历调查等测评技术，相互印证，提高干部素质测评的信度和效度。

第二，探索专业化。建立第三方的资格认证及第三方考评机构。明确考试的评价标准和效度，建立考官资格认证，做好各类考官的培训、监督及选拔效果的反馈，建立常态的干部选拔制度体系。

结合中短期干部选拔计划，建立干部选拔测评的案例题库、考官库，考官可以采取跨区县地域交流，提高考试的公正性和客观性。使干部选拔工作形成常态化、连续性和标准化。这种做法可以有效地发挥干部选拔的激励导向作用，减少各种人为干扰，保证干部工作的连续性、有效性，同时要加大对干部选拔工作的监督和责任追究制度。

第三，实现信息化。在干部选拔中，应发挥信息平台的作用，借助大数据技术，对干部的历史、经历、培训等信息进行综合分析和评判。考虑建立统一的干部选拔平台，干部公示的信息化平台，扩大干部信息来源，加大对干部实绩和"德"的考核的综合信息运用。

四、干部选拔调查研究的局限

虽然在过去数年中，干部竞争性选拔方式得到广泛的运用，甚至成为干部选拔的主要形式之一，但是干部竞争性选拔方式本身处于探索和尝试阶段，仍有许多不完善的地方，甚至有着天然的局限性。

在本书调查研究中，各地开展干部竞争性选拔方式的水平、规模有差异性，对其认识与评价也存在差异，反映制度执行中的现实问题。一方面，对干部竞争性选拔方式有着较高的评价，期望进一步开展这项工作，同时又为实践中的诸多问题所困扰；另一方面，各类主体基于不同的站位和视角，对这种选拔方式见仁见智，从而使调研的评判带有强烈的主观色彩。例如，组织层面和公众层面对于竞争性选拔方式的结果存在评价上的悖论,组织(人事)部门以选拔结果、用人绩效为主导,公众则更在意选拔过程是否尊重民意、公开透明,由此导致竞争性选拔方式在目标追求和评判上出现截然不同的倾向;又如,基层一线与市县层面对竞争性选拔方式的评价也存在认识差别。与中层及以上层面的群体正面评价相比,越往基层越趋于务实,对竞争性选拔方式的重学历轻阅历、重考试轻能力、重形式轻实效等方面的缺陷有着更深切的体察,从而对通过竞争性选拔的干部质量的负面评价也更多;再如,综合类职位由于竞争的必要性相对较低,比选的区分度和竞争的公信度面临更多的质疑。

区域差异性与历史的延续性有关,也是我们过去工作差异所导致的结果。区域差异、层级差异等的存在表明现有的干部制度难以覆盖各类群体,需要从导向上加以引导和规范。

在不同层级的被访者中,对干部选拔所看重的方面也是有所差异的。因应任务情景的不同、职位要求的差异,在干部选拔方面,也存在同样的差异,这种差异表明干部的选拔与职位要求、任务环境具有明显的相关性。

第一,心态矛盾。对于干部竞争性选拔方式的评价,既承认这种方式所带来的积极影响,它扩大了选人用人的视野,拓宽了干部成长空间,同时又为它的两面性所困扰,这种方法的局限性会使得学习好、成绩好的考生脱颖而出,而那些经验丰富、不善考试的干部心怀没落,羞于辩解。

第二,路径困惑。采用何种方式选拔干部,传统选拔担心暗箱操作,竞争性选拔担心技不如人。如何选择一种能为各方普遍认可,兼取各法之长的路径,是我们需要思考的内容。

第三,利益调整。干部竞争性选拔方式同样面临着利益的重新分配,需要解决职位的竞争性与队伍的激励性之间的矛盾。如果过于追求竞争的激烈程度,则会产生选拔一个、挫伤一片的负面效应。在干部竞争性选拔方式的实践探索上做了很多,而制度理论、方法、技术相对滞后。

由于主体的差异、心态矛盾和现实困惑使得本书的研究具有深刻的研究视角和比较意义,但同时也带来研究本身的局限性,也为如何综合分析、系统总结干部选拔的实践探索以不断完善制度、优化程序带来了挑战,这些研究仅仅作为对干部选拔工作的一种现状的调研,为干部选拔工作提供决策的参考,离制度化的目标还有着明显的距离,需要有关研究者、实践者和各级领导干部、组工干部进一步探索和总结。

干部选拔具有非常强的现实性和操作性,应根据岗位的差异、具体任务情景的要求,制定相应的政策。在考虑统一性的同时,比如关于政治素质、工作实绩、工作胜任能力和群众公认等方面,也应该根据不同部门层级的差异性、不同岗位类别的要求做出相应的区分,对不同岗位、不同层级、不同类别的单位,在干部选拔中准许制订有更高职位匹配度的人事相宜的选拔标准、要素和选拔方法。

第六章 干部选拔的目标价值与优化建议

一、干部选拔的目标取向和价值诉求

干部选拔是深化干部人事制度改革进程上的重要关节点,包含关于目标取向和价值诉求的新考量,体现了鲜明的问题导向、目标导向、价值导向。

干部选拔的目标取向就是要落实党要管党、全面从严治党,特别是从严管理干部的要求,坚持新时期好干部标准,建立科学规范的党政领导干部选拔任用制度,形成有效管用、简便易行、有利于优秀人才脱颖而出的选人用人机制,推进干部队伍革命化、年轻化、知识化、专业化,建设一支以马克思列宁主义、毛泽东思想、邓小平理论、"三个代表"重要思想、科学发展观、习近平新时代中国特色社会主义思想为指导,忠诚干净担当的高素质专业化党政领导干部队伍,保证党的基本理论、基本路线、基本方略全面贯彻执行和新时代中国特色社会主义事业顺利发展。

干部选拔的价值诉求表现为党管干部的价值原则,扩大干部工作民主的价值取向,实现以"德才兼备、以德为先,五湖四海、任人唯贤""事业为上、人岗相适、人事相宜"的价值目标。

干部竞争性选拔方式是改革开放进程中领导人才选拔制度的创新实践,已经成为中国特色社会主义干部人事制度体系的有机组成部分。改进和完善干部选拔,不仅要求增强实践层面的操作性,而且要求增强观念层面的操作性,克服研究方面长期存在的重工具理性、轻价值理性、缺乏历史理性的倾向,从而深化理论认识,实现实践优势。

(一) 要在改进完善中继续推进干部选拔改革探索

从决策史的角度看,随着干部人事制度改革的深入,干部竞争性选拔方式的兴起和发展大致经历了四个阶段:试验探索、制度规范、重点突破和完善优化。

党的十八大以来,中央关于干部选拔的基本思路是,通过完善优化干部选拔,引导干部在实干、实绩上竞争,树立竞争择优、选贤任能的用人导向。对于竞争性选拔方式的分析反思,却一度被一些干部和群众认为是反对和停止竞争性选拔方式改革的信号,有些研究者、实务工作者甚至产生了"看一看、等一等"的观望心态。实际上,中央的分析反思,是为了纠正竞争性选拔方式中的偏向、偏差,进一步强化干部选拔的初衷、目标和目的,进一步增强政治标准和政治素质,提高衡量干部综合素质能力的科学性,特别是把握好度、防止过犹不及,防止片面化、简单化,以问题导向推进干部选拔的改进和完善,更加有效地贯彻落实党的各项决策部署。

纵观干部选拔方式的决策历程,"改进、完善"是党的十六大以来一直坚持和贯彻的明确思路。党的十六届四中全会决定从提高党的执政能力的高度,提出"继续推行和完善民主推荐、民主测评、差额考察、任前公示、公开选拔、竞争上岗、全委会投票表决、党政领导干部辞职等制度"。这一决策表述表明,"公开选拔、竞争上岗"属于干部制度范畴,是干部人事制度改革的内容之一,实践方向是"继续推行和完善"。党的十七届四中全会决定从"完善干部选拔任用机制"的角度提出"完善公开选拔、竞争上岗等竞争性选拔干部方式,突出岗位特点,注重能力实绩"。这一决策表述的特点是明确使用了"竞争性选拔干部方式"的概念,同时把"公开选拔、竞争上岗"进一步纳入"竞争性选拔干部方式"范畴。党的十八大以来,中央决策层对干部选拔方式提出"完善、改进"的明确要求,表明对干部选拔方式中的突出问题的清醒认识,包含着从完善中国特色社会主义制度、推进国家治理体系和治理能力现代化的战略高度,对于干部选拔的新思考。党的十九届四中全会提出"坚持新时代党的组织路线,健全党管干部、选贤任能制度",对于干部选拔方式的目标取向和价值诉求的考量,体现了鲜明的问题导向、目标导向和价值导向。

(二)要直面问题来改进完善干部选拔方式

习近平总书记指出,改革是由问题倒逼而产生的,又在不断解决问题中得以深化。作为干部选拔任用制度的重要改革,干部竞争性选拔方式的目的就是要解决干部选拔任用工作中存在的个人或少数人说了算,选人用人论资排辈、视野不宽,优秀人才难以脱颖而出等问题。公开选拔、竞争上岗的推行,确实在扩大选人用人视野、促进优秀干部人才脱颖而出方面取得了良好的效果,获得了较高的社会认可度。但是,实践中也确实存在违背初衷的不正确认识和不当做法,暴露出不少问题。诸如:(1)简单"以分取人"、以考定人。(2)缺乏统筹性,成本高、周期长。有的地方和部门缺乏对本地区、本部门各级各类竞争性选拔方式的统筹和成本核算,时间成本、人力成本、社会成本过高。(3)不恰当地"舍近求远",甚至科级干部也动辄面向全国选拔,造成人才浪费、物力财力精力浪费。(4)竞争性选拔方式规模和范围不合理,搞"逢提必竞""凡竞必考"。有些地方和部门混淆选任制干部和委任制干部的区别,把竞争性选拔方式作为主要方式甚至唯一方式,有些地方和单位硬性规定竞争性选拔方式比例和频次。(5)"考试导向"冲击"干事导向"。考试测评的方式简单、不科学,蜕变为应试技巧的竞争,助长了干部的浮躁情绪,甚至出现"考试专业户"等现象。《干部选拔任用条例》既坚持将公开选拔、竞争上岗作为干部选拔任用的有效方法,又针对问题着力规范,体现了鲜明而强烈的问题导向,表现出务实进取的改革精神。《干部选拔任用条例》是问题倒逼改革、改革在解决问题中深化的标志性文件。

(三) 要围绕干部人事制度改革的目标要求,改进完善干部选拔方式

根据《2010—2020年深化干部人事制度改革规划纲要》,深化干部人事制度改革的的基本目标是:"通过坚持不懈的努力,逐步形成广纳群贤、人尽其才、能上能下、公平公正、充满活力的中国特色社会主义干部人事制度,培养造就一支适应推进中国特色社会主义伟大事业和党的建设新的伟大工程要求的高素质干部队伍。"党的十八大进一步提出,要全面准确贯彻民主、公开、竞争、择优方针,完善竞争性选拔干部方式,提高民主质量和选人用人公信度。这一决策,对推进深化干部人事制度改革特别是干部选拔方式指明了方向、提出了明确要求。习近平总书记在2013年6月召开的全国组织工作会议上讲话,着重围绕培养选拔党和人民需要的好干部,深刻阐述了"怎样是好干部""怎样成长为好干部""怎样把好干部用起来"等重大问题,明确提出并深刻阐述了新时期党和人民需要的好干部的20字标准,即信念坚定、为民服务、勤政务实、敢于担当、清正廉洁,要求各级党委和组织(人事)部门坚持党管干部原则,坚持正确用人导向,坚持德才兼备、以德为先,努力做到选贤任能、用当其时,知人善任、人尽其才,把好干部及时发现出来、合理使用起来。党的十九届四中全会提出"把提高治理能力作为新时代干部队伍建设的重大任务",提出"通过思想淬炼、政治历练、实践锻炼、专业训练,推动广大干部严格按照制度履行职责,行使权力,开展工作,提高推进'五位一体'总体布局和'四个全面'战略布局等各项工作能力和水平",在干部选拔上,"坚持党管干部原则,落实好干部标准,树立正确用人导向,把制度执行力和治理能力作为干部选拔任用、考核评价的重要依据"。这就进一步指明了深化干部人事制度改革的目标和着力点。以上阐述共同构成了认识和把握改进和完善干部选拔方式的目标取向和价值诉求问题的基本遵循。

(四) 促进人岗相适、人事相宜、选贤任能

干部竞争性选拔方式的初衷是扩大选人用人视野,促进优秀人才脱颖而出,说到底是通过有效竞争促进人岗相适、人事相宜、选贤任能。"人岗相适"是现代人力资源管理的重要原理,基本含义是把合适的人放在合适的岗位上,基本目的是通过"岗得其人""人适其岗",实现人岗的科学配置和最佳绩效。从我国干部人事制度改革的历程看,"人岗相适、人事相宜"不仅是技术要领,而且是人才资源开发的价值目标。《国家中长期人才发展规划纲要(2010—2020)》提出,要科学合理使用人才,促进人岗相适,用当其时,才尽其用。新修订的《干部选拔任用条例》提出,要以"事业为上、人岗相适、人事相宜"作为干部选拔的重要原则。作为干部选拔方式的价值目标,人岗相适、人事相宜的内涵就是促进干部人才的自身价值与工作岗位的最优配置,促进组织愿景与人的全面发展有机结合,实现人尽其才、才尽其用、事尽其功。干部选拔方式所具有的突出的择优功能,就是把最合适的优秀人才选拔到最合适的岗位上,从根本上保证党在长期执政条件下干部队伍的先进性、纯洁性和领导力。因此,干部选拔方式语境下的人岗相适的实质是选贤任能。判断"相适""贤能"的标准,就是"德才兼备、以德为先",这 8 个字是我们党的干部路线。习近平总书记 2013 年召开的全国组织工作会议上提出的 20 字好干部标准,进一步丰富和发展了德才兼备、以德为先的干部标准的时代内涵,既为广大干部明确了个人努力方向,也为干部选拔方式提供了重要遵循。具体地说,就是要在资格条件的设置中,突出理想信念的要求,政治立场、政治态度、政治纪律的要求,坚持原则、敢于担当的要求,加强道德品行、作风修养的要求,树立正确政绩观,做出经得起实践、人民、历史检验实绩的要求;按照好干部标准突出品德、实绩、作风和廉政情况的考评、把关,把不符合好干部标准特别是属于 6 种不得列为考察对象的情形的人挡在考察人选之外;在程序和方法的设计上,把选准用好党和人民需要的好干部贯穿体现到竞争性选拔方式的各个环节,努力选准用好具有"信念坚定、为民服务、勤政务实、敢于担当、清正廉洁"的好干部,真正形成以德修身、以德服众、以德领才、以德润才、德才兼备的用人导向。

二、干部选拔的制度优化建议

(一) 干部选拔的主体设计

在选拔主体的设计上,应该从组织实施的组织(人事)部门的管理权限来界定,而不是由职位的选拔范围来划定。选拔范围是操作主体[承担选拔工作的组织(人事)部门]管理权限内的干部选拔,应该归于内部竞争上岗;而超出该主体管理权限的,则属于公开选拔,建立组织(人事)部门主导、其他相关部门协同参与的机制。组织(人事)部门要在整个过程中发挥主导作用,从干部选拔的分析研判和动议到最后的干部任用、到岗,要充分体现组织色彩,体现党管干部原则;同时,用人部门、纪委、监察局、审计机关等相关部门要协同配合工作的开展,对干部竞争工作中出现的问题及时提出意见。

通过制定完善的干部选拔的工作方案,并在选拔范围内进行公告,保证干部选拔的运作在阳光下进行,避免因人而设的选拔。要将任用结果在当地或者部门重要网站、公告栏进行公示,保障社会和相关人员应有的知情权。

(二) 干部选拔的范围界定

1. 竞争性选拔方式是吸引人才、引进人才的手段

进一步扩大干部选拔方式的职位来源,扩大干部选拔的范围。在现有的干部选拔标准上,进一步补充有关基层历和艰苦岗位的工作经历,同时关注对干部专业水平和能力的评价。调研中有45.5%的受访者希望扩大选拔的职位,跨部门、跨体制选拔专业领域优秀人才;45.3%的受访者希望改善干部选拔的评价标准,注重专业水平和能力的评价;37%的受访者希望通过岗位锻炼,建立后备干部培养,储备大批的干部;36.8%的受访者希望鼓励向基层艰苦岗位和地区流动;35.1%的受访者希望采取科学的人员评价技术与方法进行能力和素质测评等。

竞争性选拔方式扩大了干部选拔的视野。对有些紧缺性、专业性的岗位,竞争性选拔方式拓宽了视野,扩大了覆盖范围。干部选拔方式可以作为地方吸引人才、引进人才的一种手段,作为人才储备的渠道。不断吸收社会优秀分子加入干部队伍中来,从外部吸引干部、人才到我们体制内的领导岗位上。通过长期考察,拉长考察期,吸收体制外的优秀人才进入体制内。

干部竞争性选拔方式可以作为年轻干部和后备干部培养的手段和途径,通过对干部竞争性选拔方式的技术和方法的研究和改进,如在干部选拔的范围与条件设定上突出年轻干部或后备干部的要求。

干部选拔方式一定要结合区域情况,在某一些地区更适合,或者对某一些行业更适合;不适合全国范围大规模选拔,内部竞争性选拔方式的接受度高,更容易操作。

2. 干部竞争性选拔(公开选拔、竞争上岗)比较适合副职岗位

干部竞争性选拔适合进行干部培养和发展型的职位。竞争性选拔的职位选择重在层级,而不是以职级作为评价选拔对象的依据。也就是说,重岗位而不是重职级,在选拔对象的适合程度上,不宜划定处级或科级作为范围,而应重视该职位的职能设定。从调研与访谈来看:副职岗位比较适合进行干部竞争性选拔方式,判定标准是所选职位的职能定位是否适合。选拔对象应该重视职位能力,轻职务级别,以岗位的层级、功能设置来选择合适的人选。

公开选拔的岗位设定主要针对地方副职,竞争性上岗也可以适用单位内部中层正职岗位,这个观点在受访者中具有普遍性。副职岗位相对容易控制风险。一方面,这样的干部不是主要负责人,如果选拔成功了,会成为一把手很好的助手,可以放开手脚让他工作,很可能会给这个岗位和部门带来新的面貌,甚至带出一个充满活力的团队。反过来说,如果选拔的干部没有预期的那么好,作为副职,也不至于带来不可挽救的结果,还是可控的,比如通过减少他的分工范围,或者调整分

管部门。但一把手就不一样了,岗位职责决定他必须全面负责,不易轻易调整。

受访者普遍认为竞争性选拔不适用于地方一把手和省部级以上岗位的选拔,因为作为一把手不仅要求专业能力,更要有领导水平,还需要对基层情况比较熟悉。受访者认为公开选拔单位正职存在风险,对全局工作会造成比较大的影响。对通用性岗位的公选存在分歧,有些受访者认为一般的管理岗位不鼓励拿出来竞争,因为这样的岗位胜任的人比较多,比较适合内部竞争上岗产生。

3. 内部竞争上岗也适用于部门中层的正职岗位

实施单位或地区的主要正职领导按照程序通过组织(人事)部门、人大等相关部门任命或者选举。

干部竞争性选拔的岗位多集中在中层领导干部,由于不同的单位层次,选拔的职位级别不一样,导致"水涨船高",选拔职务越来越高。比如,作为正处级机构,中层就是科级领导干部;而作为厅局级机构,中层就是处级职位。一般来说,同一单位内部进行的干部竞聘,如处级及以下单位,可针对中层岗位,如正科、副科实职进行干部竞聘;跨地级市的干部竞聘,可针对副处和正处的岗位(类似于中层)进行干部竞聘。

4. 干部竞争性选拔方式适用实职岗位,不适用于非领导职务或职级晋升

受访者不认同对非领导职务的晋升采用干部竞争性选拔方式。竞争岗位可在单位或地区的实职领导职务内进行,非领导职务则不适用。由于领导职务更多的是职责的管理,既有一定的职权,同时也要有职权的责任,非领导职务一般更多的是任职年限期满加上单位空缺名额就可以职级晋升,不需要进行公开竞聘和选拔。

要关注有实际干部工作经历的同志,而不是纯粹看有多少人符合条件。从国内领导干部晋升的年限来看,高校里很多人晋升时间比政府系统要短,晋升要快,如果一味注重级别和年龄,极端情况会出现要求有实

际工作经验的地区领导或者部门负责人只能从没有地方工作经验的高校工作人员中选择,因为这批人年龄小、学历高、晋升快。

干部选拔必须注重原有工作经验的认定,应该考虑熟悉基层、熟悉群众工作,否则任职后的工作适应会有困难,或者至少需要有一个适应的过程。相对来说,公开选拔也不适用于非常重要的政治性要求高的岗位;基层一线处理复杂事务的一些岗位不适合公开选拔,有一些岗位必须熟悉本地的情况,乡镇的指挥类岗位也不适合进行竞争性选拔方式,这些岗位需要解决具体事务、具体问题,要求具有较高的群众工作经验和熟悉具体情况的经历。公开选拔的岗位对于区域外的专业人才应该在岗位安排上予以考虑,需要留出一定的适应期或熟悉情况的时间。

在选拔对象的确定上,还应考虑现有领导班子的结构匹配,平衡使用不同来源、不同层级、不同经历背景的领导,做到合理搭配。

5. 在干部竞争性选拔的适用范围上,要考虑专业性强的岗位

竞争性选拔的对象应该是在干部库里找不到最合适人选的时候,本系统、本单位确实没有合适人选的时候才适合采用。竞争性选拔的岗位还是主要集中在那些专业性较强的岗位,这也是竞争选拔的初衷,比如,旅游、经济、信息等专业性岗位,但是作为领导岗位,其领导的效果是难以预料的。对一些专业技术岗位,比如质检、卫生、检查、法官等,在条件设置上应该加入相应的专业水平和工作过程的经历。

干部竞争性选拔方式也适合企业高管岗位,如总经理、总会计师、总工程师等专业性比较强的岗位。对选拔对象上,企业干部更适合进行竞争性选拔,选拔条件同样要考虑企业工作的经验。

专业性岗位可以采用聘用制公务员管理。参照《公务员条例》中聘任制公务员管理,专业型的岗位可以作为聘用制公务员操作。

(三) 干部选拔的评价标准

在新的时代要求下,我们原有的一些干部评价指标面临着新的任务要求,需要进行拓展。

1. 基本任职条件和岗位要求

干部选拔必须符合《干部选拔任用条例》规定的基本条件，严格政治素质要求，按照好干部标准(必须信念坚定、为民服务、勤政务实、敢于担当、清正廉洁)确定具体任职条件，这个条件是干部选拔工作的组织原则与纪律要求。

干部选拔的条件设定应该发挥组织(人事)部门的作用，多部门参与，尤其是用人部门不要有导向性、暗示或者倾向性。所在区域或系统的组织(人事)部门最后把关任职条件和岗位要求的公平性。

岗位要求要注重岗位间公平，还要考虑工作要求与班子匹配。用人单位可以提出用人的要求或建议，但要经所在区域或系统的组织(人事)部门综合平衡，以避免用人单位因人划线，也有助于解决不同职位间的公平。调研中受访者认为在具体的干部任用过程中，领导的意见和班子的匹配程度具有一定的作用(占44.9%)，同时也应该参考群众的满意(占41.3%)，工作环境和上下级配合关系对未来的岗位胜任有着重要影响。

从岗位职责来说，不同职位有着不同的素质要求，如有些岗位需要善谈者；而有些岗位则需要睿智思考者。岗位职责需要比较清晰的界定，如职责不清，则选拔条件也难以界定。

2. 资格条件

干部选拔的资格条件可以归纳为知识水平、能力特点、工作态度与专业要求。知识水平应具备相近或者相似的工作经历和必要的文化知识水平。不能唯分论、唯学历论，要全面考察候选者与职位之间的匹配程度，不能埋没人才；能力要过硬，有相应的工作经历和专业知识背景；坚持德才兼备、以德为先，能力是可以逐步培养的，量才使用。在看重能力的同时，更要看重政治素质、政治品德方面的考核，要具备良好的工作态度，德和勤都要达到一定的水平，要勤勉敬业、积极进取，要有责任心。根据选拔地区或部门的性质可进行专业限制，而对于普通的管理岗可以放宽。专业限制可使用负面清单，具有操作性，更能实现专业要求。

干部选拔对象的学历和年龄不应该作为干部选拔的关键条件。调查显示,在这两方面的关注程度只有4.6%和3.4%。学历和年龄可作为组织(人事)部门的选拔条件或干部培养的条件;确需改善干部队伍结构的,可在年龄、学历、专业、政治面貌、性别等方面作专门要求,可能需要对任职经历条件作适当放宽;要重点考察选拔对象在政治坚定、业务精湛、实绩突出、潜力明显、群众公认等方面的表现。

条件设计上不能过于注重高学历,要防止出现高学历、低能力,缺乏解决现实问题能力等现象。干部选拔中应该着重关注基层经历,及其在基层工作中的表现、群众评价。

不应片面强调干部的年轻化,应该让不同年龄层次都有发挥作用的机会。干部工作是一个动态的过程,也是争议比较大的节点。选拔条件不能划定年龄界限,可以设置拟任职期限,只要任期内不到法定退休年龄都可以有资格。调查中有被访者反映:现在的问题是人为设定干部选拔的年龄条件,使得大批有着丰富实践经验、基层历练的干部无用武之地,客观上造成了干部年龄层层递减的趋势。

年龄很重要,但不是决定条件。因为在基层的工作时间越长,经验积累更多,越有优势。在现有的干部队伍年龄结构下,为保证干部队伍结构的合理化,在选拔条件上可以设立多年龄段、多岗位选拔制度,针对不同年龄段设定相应的比例,即对选拔的岗位划分出不同年龄段报名的比例,以发挥各年龄段干部的积极性,也有利于形成领导班子的合理结构。

3. 资历条件

从调研结果来看,受访者认为干部的选拔任用,主要看过去的工作业绩(占66%),同时考虑未来的胜任能力(占59.8%)。调查表明,干部的具体工作能力和取得的成绩,是干部选拔任用工作体现公平和实力的评价指标。相对于工作年限和学习专业等要素,工作经历的影响更大,关键要看这个干部参加工作后,他所到的每个单位对他的评价如何。干部选拔任用不是终点,任后的考评也要跟上。

可以通过设定任职条件筛选和限制"考试专业户",如:要求应聘者在原单位有一定的工作年限(有受访者提出至少2年);要有实际的地方工作经历;对重要的岗位,如地方党政领导班子成员,应当注意从担任过县、乡党政领导职务的干部和国有企事业单位领导人员中选拔;有些岗位还应该熟悉拟任地区的当地情况等。应该关注和加大对埋头苦干型干部的选拔力度,体现干部选拔的导向性与公平性。

4. 限制性条件

从考试的资格来说,选拔范围要符合当地经济社会发展的人力资源需求,报考条件按照德才兼备、以德为先、人岗相适、人事相宜的原则确定,不宜过于具体。

报考条件不应该设得很窄,对一些非特殊的岗位,要放宽学历、年龄等限制,条件应该宽泛一点,以扩大选拔对象的范围。对限制条件的设定,须严格把关,禁止一切歧视性条件。

跨所有制的报考对象,因为企业本身的差异性很大,同样的职位或级别难以进行横向比较,在选拔条件的设置上应考虑实际工作能力和业绩,保证选拔的公平性。

5. 选拔条件保持稳定

选拔条件保持前后一致,经得起时间的检验,保持一定的稳定性、客观性,这是基本的要求,也是保证干部选拔具有可比性、保证权威性的基础。避免出现每年、每次选拔,甚至同一岗位的选拔条件都不相同,影响选拔的科学性。

选拔条件的变更会造成对选拔工作的误解与质疑,被认为是变相卡人,或者因人设条件;保证干部选拔经得起各方的监督,公示要提前,不是任命后才公示,要在考察、考试前就分阶段公示。

(四) 干部选拔的组织考察

"为政之道,首在用人;立政之道,察吏为先"。准确识别干部,是正确使用干部的前提;任职考察是准确识别、正确使用干部的重要途径和方式;考察环节是干部选任工作的重头戏。考察不仅要发挥"否决功能",更要发挥"选优功能";不仅要看有没有问题,更要看有没有能力和业绩,保证让干得好的选得上。

在实际工作中,由于受社会复杂性、人的多样性和认识的局限性影响,考察始终是一个难题,容易导致走过场、失真失实。在现实中,考察失真失实、"带病提拔""带病上岗"等问题时有发生。对此,《干部选拔任用条例》坚持继承与创新相结合,坚持全面、历史、辩证地看干部,提出了一系列改进措施,如:突出对考察对象人选的把关,坚持把实绩考核放在突出位置;认真进行履历和岗位分析,力求做到人岗相适、人尽其才;规定考察对象由组织集体研究决定,防止简单以票、以分取人。

1. 完善考察标准

要选好干部,用好干部,首先是选人用人的标准要正确、落实选拔任用干部德才标准的具体要求,习近平总书记把它概括为5个方面,就是要做到信念坚定、为民服务、勤政务实、敢于担当、清正廉洁的好干部标准。这些标准和要求,具有很强的针对性和非常重要的现实意义,集中体现了好干部标准的时代内涵。

2. 优化考察内容

《干部选拔任用条例》对考察内容作了更为系统全面的规定,在干部考察中,严把政治关、品行关、能力关、作风关、廉洁关,确保做到"厚实的而不是单薄的、全面的而不是片面的、系统的而不是零碎的、一贯的而不是一时的"了解干部、了解有关情况。

3. 改进考察方法

坚持全面、客观、历史、辩证地看干部,注重从履行岗位职责、完成急难险重任务、关键时刻表现、对待个人名利等方面考察干部的德才表现,注重干部一贯表现和全部工作,将日常了解、综合分析研判以及岗位匹配度等情况综合考虑,防止片面性和简单化。变集中考核为日常考核,加强对干部经常性的谈心谈话,近距离常态化接触干部、了解干部;变办公室考察为实地考察，注重跟踪考察、一线考察。在考察干部对重大问题的思考中，看其见识见解；在考察干部对群众的感情中，看其品质情怀；在考察干部对待名利的态度中，看其境界格局；在考察干部处理复杂问题的过程和结果中，看其能力水平。根据不同区域、不同层次、不同发展定位的要求，合理确定考核评价的重点内容、核心指标，建立差异化的干部考核评价体系。

为确保考察质量，可以采取个别谈话、发放征求意见表、民主测评、实地走访、查阅干部人事档案和工作资料等方法，细化同考察对象面谈的内容和方法，同时根据需要灵活采用专项调查和延伸考察等方法，注意考察对象生活圈、社交圈情况，并经过综合分析考察情况，强调与考察对象的一贯表现进行比较、相互印证，全面准确作出评价。

在实际工作中，要注意抓住时间和空间两个维度。在时间上要拉伸长度，避免走过场，规定干部考察要保证充足的时间，把平时考核、年度考核与任前考察、届中届末考核结合起来，综合运用巡视、审计、统计结果和部门（行业）专项考评结果，增强考核的全面性、准确性。多把功夫下在平时，通过换届考察、年度考核、日常走访、民主生活会等多种渠道，全面掌握干部的一贯表现，特别是在重大关头、关键时刻的表现。在空间上要拓展广度，拓宽听取意见渠道，多听取基层干部群众意见，深入了解考察对象真实情况。广泛收集综合部门的监测数据，加强与执法纪检等部门的沟通联系，注意听取方方面面的态度评价。要眼观六路、耳听八方、集思广益，不仅要了解干部自我评价和别人评价怎么样，也要了解干部实际工作能力怎么样；不仅要了解干部在本单位的表现，也要了解干部在社会生活方面的情况；不仅要了解多数人的意见，也要注重倾听少数知情人的意见，切实避免"应急式"考察带来的不深入、不全面问题。

4. 核实干部人事档案、个人有关事项报告

把查阅干部人事档案作为干部选任工作的基础环节，按照相关要求对拟提拔人选档案进行严格审核，确保干部信息准确无误，杜绝干部"带

病上岗""带病提拔"等现象的发生。

对干部的出生时间、参加工作时间、入党时间、学历学位、工作经历和干部身份等"三龄两历一身份"进行严格审核把关。重点审核干部的档案材料是否涂改造假,干部身份、政治面貌和学历学位等重要原始材料是否齐全,工作经历是否真实完整,干部信息认定是否符合政策规定等,确保真实准确。对档案已有材料的信息前后记载不一致的,逐一进行登记,按照上级组织(人事)部门政策要求,提出认定意见,提交相关领导研究。在干部档案管理上,确定专人管理,健全管理制度,严明工作纪律,严格责任落实;在干部提拔任用中,明确规定考察组是干部信息审核的首要关口,考察组组长是第一责任人,对干部信息不准确、填写混乱的,一律不予上会,并追究相关人员的责任。在干部信息审核中,发现干部信息有疑点的,及时进行查核,在未核准前,一律不得公示;经查核没有问题但有特殊情况可能引起公众质疑的,公示时作出必要的说明。对审核把关不严,造成公示信息不准确,干部群众有反映的,严肃追究有关人员的责任。

5. 强化考察结果运用

把考察结果作为干部选拔任用、培养教育、管理监督和激励约束的重要依据,充分发挥考察的导向作用。建立考核结果反馈制度,及时向领导班子和干部本人反馈考核结果。把尊重民意和不简单以票取人辩证统一起来,加强对人选的综合分析,比较群众基础、德行品质、发展潜力、人岗匹配度、酝酿意见集中度,切实择优用人。

要健全完善干部考察任用机制,大力选拔使用敢抓敢管、敢于担当的干部,为有个性、敢负责而得罪了人、丢了票的干部主持公道。让那些愿担当、敢担当、能担当、善担当的干部得到重用,让那些不敢担当的"老好人""圆滑官"难混日子。要健全责任追究机制,对在重大事项和关键时刻放弃担当的党员干部问责,使敢于担当者理直气壮、不敢担当者无所推诿。要不断完善顶层设计,让领导干部把敢于担当变为内心深处的价值追求和行为习惯,让更多敢于担当的干部脱颖而出。要营造敢于担当的社会环境,化解敢于担当的压力,抵制好人主义,使敢担当、敢作为在党员干部中蔚然成风。

注重强化德和实绩考察结果的应用,注重干部履职过程分析,全面衡量考绩与实绩、口才与口碑、临场表现与一贯表现,引导干部在实干、实绩上竞争,不能搞"一考定音"。使用干部,既要看票,又不能唯票,要看干部的民意基础,还要看平时表现怎么样,与岗位匹配度怎么样,既要看"显性"实绩,又要看"隐性"实绩;既要看干部在现职岗位上的实绩,又要看取得这些成绩的外部环境和条件。要把这些因素综合起来考虑,充分酝酿,最终确定人选。探索干部考察、决策责任制和用人失误追究制,对用人失察失误造成严重后果的,严格追究当事人的责任,杜绝将跑官拉票、"裸官"者列为考察对象。

选干部是阶段性工作,考察干部是经常性任务。一个干部平时的工作态度、工作实绩、与群众关系,往往最能真实准确地反映其德才素质和群众公认度。改进平时考核的内容、方式,努力提高科学性、针对性和实用性,特别要加强对平时考核结果的运用。从理论与实践上认真探索研究干部任职考察和平时考核的有机结合,真正把干部的德才考实、真正把好干部考察出来。

三、干部选拔方法完善和技术改进策略

完善干部选拔的方法、技术是建设高素质干部队伍的迫切需要,是预防和整治用人上的不正之风、提高干部群众对组织工作满意度和选人用人公信度的有效途径,是深化干部人事制度改革、激发干部队伍活力的重要举措。完善干部选拔方法、技术对于进一步拓宽选人用人视野,提高选人用人质量,调动广大党员干部的积极性,健全有利于优秀人才脱颖而出的选人用人机制,树立正确的用人导向,都具有十分重要的作用。

(一) 干部选拔方法和技术存在的主要问题

1. 职位和层级设置不准确

党政机关工作烦琐冗杂,由于各职位的要求各不相同,对职位所需的责任、性质、专业以及任职资格条件等的划分和界定不够精细准确,导致缺乏详细的职位说明书,使得选拔岗位的具体要求无所适从;有一些专业性较强的职位实施竞争性选拔,导致一些没有相关工作经验和专业能力的干部走马上任而难以胜任本职工作。从基层的实际情况来看,层级较低的县市开展竞争性选拔方式难以选出需要的人才,且运行成本较高,不利于优秀干部脱颖而出,甚至出现"招进女婿气走儿"的情况。

2. 测评结果与任职能力不匹配

有的干部理论水平与实际工作能力大相径庭,考试或者选拔评价的结果很好,但工作中能力和水平很平庸,影响了干部选拔的实际效果;有些干部本身很优秀,但所具备的能力素质不能适应目前职位的需要,也会导致干部选拔的失败,在一定程度上影响了干部选拔的质量,加大了组织的运行成本;有些干部专业技术能力较强、业务能力突出,担任领导职务后,由于自身领导能力不足、领导职位历练不够,在应对复杂局面、处理复杂问题时的能力存在不足。

实践证明,竞争性选拔方式更多地侧重于考查干部的理论素养、知识结构、专业水平,导致擅长考试的人占有一定的优势,而实践经验较丰富,又能吃苦耐劳但理论素养不高的往往处于劣势,导致会考的、会说的,未必真的会干事、能干事;能干事的不一定竞争得过会考试的,从而形成重理论轻实践、重知识轻能力的导向,存在"唯票取人和唯分取人"的倾向,容易造成用人导向出现偏离。

3. 评分标准和方法技术不专业

应用现代测评技术选拔干部,如采用笔试、面试等方法,由于相关人员缺乏专业训练和理论指导,部分工作人员对题目命制随意性大,或者评分标准掌握不到位,导致笔试和面试的专业水准大打折扣,从而影响笔试、面试的信度与效度;选拔的方法和技术随着时代的发展处于不断更新中,由于缺乏专业的分析和研究,沿用以往的方法、技术已经不能满足新时期干部选拔的需要,部分从事该工作的人员对方法技术的掌握不够专业,导致干部评价和测评失去了权威性。

4."德"的考准、考实较为困难

按照"德才兼备、以德为先"的选拔原则,"德"的表现应该成为首要标准,但在组织(人事)部门的实际操作中对"德"的评价缺乏科学的制度体系和量化的评价标准,定性不能定量,干部之间"德"的表现难以作出客观全面的比较。

(二) 干部选拔方法完善和技术改进的对策措施

习近平总书记在全国组织工作会议上提出培养选拔党和人民需要的好干部的要求和"信念坚定、为民服务、勤政务实、敢于担当、清正廉洁"的好干部标准,这是新形势下做好干部工作的根本指针和基本遵循。干部选拔的方法、技术作为干部工作的有机组成部分,必须自觉按照好干部的要求,不断改进完善考评内容、方法和程序,努力做到"考评什么"要体现好干部标准,"怎么考评"要立足于选拔好干部,"考评得怎么样"要保证优秀干部脱颖而出,从而为培养选拔优秀干部作出应有的支持。

1. 建立干部评价标准

一是要完善干部评价标准体系。按照好干部标准,逐步构建分级分类的领导干部能力素质具体标准,为科学规范测试测评和改进干部评价工作提供依据。二是要协调配套制度。根据新的《领导干部选拔任用条例》,研究制订改进完善干部测评工作的意见,与中央的制度规定配套衔接,建立健全考评工作制度体系,强化制度的执行力。三是要健全工作规范。认真总结干部考评工作的实践,从职位分析、评价标准、评价方法、组织实施,到资格审查、政治素质评价、考察评议、能力测评、考官选派、效果跟踪与评估,建立一套覆盖干部选拔全过程的工作规范,使干部评价测评每个环节都有章可循、规范有序。

2. 研发干部选拔的新技术

围绕干部选拔的目标与价值要求，提高干部评价的科学化水平，积极研发有效易行的干部选拔方法与技术工具，逐步完善干部素质与业绩考评体系，引导干部在实干、实绩上竞争。要做到不唯分，就要提高干部理论测评的科学化水平，在理论测评的内容上围绕本地本单位的政治要求，服务工作大局，以实际工作能力为导向，坚持理论和实践相结合，把握好"博学"与"专长"的关系；结合实际案例分析，要突出展示干部在平时工作中积累、实践中的经验、履行职责所必需具备的能力素质。增强理论测评的开放性、针对性，真正考出符合职位需要的优秀人才，从理论上、技术上破解通过培训备考或押题提高成绩，让"考试族"变成"干事族"，让高分低能者无空可钻，切实从好中选优、优中选适，引导干部树立正确的竞争观，提高干部选拔的公正、公平。

要通过科学的内容设置、合理的方法选择、优化的程序设计，提高测评的针对性、科学性和有效性；要结合考察工作职能、优势和特征，科学分析测评在干部考核考察中的功能作用，从指标设置、方法技术、结果分析等方面入手，探索开发有效易行的方法、技术工具，把定性分析与定量评价结合起来，促进干部考察更科学、更精准。

注重各种选拔方法间的优化组合。深入分析研究各种方法技术和主要特点、功能作用、优势不足，根据不同的岗位类别、职务层次和选拔需求，形成有较强针对性和适用性的技术组合，既防止方法单一、以偏概全，又防止方法烦琐、重复施测，发挥方法技术的整体功能。

3. 加强考评队伍建设

建好专家队伍和高素质的考评工作者队伍，是推动干部选拔中的评价、测评事业健康发展的关键。

要按照"讲政治、重公道、业务精、作风好"的要求，切实加强考评专家队伍和组工干部队伍建设。一是要政治坚定。要坚定马克思主义信仰，坚持党的领导，坚决做到"两个维护"，坚持习近平新时代中国特色社会主义思想。深刻认识中国共产党的领导是历史的选择、人民的选择,对党忠诚、鞠躬尽瘁,在思想上、政治上、行动上同党中央保持高度一致。二是要严肃工作纪律。探索建立干部评价测评风险防控机制,严肃考风考纪,加强监督检查,严格执行保密制度和回避制度。对违反组织人事纪律的当事人和责任人,要依据有关规定严肃追究责任。三是要精通业务。考评工作专业性、技术性强,考评工作者是提高干部选拔质量的关键所在,又是重要支撑。考评工作者既要熟知政治、经济、社会等相关政策法规,还要通晓心理学、管理学、文学等方面的知识,只有不断增强考评工作者的责任感和使命感,始终保持奋发有为的精神状态,深入钻研业务,提高知识面才能跟上时代要求,创造佳绩。

建好专家队伍,对于干部评价、测评工作至关重要。一是要精心组织选聘。以科研专家、心理学专家、命审题专家、面试考官、评阅卷专家为重点,以地方党政领导干部为主体,整合高等院校、科研院所和人才测评机构等方面的资源,逐步建立分级分类、数量充足、结构合理、素质优良的测评专家队伍,形成测评工作的思想库和智囊团,使测评工作更具科学性。二是要加强业务培训。定期举办测评业务培训班、面试考官培训班、命审题及评阅卷专家培训班,以促进专家熟悉有关政策、法规,了解现代人才测评最新进展,掌握命审题技术和评价方法,提高业务能力和专业化水平,逐步建立一支专业性强、敬业度高、科学化水平高的测评专家队伍。三是注重作用发挥。坚持统筹谋划、综合协调,探索建立整体联运、资源共享、方便灵活的专家选派机制,充分发挥专家在测评科研和服务中的作用。

在面试环节,通过增加评委数量,减少用人单位内定的影响因素。对人的判断认识,由于评价者对标准的理解不一,基本靠经验积累。这是不科学的。每个人的认识水平不一样,把握的重点也不一样,所以需要有规范性的操作来把握。作为最终的用人部门,选拔单位的主要领导应该参与面试的评价。同时,通过增加评委数量,减少用人单位内定的影响因素。

4. 建立第三方考评机构,作为有益的辅助和补充

内部竞争上岗作为组织(人事)部门考察、管理权限内的干部便于了解干部的表现情况和群众反映;而公选干部可能来自党政机关以外的企业、高等学校、科研院所等单位以及社会组织,或者超出公选岗位的党委(党组)及其组织(人事)部门的干部管理权限,很难对候选人进行全面了解,也难以进行相互比较,所以有必要借助专业考评机构,采取诸如背景调查等手段进行评价。引入第三方调查、评价,尽量减少人为因素。与猎头公司不同的是,调查结果应该作为党委(党组)对干部选拔差额考察的必要参考,体现党管干部的原则、差额选拔的组织程序。

5. 分级落实对干部选拔工作的监督与指导

各级考评机构负有工作指导责任,要按照分级负责的原则,切实履行各自的职责。一是要层层落实责任。中组部考试中心负责抓好全国考评工作的统筹规划和政策拟定,为各地开展考试测评提供业务指导和服务,组织开展干部选拔、考察、考核的方法及技术工具的研发。各省(份)党委组织部门的考评机构负责抓好本地区考评工作的具体实施和对下级部门的指导服务,为本地区开展干部选拔、考察、考核提供方法技术支持。二是要强化组织(人事)部门的把关。目前,不少省份的考评机构承担着直接组织或参与组织本地区干部选拔的职能,要按照《干部选拔任用条例》的要求,在干部选拔范围、规模确定、资格条件设置、方法程序设计、工作组织实施等环节认真审核、严格把关。

6. 建立干部选拔的信息化平台

提升信息化水平,提高信息化建设,以信息化考试测评工具研发为重点,积极建立领导干部考试测评管理平台,尽快实现方法技术工具系统管理和信息化运用。

各单位独立进行干部选拔难以保证组织工作在不同部门和区域间的稳定性和延续性,引入信息化平台,由党委(党组)及其组织(人事)部门统一发布选拔信息,要求各区(县)推荐合适人选,根据推荐的人选统一平衡,个别谈话。这种方式要着力解决干部资源的开发利用问题:避免单位推荐的时候有所保留,把优秀的干部留下使用,而不愿意推荐出去,从而阻碍了人才的发展,造成人才资源的浪费。

干部选拔工作借助信息技术平台的作用是显而易见的:一是信息公开,二是促进干部交流,三是提供表达个人意愿的平台。通过这样的平台,可以提供干部交流渠道或者手段。

7. 加强对干部进行"德"方面的考核

相比干部的"能","德"具有抽象性、隐秘性等特征。如何考察、衡量干部之"德",历来是难题。把考"德"工作具体化、显性化,变"摸不着"为"看得见",用一把"官德尺"解决考"德"标准空泛化、方法简单化、结论公式化等问题。因此,对一个干部的"德"的考核,首先,要求"德"的评价者应是"品德高尚"的人;其次,在评价的手段上应尽量避免一些定量的考核,增加定性的考察,在全方位了解干部个人、家庭、社会、单位等基础上作出判断。

一是考察政治品德。政治道德的核心是忠于党、忠于祖国、忠于人民。具体考评标准包括有坚定的政治信念、有党性原则、有全局观念。概括起来,就是增强"四个意识",坚定"四个自信",做到"两个维护"。当社会出现某种思潮、某种倾向或重大事件时,了解掌握干部的态度、想法、做法,可从中评判其政治品质。

二是考察职业道德。工作道德的核心是讲实话、办实事、求实效。具体考评标准包括真抓实干,务实敬业,勤政高效。通过核查工作业绩,了解目标完成情况,可从中分析其做事风格。考察职业道德,职业道德的核心是依法履职。具体考评标准包括公道正派、按章办事、克己奉公。通过与单位同事座谈,走访服务对象,可从中知晓其职业操守。

三是考察社会公德、家庭美德、个人品德。对诚信守诺的考察,可到同事、服务对象或相关机构等处了解情况;对生活作风的考察,可到家庭、社区或派出所等处调查核实;对家庭生活、爱好兴趣、生活圈等的考察,可走访家庭或亲朋好友、同事及社区群众。个人美德的核心是以身作则、洁身自好。具体考评标准包括诚信守诺,生活作风正派,生活圈正常。与此同时,还可通过向纪检监察部门征求意见的形式,了解干部的党风廉政情况。通过日常考核、专项调查的形式,了解掌握干部"8小时"以外的表现情况。

四、干部选拔的监督

加强干部选拔任用的监督,是保证选贤任能、纯洁用人风气的重要举措。监督主体是关键,需要明确责任,并形成多方监督主体的监督合力。各级党委(党组)在干部选拔过程中是把关人,应该就选拔程序、用人考察、人选廉政等严格把关,真正选出党和人民满意的好干部。制度是监督的核心,要充分发挥干部选拔监督制度效能,使制度不断完善,并加以落实。同时,不能忽视发挥惩处的重要作用,对违纪违法行为应依纪依法惩处、从快惩处,做到以惩促教、以惩促管、以惩促防。

(一)监督主体要充分履行职责

在干部选拔的监督过程中,关键在人、关键靠人。因此,干部选拔监督的关键应该是明确谁来监督、怎么来监督,即要明确监督主体有哪些、相应的职责权限以及监督的主客体之间的关系等。

1. 严明监督主体的责任

我国党政机关的责任体系具有一定的层次性和交互性。层次性可以从两个方面来理解:一是各部门之间功能责任的层次性,即党政机关内部各部门之间在促进社会发展、完善自身治理过程中发挥的功能,是一个相互支撑、相互联系,却又层次分明的功能系统。二是各部门之间结构责任的层次性,即党政机关体系本身就是一个相互制约、层次分明的科层系统,上下级之间、横向之间、斜向之间的错综责任分工构成了党政机关结构责任的层次性。党政机关责任的交互性与层次性是高度相关的,是指不同层次的部门之间虽然责任内容不尽相同,但是它们的终极价值目的是相同的。这种对党政机关责任侧重点和核心价值的不同诠释形成了责任的交互性。依据党政机关责任体系的层次性和交互性,不难看出,责任不是单向的,而是多维的。而与多维的责任体系相对应的则是监督主体的多元化以及各主体之间责任的明晰化,否则就会出现责任推诿、扯皮、错位等,使得原本有序的责任体系出现混乱。具体到干部选拔过程中,其监督主体无疑也是多元的。关于监督主体,《干部选拔任用条例》规定:党委(党组)及其组织(人事)部门对干部选拔任用和贯彻执行本条例的情况进行监督检查,受理有关干部选拔任用工作的举报、申诉,制止、纠正违反本条例的行为,并对有关责任人提出处理意见或者处理建议;纪检监察机关、巡视机构按照有关规定,对干部选拔任用工作进行监督检查。此外,在实际工作中,还有上级监督、组织监督、群众监督等。现在的关键问题是,应该在多元主体的基础之上严明监督主体的责任:首先,各级党委要对同级组织(人事)部门、下级党委(党组)干部选拔任用工作进行监督检查。这其中,组织(人事)部门是党委(党组)对干部选拔任用工作进行监督检查的主要职能部门,组织(人事)部门干部监督机构具体负责干部选拔任用工作监督检查的组织实施。其次,纪检监察机关、巡视机构按照有关规定对干部选拔任用工作进行监督检查,有利于发挥纪检监察机关和巡视机构对干部选拔的监督作用。再次,组织监督与群众监督。组织监督是一种全面性监督,而群众监督主要是坚持和发扬干部工作中的民主,落实群众对干部选拔任用的知情权、参与权、选择权和监督权。

2. 增强监督主体的责任意识

明晰责任以后,还需自觉履行责任,这里就涉及监督主体的责任意识问题。众所周知,现代民主政治是人民基于选举基础之上的权力让渡,由少数精英代表人民来治国理政,即我们通常所说的代议制。权力与责任是相对的,既然政府手中的权力来源于人民,那么政府也要对人民负责。

从这个角度来看,现代民主政治其实也是一种责任政治,如果没有责任意识,根本就不会有民主政治。在干部选拔监督的过程中,同样离不开责任意识,因为能否把好干部选拔这一关将直接影响到国家的治理能力和水平,而国家的良治状态才是人民让渡权力的根本目的所在。所以,增强干部选拔的监督主体的责任意识十分重要。为此,可以从以下几个方面着手:一是确保监督的主动性和紧迫性。主动性和紧迫性既来自外在催化与动员,也来自个人自身的思考与觉悟。所以,既要经常性地利用督促检查、谈话提醒等手段从外部催化监督主体的监督紧迫性,也要多开展相关的学习教育活动,让监督主体在学习中更多地进行思考,进而增强监督责任主体监督的主动性。二是努力养成监督的自律性。所谓自律即自我约束,是对监督主体道德境界的一种要求。自律要求自觉按照自身的职责要求进行监督,自觉做到在监管过程中抛开人情、眼前利益、面子、局部利益等,努力使自己非人格化,防止人格化的因素动摇监督的立场与主动性。三是最终形成监督的制度保证。一位哲人说过:"人一半是天使,一半是魔鬼。"天使的一半靠自律性完全可以,而魔鬼的一半靠内在的约束显然难以奏效,唯有制度才是约束魔鬼的笼子。所以,自律是关键,制度则是保证;而监督主体责任意识的形成与保持最终都需要制度来作为坚强的后盾。

3. 形成干部选拔监督的合力

在政府公共管理的过程中并不缺乏责任主体,且责任主体呈多元化分布。同样,责任主体的职责也是明确的,而非模糊不清的。但现实的情况是,各主体之间经常各自为政、各管一块,没有形成整体合力,导致各部门之间时常出现类似"多个部门管不好一头猪"的现象。在干部选拔的监督过程中,也要防止各监督主体整体观念薄弱、缺乏大局意识的行为,具体表现在:一是信息共享不及时。各监督主体之间虽然存在着信息沟通的渠道,但信息的共享与沟通依旧不畅通,普遍存在信息掌握的不对称问题。二是多样性的监督途径未得到充分拓展,特别是群众监督、舆论监督等社会监督渠道开展得不够深入,导致组织(人事)部门掌握干部信息情况滞后或不够全面。三是各监督主体之间缺乏联动机制,往往都是单打独斗或临阵组合。例如,组织(人事)部门和纪检监察部门该如何有效地开展经常性、稳定性的分工协作,做到互通有无、紧密衔接。四是对干部的日常管理监督不够,使得选人用人监督缺乏相应的基础保障。针对这些存在的问题,从监督主体方面来看,健全干部选拔监督机制首先需要组织(人事)部门和纪检监察机关的共同努力,在联动机制上进行顶层设计。为此,《干部选拔任用条例》第63条规定:"实行地方党委组织部门和纪检监察、巡视巡查、机构编制、审计、信访等有关机构联席会议制度,就加强对干部选拔任用工作的监督,沟通信息、交流情况、研究问题,提出意见和建议。联席会议由组织部门召集。"组织部门与纪检监察机关、审计、信访等部门定期召开联席会议,联席会议的工作方式主要有定期或不定期会议、定期书面通报、重要情况随时沟通等,这有利于在制度上保证监督合力的形成。从监督客体方面来看,选人用人监督与干部的日常管理监督是密不可分的,通过经常性提醒教育制度、领导干部个人有关事项报告抽查核实制度、建立干部监督信息管理系统等,督促干部懂规矩、守规矩,从而为选人用人监督打下坚实的基础。除此之外,监督机制也应该是一种社会性机制。要确保人民群众在干部选拔过程中的知情权与参与权,进一步健全民主调查和民主测评制度,广泛听取人民群众的意见。同时,还要重视舆论监督的作用,新闻媒体的舆论传播作用能够迅速、便捷、广泛地对干部选拔任用进行非强制性监督。组织人事和纪检监察部门也要及时将相关信息推送到新闻媒体平台,方便各方监督。通过这些,我们将最终建立起反应灵敏、渠道畅通、互为补充、高效协调的监督网络,共同对干部的选拔任用工作实施全过程的监督,形成干部选拔监督工作的合力,促进选人用人公信度的提高。[①]

---

① 刘建生:《关于健全领导干部选拔任用监督机制的思考》,《探索》2010年第4期。

(二) 严把干部选拔的主要关口

习近平总书记在 2013 年 6 月全国组织工作会议上强调:要发挥党组织在干部选拔任用工作中的领导和把关作用。各级党委(党组)在选人用人方面始终扮演着"伯乐"或"裁判员"的角色,承担选人用人上的主体责任,特别是第一责任人的责任。因此,各级党委(党组)在甄选干部的过程中要对其廉洁自律、德能勤俭、业务素质等进行严格的考量,确保选人用人工作符合既定的程序步骤,切实发挥好各级党委(党组)领导和把关作用。

1. 把好程序步骤关

"无规矩不成方圆"。程序对于干部选拔至关重要。干部竞争性选拔破除了"论资排辈""平衡照顾"等选人用人观念,在一定程度上改变了过去"由少数人选人""在少数人中选人"的传统模式,转变为不拘一格地"广纳贤才"。①无论是"田忌赛马",还是"广纳贤才",都需要标准和程序,否则就会出现"乱吹哨""黑哨"等现象,选出来的干部可能还不如原本依靠"伯乐相马"程序得来的优秀与可靠。为此,《干部选拔任用条例》中将竞争性选拔方式作为干部选拔中产生人选的一种方式。需要我们格外注意的程序是全程纪实制度和问责制度。全程纪实制度要求对干部选拔过程中的推荐、考察、讨论决定等环节的重要情况,都要真实记录在案,这样便于对选拔过程中出现的问题进行责任追究;问责制主要针对党组织的主要负责同志,督促他们在干部选拔过程中积极认真,不徇私舞弊、不擅自作主、不随意变通,真正把好选人用人关。

2. 把好考察考核关

必须要把好考察关,不能以考试取代考察。为严格把好考察考核关,在考核方面,一要科学合理设定考核、考察内容,在职位分析的基础上,紧紧围绕拟选拔职位的特点和要求,重点检测考察对象的能力和素质,评价

---

① 孙泽兵:《党政领导干部竞争性选拔考试制度创新研究》,华中师范大学博士学位论文 2011 年。

其工作实绩和一贯表现。二要改进与完善测评的方式方法,根据岗位职责的不同,灵活运用无领导小组面试、情景模拟等现代人才测评技术等方法技术,测评干部的真实水平,防止出现"会考不会干""会说不会干"等情况。

在考察方面,一要加强对干部德的考察。习近平总书记在全国组织部长会议上指出:"干部德的标准应当包括干部的政治品德标准、职业道德标准、家庭美德标准和社会公德标准,把理想信念是否坚定,是否坚持执政为民,是否求真务实,是否坚持民主集中制,是否清正廉洁等列为评价要点。"这为我们加强对干部德的考察指明了方向。二要开展对干部的多渠道考察。将德的考察与民主测评、专项调查、延伸考察等方式有机结合起来,既要考察干部的"8小时"工作圈,也要了解其工作时间之外的生活作风圈,广泛听取各方意见,最终做到对考察对象的深入考察。①三要合理平衡考核与考察之间的关系,科学设置两者在选拔干部过程中的权重,根据实际情况进行差额考察,防止考察出现形式化、走过场等。

3. 把好人选廉政关

新时期,习近平总书记为好干部提出了5条标准:"信念坚定、为民服务、勤政务实、敢于担当、清正廉洁。"其中,"清正廉洁"4个字赫然醒目。干部的"德"很大一部分体现在"政德"上,而干部的"政德"又在一定程度上表现在干部的廉政情况上。因此,在选人用人上能否准确掌握干部的廉政情况,成为坚持"德才兼备,以德为先"用人标准的一项重要内容。②《干部选拔任用条例》规定"裸官"不得列为考察对象,且在"裸官"的界定上,从配偶子女均已移居国境外的干部,扩大到只要是配偶移居国境外或者没有配偶但子女均已移居国境外的,都视为"裸官"。中组部《关于加强干部选拔任用工作监督的意见》(2014年1月21日)(简称《监督意见》)对于严格把好选人用人廉政关,坚决防止"带病提拔""带病上岗"更是做出

---

① 毛军权、李明:《完善上海市竞争性选拔干部方式研究》,《上海行政学院学报》2014年第5期。
② 郭旭升:《干部要提拔　先过廉政关》,《北京支部生活》2011年第4期。

了详细的说明。内容有以下4个方面：(1)要严格考察人选对象的党风廉政情况，认真听取纪检机关意见，对有问题反映应当核查但尚未核查或正在核查的，不得提交党委(党组)讨论决定，对有反映但不构成违纪的要从严掌握。(2)对人选对象，要认真查阅个人有关事项报告情况，必要时进行核实，对不如实填报或隐瞒不报的，不得提拔任用。(3)要严格干部档案审核，对人选干部身份、年龄、工龄、党龄、学历、经历等档案信息要仔细核查，不得放过任何疑点。(4)对干部任职公示期间收到的有关问题反映，要按规定认真调查核实，没有查清之前，不得办理任职手续。①

(三) 充分发挥干部选拔监督制度效能

关于制度，我们可以从西方政治学的发展历程中得到一定的启示：首先，古希腊时期的推崇哲学王作为统治者，哲学王是熟悉辩证法，具有崇高智慧和正义的完美的人。实践证明，这只是柏拉图等思想家的理想化构思，不受约束的君主难免会出现暴政。其次，到了中世纪，人们又想到了宗教，依靠宗教教义等伦理性、具有一定外在性的规则来约束统治者。然而，仅仅依靠伦理规则还是难以有效避免专制与独裁。再次，到了近代，经过人类历史如此漫长的摸爬滚打，人们终于发现法治与制度的效力，并凭借制度、法治而步入现代民主政治的旅程。其实，政治学的发展历程与我们的管理工作实绩并不遥远。对于干部选拔的监督来说，我们同样既不能完全依靠干部自身内在性的道德品质，也不能完全依靠伦理，最为根本的还是要建立制度，并且要根据实践的发展不断落实制度、完善制度，这样才能更好地实现对干部选拔的监督。

1. 现有干部选拔监督制度规定

2010年3月，中共中央办公厅印发《党政领导干部选拔任用工作责任追究办法(试行)》，与之配套衔接，中央组织部印发了《党政领导干部选拔任用工作有关事项报告办法(试行)》《地方党委常委会向全委会报告干部

---

① 中共中央组织部干部一局：《党政领导干部选拔任用工作条例学习辅导》，党建读物出版社2014年版，第274页。

选拔任用工作并接受民主评议办法(试行)》《市县党委书记履行干部选拔任用工作职责离任检查办法(试行)》。2014年1月,中组部、中央编办、国家公务员局联合印发了《关于严禁超职数配备干部的通知》。2015年中组部印发《关于加强干部选拔任用纪实工作的若干意见》。2016年7月,中共中央发布《中国共产党问责条例》;同年10月,党的十八届六中会议印发《中国共产党监督条例》《关于新形势下党内政治生活的若干准则》。这些干部选拔的规范、监督制度分别从干部选拔的目的、标准、纪实、问责、禁止事项、职数配备、责任追究、事项报告、民主评议、离任检查等方面对领导干部选拔监督做出了详细规定,是健全干部选拔任用监督机制,进一步匡正选人用人风气、提高选人用人公信度的重要措施。此外,《干部选拔任用条例》中关于干部选拔监督制度有以下规定:一是干部选拔任用工作的责任追究制度。(1)责任人为党委(党组)主要领导成员、有关领导成员、组织(人事)部门和纪检监察机关有关领导成员以及其他直接责任人的责任,其中突出了党委(党组)主要领导成员的责任。(2)明确责任是追究责任的基础和前提,追究责任是履行责任的必要保证。干部选拔任用工作责任,既包括选拔任用干部的责任,也包括对选人用人不正之风整治查处的责任。①(3)建立了干部选拔任用纪实制度,为开展倒查、追究问责提供依据。二是监督检查制度。党委(党组)及其组织(人事)部门对干部选拔任用工作进行监督检查,受理有关干部选拔任用工作的举报、申诉。同时,纪检监察机关、巡视机构按照有关规定,对干部选拔任用工作进行监督检查。监督检查应该把握三个重点:(1)实现检查"全覆盖",既注意发现深层问题,督促被检查单位就问题进行整改,又注重探索健全制度机制。(2)突出检查重点。结合地区、部门的实际情况,对那些举报反映多的、"一报告两评议"满意度低的,有针对性地

---

① 中共中央组织部干部一局:《〈党政领导干部选拔任用工作条例〉(2019)问答》,党建读物出版社2020年版,第90页。

开展重点检查。(3)要针对干部群众反映的突出问题,及时开展专项督查。①三是联席会议制度。联席会议制度旨在将组织(人事)、纪检监察、人力资源社会保障、审计等部门的监督力量进行整合,有利于全面、及时掌握干部的情况,发挥"1+1＞2"的效用。

2. 抓好干部选拔监督制度的完善

从现有的干部选拔监督制度来看,对干部选拔的监督的规定已经十分具体。但是,现有的干部选拔监督制度往往呈横切面,静态地摆在组织(人事)部门和群众的面前,而干部的选拔任用是一个纵贯的动态过程。为此,《干部选拔任用条例》已经注意到相关问题,提出加强干部选拔任用全程监督。这是一项新的要求。所谓全程监督,就是要把监督的措施嵌入选人用人各环节,做到同步监督、环环把关,注意把好资格关,防止变相违规用人;把好廉政关,防止"带病提拔""带病上岗";把好程序关,防止搞变通、做选择。在已有的干部选拔监督制度的基础之上,针对干部选拔的监督,还可以从以下几个方面进行完善:一是严守资格条件关。合理设置资格条件和资格,防止因人设岗或随意降低资格条件,违规用人。二是严守程序关。《干部选拔任用条例》规定的选拔程序每一步都十分重要,不应随意省略。三是严守考察考核关。干部考核内容应该突出岗位特点,突出实绩,采用现代人才测评技术,优化现有方法。同时,也要严格把好考察关,不能以测评测试取代考察,防止简单以分数取人。

加强对选拔任用工作的全过程监督。严格按照干部选任"四项监督制度""四项措施""四个不得""五个一律"的要求,履行选拔任用的责任追究相关制度,明确责任追究的处罚标准和办法,真正做到责任到人。通过干部选拔任用监督制度来进一步规范权力运行,把权力运行纳入制度化、规范化、程序化、科学化的轨道,坚决杜绝跑官要官、拉票贿选、跑风漏气、说情打招呼等不正之风,树立选拔任用清廉之风。

---

① 中共中央组织部干部一局:《〈党政领导干部选拔任用工作条例〉(2019)问答》,党建读物出版社2020年版,第92—93页。

3. 抓好干部选拔监督制度的落实

在对干部选拔监督制度完善的基础上,需要进一步去落实这些制度。为此,可以尝试开启动态的全程监督模式,重点抓好以下几步:第一步,加强岗位设置、资格条件的监督。干部选拔应当具备《干部选拔任用条例》规定的6项基本条件和7项基本资格。其中,6项基本条件显然是不能突破的。但如果确实因工作的特殊情况,需要对经历、任职年限、工龄等基本任职资格进行适当变更的,必须事先报上级组织(人事)部门审核同意。第二步,加强对测试、测评方向性的监督。干部选拔的主要目的是要"广纳贤才"。测试的内容应该具有科学性、针对性,重点检测干部的政治素质、能力水平,测出干部的真水平、真本事。第三步,加强考察环节的监督。一方面要优化考察方式,把测试、测评内容与干部平时的一贯表现结合起来,根据实际情况尽量采用差额考察,防止唯分数取人;另一方面要把跑官、拉票的干部和"裸官"排除出考察对象,查阅或核实考察对象的个人有关事项报告情况,主要看确定考察对象是否综合考虑了工作需要、干部德才条件、平时表现和人岗相适等情况,看是否存在群众公认度不高,看是否广泛听取了干部群众意见、巡视机构和纪检监察机关意见。第四步,加强讨论环节的监督。讨论决定是干部选拔过程的关键程序之一,在整个干部选拔过程中具有决定性作用。在讨论环节,关键要看是否进行了充分酝酿,是否坚持了党委(党组)集体讨论决定,是否有2/3以上成员到会,是否对拟任人选进行逐个介绍和充分讨论,是否超过半数同意后才形成决定。此外,还要看是否存在会上临时动议任免干部的情况,看是否存在应报告未履行报告程序就上会讨论决定的情况,看是否存在以领导圈阅等形式代替党委(党组)讨论决定的情况,等等。《干部选拔任用条例》特别强调,在讨论决定前,该报告的事项要事先报告。第五步,加强任职环节的监督。主要看是否落实了任职前公示制度,是否认真调查核实反映的问题。《干部选拔任用条例》对干部任职前公示的内容、时间等进行了规范:一是要求公示内容真实准确,便于监督;二是要求公示期不少于5个工作日;三是对任职前公示中反映干部的有关问题要认真调查核实。《监督意见》也明确指出:"对干部任职公示期间收到的有关问题反映,要按规定认真调查核实,没有查清之前,不得办理任职手续。"此外,要充分利用大众传媒渠道将任职信息向更大范围公示,开辟多途径的检举揭发通道,最大程度汇集民众的意见。

(四)着力发挥惩处的重要作用

正确评估干部选拔任用中的风险,加强干部选拔的监督与责任追究。建立问责的环境,树立起责任意识。建立干部选拔的实名制,责任的追究可以视问题严重程度进行处理。带病提拔的,个人提名个人负责;单位提名的,单位党组织负责人要负一定责任;对于故意隐瞒、造成错误影响、提名失察造成损失的,推荐人要追责,负责考察的组织(人事)部门相关人员也要承担相应的责任。

在铁的纪律体系之中,惩处无疑是整治用人上不正之风最直接、最有威慑力的武器。习近平总书记在全国组织工作会议、中央纪委全会等会议上反复强调,要严明组织人事纪律,在选拔任用的过程中,对违反组织人事纪律的坚决不放过,严肃查处相关责任人,使用人风气纯洁起来。此外,从干部选拔任用监督的实践来看,历经无数次教训证明,严是爱,宽是害。在干部选拔监督过程中仅仅重视思想教育与事前预防显然是不够的,"苍蝇""老虎"一起打所带来的风清气正已经向我们展示了惩处的必要性。为此,在干部选拔的过程中,我们要创新工作思路,更加重视发挥惩处的震慑作用,坚持依法依纪惩处、坚持从快惩处,使干部心生敬畏、有所畏惧,做到以惩促教、以惩促管、以惩促防。

1. 坚持以惩促教、以惩促管、以惩促防

没有从严惩处,教育就没有说服力,制度就没有约束力,监督就没有威慑力。必须发挥惩处在干部选拔监督中的重要作用,通过惩处起到教育警醒的效果。在执行纪律、实施惩处的过程中,需要注意两个要点:一方面,惩处本身不是目的,而是达到教育、管理和预防的手段。假若为了惩处而惩处,甚至为有关部门设定所谓的"惩处指标",那样就会本末倒置,忽视惩处原本的目的与意义。从公共选择学派关于人性假说的角度来看,人是自私自利的,在官员开始手握权力、运用权力进行寻租、直到受到党纪国法惩处的整个过程中,惩处显然处于链条的末端,它确实能够起到一定的震慑作用。但是,如若仅仅盯住惩处,不将其与链条的前端有机结合在一起的话,人性在权力诱惑面前很容易出现屈服,惩处就真正只是目的了。到这时,我们就会有拍不完的"苍蝇"、打不完的"老虎"。另一方面,在平时对干部违纪和失范的处理过程中,我们还面临着执行力的问题。多数的组织处置以"关怀"式的提醒为主,犹如隔靴搔痒,对有些干部的触动不大,警示效果不明显。关于惩处的执行力,还面临着具体的操作问题,即制度笼统模糊、弹性较大,原则性要求多、硬性规定少。《干部选拔任用条例》规定了选拔任用党政领导干部必须严格遵守的十项纪律,较为全面地反映了干部选拔任用过程中的问题。我们在干部选拔监督中实施惩处时可以从以下几个方面着手:一是抓好思想教育工作。思想教育是凝神聚魂的工作,是建党、强党、兴党的生命线。在思想教育的过程中,将惩处教育贯彻到干部教育的过程之中,必将于无形之中塑造党员干部的价值观,起到早打"预防针",增强干部的免疫力、抵抗力。二是要敢管敢言、真管真严、长管长严,决不能失之于软、失之于宽。古人讲,"不矜细行,终累大德"。就是说,平时不管细节的问题,终究会连累到大的德行。这对于干部选拔监督来说是同样的道理,如果不对平时的违纪行为进行查处,得过且过,终究会使一些干部养成较大的恶习,并且会造成严重的后果。三是要尽量使得模糊性与弹性较大的原则变得更为具体、更具有操作性,这样便于惩处的实施。在这方面,相关的细则正在不断完善之中。除《干部选拔任用条例》以外,2015 年,中组部印发《关于加强干部选拔任用纪实工作的若干意见》;2014 年 1 月,中组部、中央编办、国家公务员局联合印发了《关于严禁超职数配备干部的通知》;2019 年 5 月,中共中央办公厅印发《干部选拔任用工作监督检查和责任追究办法》,与之配套,

《党政领导干部选拔任用工作有关事项报告办法(试行)》《地方党委常委会向全委会报告干部选拔任用工作并接受民主评议办法(试行)》《市县党委书记履行干部选拔任用工作职责离任检查办法(试行)》等文件为干部选拔工作的监督检查和责任追究提供制度依据。

2. 坚持依法依纪惩处

目前,《干部选拔任用条例》第五十九条规定的十条纪律以及2010年中共中央办公厅印发的《党政领导干部选拔任用工作责任追究办法(试行)》成为干部选拔监督中对失范、违纪的处理较为直接的纪律依据。加强干部选拔监督,就必须按照这些要求,真正严肃起来、认真起来,严字当头、认真到底,敢于向违规违纪说不、敢于动"真刀真枪",通过严肃查处问责,让禁令生威、让铁规发力,切实解决压案不查、查而不报、查实不处的问题,使组织人事纪律真正成为带电的"高压线"。坚持依法依纪惩处,还应该做到以下几点:一是坚持实报必查。对在干部选拔中严重违规违纪的,要严格依纪依法处理,并及时通报,确保查处一起、通报一起、教育一片。不能视而不见,充当"老好人",结果"积小患成大患"。此外,针对重点案件,特别是跑官要官、买官卖官、说情打招呼等突出问题,应确保彻查到底,坚持防止大事化小,小事化了。二是坚持查实必究。在查实的基础之上,要依纪依法查处当事人,另外还需根据倒查机制追究相关责任人,一查到底,决不姑息迁就,决不手下留情,杀一儆百,形成强大的威慑和震慑作用。三是坚持究必到位。在依法依纪查处的过程中必须严格按照程序,不得法外开恩。另外,还需要建立实行违纪违规案件"补缺机制",深入剖析典型案例,从制度、管理等方面深入查找原因,不断完善现有制度机制,以堵塞漏洞,做到查处一个案件、规范一项工作。

3. 坚持从快惩处

对于在干部选拔中违法违纪的,要在第一时间高质量、高标准进行调查处理,限定办结期限、及时公开反馈结果,做到件件有结果,事事有回音。具体来说,要做到以下几个方面:一要畅通受理渠道,及时发现问题。

通过电话举报、来信举报、网站举报等途径，为人民群众提供及时便捷的投诉渠道。此外，中组织将切实提高"12380"举报受理工作质量，推出手机短信受理举报功能。未来，还可以充分利用微信、微博等新媒体平台的优势，进一步扩宽举报受理的渠道。二要归口汇总信息，实现信息及时共享。将组织（人事）部门、纪检监察部门及各内设机构在干部选拔中收集到的相关信息，统一交由干部监督机构归口汇总、认真分析、集中运用，并尝试搭建信息共享平台，实现干部选拔监督的信息在干部监督主体部门之间的共享。此外，需要按照"大数据"理念，采用"云计算"方式，最大限度地收集、存储、梳理相关信息，推动干部选拔监督的信息管理由简单化、粗放化向集约化、精细化转变。①三要及时纠正、及时处置，强化组织处理。注重发挥组织处理的预防作用，对在日常干部考察、年度考核等工作中发现有苗头性的干部，要及时诫勉；对情节较重、整改不力的，要给予岗位调整、免职、降职等组织处理。在干部选拔监督过程中已经出现严重问题的，要坚决及时查处，以维护党纪法规的严肃性。

---

① 中共中央组织部研究室（政策法规局）：《组织工作研究文选》，《党建读物出版社》2014年版，第357页。

第七章　干部选拔任用工作调查的结论与应用趋势

一、正确认识科学评价干部竞争性选拔方式的现实作用

从 2004 年开始，干部竞争性选拔方式在全国得到普遍推广，短短数年间成为干部选拔的一种主要方式，得到了社会各方面的好评。它扩充了干部选拔的方式和途径，同时在发展中，也逐渐暴露出一些问题。随着习近平总书记"6·28"讲话的发表和两次修订的《干部选拔任用条例》的颁布，全国各地干部公开选拔工作基本全面停止，仅有部分单位在进行内部竞争上岗。这一状况相对于 2013 年之前全面开展的干部竞争性选拔方式，有着巨大的落差。

在课题调查研究中，各地开展干部竞争性选拔方式的水平、规模具有差异性，对其认识与评价也存在差异。调研发现：一方面，干部竞争性选拔方式得到了大多数干部群众的欢迎和支持，有着较高的评价，期望进一步开展这项工作，同时又为实践中的诸多问题所困扰；另一方面，各类主体基于不同的站位和视角，对不同的选拔方式见仁见智，从而使质量评判带有强烈的主观色彩。区域差异、层级差异等的存在，表明干部制度的具体执行中既需要考虑差异性，还需要从导向上加以引导和规范。

干部选拔应扩大人才来源的渠道,形成不拘一格、人才脱颖而出的局面。干部竞争性选拔方式经过调整改进、合理使用,仍然是干部选拔工作中产生人选的一种方式。

在特定的历史条件下有它存在的必要性,总体来看,受访者还是支持干部竞争性选拔方式能够进一步开展,同时也要求我们在职位和对象方面做进一步的规范和优化。

干部选拔具有非常强的现实性和操作性。必须严肃制度的规定,比如关于政治素质、工作实绩、工作胜任能力和群众公认等方面有统一要求,同时也应该根据不同部门层级的差异性、不同岗位类别的要求做出相应的区分,对不同岗位、不同层级、不同类别的单位,在干部选拔中准许制订有更高职位匹配度的选拔方法和具体形式。

二、在实践中完善干部选拔方式

要在改进完善中继续推进干部选拔方式改革探索。纵观干部选拔方式的决策历程,"改进、完善"是一直坚持和贯彻的明确思路。党的十八大以来,中央关于干部选拔方式的基本思路是,通过优化完善干部选拔方式,引导干部在实干、实绩上竞争,树立竞争择优、选贤任能的用人导向。

(一)优化干部选拔制度

1. 要建立可持续的干部培养选拔规划

目前较普遍缺乏干部选拔培养的中长期规划,致使在干部培养、选拔、使用上造成诸多现实问题,影响了干部人才的正常成长,并客观上造成干部工作的阶段性、应急性。

干部培养选拔规划应作为一项基础的干部工作制度加以推行,制订合理的干部培养、选拔规划,无论领导的任期或领导干部如何替换,各地区干部工作的发展、人才的培养应该保持一贯性,这样才能保证党的各项事业发展的持续性和连续性,保证党的各项政策的落实;解决当前干部工作所普遍面对的年龄断层、专业干部缺乏等问题,保证干部选拔工作的公平性、科学性。

在干部工作中应把组织培养和个人意愿相结合;从单纯的职务晋升向多通道的职级晋升过渡,形成具有针对性、有效性、科学、客观的干部培养、选拔、激励机制。

2. 干部选拔方式需要相互融合、相互借鉴

干部竞争性选拔方式和常规选拔方式在干部选拔的本质上是一致的,在干部选拔的标准、原则、条件上,两者是共同的,区别仅是在于干部选拔的形式不同,干部选拔需要不断创新方法手段,才能不断适应改革事业发展的需要。

在常规性选拔中可以借鉴竞争性选拔方式产生人选,科学评价候选对象。干部竞争性选拔必须遵循常规选拔的程序、方法和手段,也需要分析研判和动议、民主推荐和考察环节;在选拔对象的条件设置上,可以采用常规选拔的方法进行考察,通过推荐和报名相结合,实绩考核和笔试、面试相结合,把绩优选拔和能力选拔相结合。

竞争性选拔方式有利有弊,不能把它作为干部选拔的唯一方法,不应强调某一种方式,或者依仗某一种形式。干部选拔方式的选择是根据工作的需要、职位的要求、干部资源的状况和工作本身的特点来选择合适的工作方式;如果工作明确、职位定义明晰,而后备干部不足或者干部资源丰富、符合条件的干部较多则可以采用竞争性选拔方式。竞争性选拔方式的目的应该是扩大选拔的对象,注重吸收社会优秀分子加入党的干部队伍中来,平衡使用不同来源、不同层级、不同经历背景的领导,做到合理搭配。

干部竞争性选拔方式只适用于副职岗位。事实上,干部竞争性选拔方式的对象应该重职能而不是重职级;干部竞争性选拔方式不适合非领导职务的选拔,也不适用党政机关的职务选拔。

3. 干部选拔路径从横向选拔到纵向提任

采用纵向提任制度，建立从中央到地方全通道的晋升空间，给基层公务员、企事业单位优秀人才提供了一个职业发展的通道，有利于优秀的领导人才的脱颖而出，拓展干部选拔的渠道。破除干部选拔的单位层级限制，可以有效地调动各级干部的积极性，同时为各级党政机关开发了具有丰富基层经历的优秀干部资源。

进一步推进干部公开遴选和公开选调制度。干部选调和遴选制度是另一种形式的干部选拔方式，公开选调和遴选更侧重于干部的培养，丰富干部的来源和经历。公务员选调和遴选制度有助于建立从基层到中央委办局的干部垂直晋升通道。通过逐级选拔制解决干部的基层经历问题，也就是说中央部委可以向省市级选调、遴选干部，省市级可以向地市级选调、遴选干部，地市级向县区级选调、遴选干部，县区级可以向乡镇级选调、遴选干部。建立起从中央到地方全通道的晋升空间，有利于优秀领导人才脱颖而出，拓展干部选拔的渠道。

通过纵向遴选的干部是从基层一级一级上来的，本身就具有丰富的基层经历；这项制度可以有效地解决干部年龄层次层层递减的问题，盘活了全国性干部资源调配，调动各年龄段干部的积极性。为保证各级党政机关的干部年龄结构的合理性，仍应保留适当比例的公务员招录的渠道。

在重视干部选拔晋升制度的同时，应该建立职务、职级双通道晋升的常态化体制，职级与待遇挂钩，完善干部评价与激励的制度。

4. 不拘一格培养开发干部人才

正确把握和处理好干部年轻化，与合理使用各年龄段干部的关系。推进干部年轻化，是确保中国特色社会主义事业后继有人的重要方针，也是激发干部队伍活力的重要途径；合理使用各年龄段的干部，是改善各干部队伍结构的重要基础，两者相互补充、相互促进。

破除干部培养期的观念，解决年龄层层递减的问题，人要做到"人尽其用，量能适岗，用当其时"，根据岗位的需要和干部的能力、身体条件来决定能否胜任岗位,而不能一味地划定年龄界限,把培养和使用并重起来。

(二) 规范干部选拔的程序

建设由党委(党组)及其组织(人事)部门牵头的、开放的干部选拔系统,在党委(党组)统一领导下,由组织(人事)部门牵头,其他相关部门全程或部分参与的组织实施,也就是借助各部门的力量实施干部选拔,保证它的良性运作、科学运作,提高选拔的效果,降低各类成本,同时也有利于接受各方面的监督。

1. 营造公平的竞争环境

要营造公平的竞争环境,确保信息的对称,防止因信息不对称导致不公平,要确保机会均等,扩大干部选拔的来源范围,杜绝因人设线、量身定制。

2. 优化选拔的流程

根据实践的探索,在分析研判环节深化对干部日常的了解,坚持知事识人,把功夫下在平时,全方位、多角度、近距离地了解干部。保证有基层工作经历、有群众基础的候选人进入推荐参考人选、考察环节,减少风险,把好入口关。

采用阶段公示的办法,在民主推荐、考察等环节进行公示,避免组织工作的盲目性。如果通过了考察,在任职公示时再发现问题,会导致工作的极大被动。

3. 科学设计选拔条件与标准

干部选拔必须符合《干部选拔任用条例》规定的基本条件、任职资格,合理设置资历条件与限制性要求,条件设置与职位要求有关。在具体的条件设置上,应区分通用条件与专业条件。通过设置最低标准,扩大选拔的报名范围,不应该设置过高标杆,从而限制选拔的范围。选拔条件与要求应该有一致性或者统一性,不能一年一变、一考一变,造成量身定做的印象。

注重基层的表现。在干部选拔的条件设置上可以加大基层工作经历的条件限定,从而保证选拔对象具有一定的基层工作经历。

不唯分、不唯票。部门之间会有不同业务、不同年龄、不同性别、不同性格匹配要求,组织(人事)部门选人,分数、票数是参考,但不是最主要的参考指标,还要考虑班子匹配与职位要求、工作基础、队伍情况,参考民主测评、群众口碑、相关政绩等,同时也不能过多关注GDP指标的评价。

4. 正确把握和处理好任职考察和平时考核的关系

任职考察是准确识别正确使用干部的重要途径和方式,平时考核是全面考核,真实反映干部情况的重要方法和依据,只有两者有机结合,才能将干部考准考实,才能确保选拔任用工作实现预期目标。既要加强干部任职考察,作为干部选拔任用的主要途径与重要内容,进一步完善考察的程序和方法,切实提高考察的质量,又要把平时考核作为干部选拔任用的重要参考,改进平时考核的内容、方式,努力提高科学性、针对性和实用性。特别要注意加强对干部平时考核结果的运用。

5. 分级落实对干部选拔工作的监督与指导

各级考评机构负有工作指导责任,要按照分级负责的原则,切实履行好各自的职责,要层层落实责任,要强化组织把关。按照《干部选拔任用条例》要求,在选拔范围、规模确定、资格条件设置、方法程序设计、工作组织实施等环节认真审核、严格把关。

应加强对任职干部的后续跟踪、监督和及时调整。监督主体是关键,需要明确责任,并形成多方监督主体的监督合力。其中,各级党委(党组)及其组织(人事)部门是把关人,应该就选拔条件、选拔程序、用人考察、人选廉政等严格把关,真正选出党和人民的好干部。制度是监督的核心,为此要充分发挥干部选拔方式监督制度效能,使制度不断完善,并加以落实。此外,我们也不能忽视发挥惩处的重要作用,应依纪依法惩处、从快惩处,做到以惩促教、以惩促管、以惩促防。

(三) 改进和完善干部选拔的方法技术

完善干部选拔方式的标准体系。按照好干部标准,逐步构建分级分类的领导干部能力素质具体标准,为科学规范测试测评和改进干部考核考察工作提供依据。

研发干部选拔的新技术。针对竞争性选拔方式"高分低能"和干部平时考核薄弱、考察失真失实等问题,以科学化目标,积极研发有效易行的方法技术工具,逐步完善考评方法技术体系。在干部的评价和测评上,围绕本地本单位的工作大局,以实际工作能力为导向,坚持理论和实践相结合,把握好"博学"与"专长"的关系,增加结合实际的案例分析题,要突出在平时工作中、实践中积累的经验总结、履行职责所必需具备的能力素质方面的测试。引导干部树立正确的竞争观,保证干部选拔的公正、公平。

改进现有干部选拔的测评方法与技术。认真梳理正在使用的笔试、面试、无领导小组讨论和经历业绩评价等方法技术,以及政治理论素养、心理素质、领导能力等测评工具,要通过科学的内容设置、合理的方法选择、优化的程序设计,提高测评的针对性、科学性和有效性。正确分析测评技术在干部考核考察中的功能作用,从指标设置、方法技术、结果分析等方面入手,探索开发有效易行的方法技术工具,把定性分析与定量评价结合起来,促进干部评价、考察、考核更科学更精准。

注重各种选拔方法间的优化组合。深入分析研究各种方法技术和主要特点、功能作用、优势不足,根据不同的岗位类别、职务层次和选拔需求,形成有较强针对性和适用性的技术组合,既防止方法单一、以偏概全,又防止方法烦琐、重复施测,发挥方法技术的整体功能。

加强对干部"德"的考核。相比干部的"能","德"具有抽象性、隐秘性等特征。基于对干部个人、家庭、社会、单位等全方位的了解,作出判断。考察政治品德、职业道德、社会公德、家庭美德和个人品德。与此同时,还可通过向纪检监察部门征求意见的形式,了解干部的党风廉政情况。通过日常考核、专项调查的形式,了解掌握干部工作时间以外的表现情况。

在干部选拔方式中,应发挥信息化的作用,借助大数据的技术,对干部的历史、经历进行综合的分析和评判。同时,考虑建立统一的干部选拔平台、干部公示的信息化平台,加大对干部实绩、"德"考核的综合运用。

三、干部选拔方式的应用趋势

干部选拔方式正是在价值理性与工具理性的双重考量中不断深化推进的①。干部选拔方式的价值,就是干部选拔方式对于坚持党的领导,提高党的执政能力,维护、实现、发展人民群众的根本利益。干部选拔方式的价值诉求表现为党管干部的价值原则,扩大干部工作民主的价值取向,以"德才兼备、以德为先,五湖四海、任人唯贤""事业为上、人岗相适、人事相宜"为价值目标。

"人岗相适"是现代人力资源管理的重要原理,基本含义是把合适的人放在合适的岗位上,基本目的是通过"岗得其人""人适其岗",实现人岗资源的科学配置和最佳绩效。从我国干部人事制度改革的历程看,"人岗相适"不仅是技术要领,而且是人才资源开发的价值目标。人岗相适的内涵就是通过公开平等的有效竞争,促进干部人才的自身价值与工作岗位的最优配置,促进组织愿景与人的全面发展有机结合,实现人尽其才、才尽其用、事尽其功。干部选拔所具有的突出的择优功能,就是把最合适的优秀人才选拔到最合适的岗位上,从根本上保证党在长期执政条件下干部队伍的先进性、纯洁性和领导力。在程序和方法的设计上,把选准用好党和人民需要的好干部贯穿体现到干部选拔的各个环节,努力通过民主开放、有效竞争,选准用好具有"信念坚定、为民服务、勤政务实、敢于担当、清正廉洁"德才兼备的好干部。

---

① 郭庆松:《领导干部公开选拔:价值理性与工具理性的双重考量》,《国家行政学院学报》2011年第4期。

具体而言，干部选拔方式的目标取向是，全面贯彻民主集中制原则，提高干部选拔的科学化水平。

干部竞争性选拔方式从过去的"快速发展期"进入"优化调整期"，今后将进入"科学融合期"。从历史来看，21世纪初，我国的经济、社会快速发展，对干部的需求，尤其是专业型、紧缺型干部缺口较大，迫切需要适应快速选拔干部的形式，干部竞争性选拔方式应运而生。今天，为适应党和国家事业发展新要求，围绕解决好人民群众反映强烈的问题，回应人民群众响应和期待，突出重要领域和关键环节，突出经济体制改革牵引作用，进入全面深化改革的新阶段，"从严治党"是中国共产党适应执政、改革开放和发展社会主义市场经济的新情况、新问题而提出的加强党的建设的基本方针和根本要求，相应的干部选拔制度在改革完善，干部竞争性选拔方式进入优化调整阶段；随着从严治党、保持反腐败斗争的高压态势的形成，建立起制度化、科学化的干部监督机制，干部选拔上也会形成常规选拔与竞争性选拔方式相互借鉴、科学融合的新模式。

附　录

一、干部竞争性选拔方式访谈提纲

您的基本情况：单位类别、职位类型、职级、工作年限

1. 您单位在2014年之前和之后开展干部竞争性选拔方式的情况？（请介绍公开选拔和竞争上岗的职位、数量及占干部选拔的比例、批次等）

2. 您认为哪些职位、层级适合进行竞争性选拔方式？报考干部竞争性选拔方式的人员应具备哪些条件？如何优化相关的制度、程序？

3. 您认为干部竞争性选拔方式的方法、技术上有哪些需要改进的地方？

4. 如何评价报考人员的实绩？

5. 您认为如何考准、考实干部的"德"？（请从德的界定、评价者、评价手段等方面阐述）

6. 如何评价干部竞争性选拔方式的效果？（请从胜任情况、业绩评价或选拔目的等方面阐述）

7. 您认为通过公开选拔、竞争上岗的领导干部需要建立哪些配套性的措施和制度？

8. 您对加强和改进年轻干部培养和选拔工作有何建议?

中共上海市委党校
干部竞争性选拔方式研究课题组

二、访谈对象编码表

河南合计9场,10人,包括:洛阳7场,8人;开封1场,1人;平顶山1场1人。

编号	单位类别	职位类型	职级	工作年限
L1	洛阳市政府某委局	副调研员	副处	40年
L2	洛阳市政府某委局	组织人事科科长	正科	34
L3	洛阳市某学院	副校长 副校长	副局 副局	28 24
L4	洛阳市人社局某直属单位	书记	副处	34
L5	洛阳市某县级市	市委常委、组织部部长	正处	
L6	洛阳市某县	组织部副部长 组织科科长	副处 正科	
L7	洛阳市某委办公厅	正科	正科	
K1	开封市某政府局	公务员	科员	5
P1	平顶山市某市委部门	科长(曾参加副处公选)	正科	10

福建合计3场,3人,包括:厦门3场,3人。

编号	单位类别	职位类型	职级	工作年限
F1	厦门市某区检察院	高级检察官	正科	30
F2	厦门市某区某镇	副镇长	副处	30
F3	厦门市某区国税局	公务员	主任科员	27
S19	上海市某区垂直管理系统	副科	副科	5

山西合计13场,14人。

编号	单位类别	职位类型	职级	工作年限
T1	太原市某联	副主任	副处	24
T2	太原市某党群机关	副处长	副处	34
T3	太原市某国有企业	财务副经理	副处	
T4	太原市某委机关	副调研员	副处	16
T5	太原市某区人大	办公室主任	正科	19
T6	太原市某政府委局	副调研员	副处	32
T7	太原市某政府局	纪检组组长	副处	25
T8	太原市某政府委办	副调研员	副处	
T9	太原市某政府委局	副局长	正处	任正处17年
T10	山西省某厅	某处处长	正处	
T11	山西省某市委组织部	副部长	副处	15
T12	太原市某区检察院 太原市某法院	副检察长 副处长	正科 副处	
T13	太原市某区委组织部	部长	副处	12

安徽合计12场,12人;宁波1场,1人。

编号	单位类别	职位类型	职级	工作年限
A1	安徽省铜陵市S区委组织部	副部长		
A2	安徽省铜陵市S区人社局	副局长		
A3	安徽省铜陵市S区招商局	副局长		
A4	安徽省铜陵市S区府办	副主任科员		
A5	安徽省铜陵市S区机关党委	副书记		
A6	安徽省铜陵市S区建设局	副局长		
A7	安徽省铜陵市S区经济开发区	副主任		
A8	安徽省铜陵市S区宣传部	科员		
A9	安徽省铜陵市S区财政局	局长		
A10	安徽省铜陵市S区委办	副主任		
A11	安徽省铜陵市S区教育局	科员		
A12	安徽省W市检察院	法官		
A13	浙江省宁波市J区机关党委	主任科员		

广东省合计 9 场,11 人。

编号	单位类别	职位类型	职级	工作年限
G1	广东省某学院	教授、教研部主任	正处(事业)	
G2	广东省某局法制处	副处长	副处	
G3	广州市某区质监局	科员	科员	
G4	广东省某局办公室 组织人事处	主任 处长	正处 正处	
G5	广东省某高院	处长	正处	
G6	广州市某局考试中心	部长	正科	
G7	广东省某委	部长	正处	
G8	广东省某办组织人事处	处长	处长	
G9	广东省某局	副处长	副处	

上海市合计 19 场,19 人(含开封组调研 1 场,1 人)。

编号	单位类别	职位类型	职级	工作年限
S1	上海市某区卫计局组织人事处	主任科员	正科	
S2	上海市某区教育局	教师招聘岗位	副科	13
S3	上海市某区区委统战部	副主任科员	副科	15
S4	上海市某区委组织部	干部一处副处长	副处	
S5	上海市某区委组织部	办公室主任	正处	
S6	上海市某区委组织部	干部二处处长	正处	
S7	上海市某区绿化市容管理局	副书记	副处	27
S8	上海市某区委组织部	副部长	正处	
S9	上海市某区某街道	党工委书记	正处	
S10	上海市某区政协	政协主席	正处	
S11	上海市某委宣传部	副巡视员	副厅(局)	44
S12	上海市某区公安局	局长	副厅(局)	
S13	上海市某委组织部	干部监督室原处长,已退休	正处	
S14	上海市某区委组织部	干部科科长	正科	

(续表)

编号	单位类别	职位类型	职级	工作年限
S15	上海市某学院	党工委书记	副局	
S16	上海市某学院	主任、教授	正处（事业）	
S17	上海市某学院	财务处处长	正处	
S18（书面稿）	上海市某党政机关	副局长	副厅（局）	23

四川省合计5场,5人。

编号	单位类别	职位类型	职级	工作年限
C1	四川省某市市直机关	副部长	副处	15
C2	四川省某市党政机关	处长	正处	12
C3	四川省某市某乡党群机关	公务员	正科	23
C4	四川省某市党政机关	处长	正处	18
C5	四川省某市党政机关	处长	正处	17

总计:71场,75人次。

三、干部选拔与队伍建设调研问卷

您好!

您将要参加的是为贯彻落实《党政领导干部选拔任用条例》,加强干部队伍建设进行的相关调研,该研究是国家社会科学基金项目《干部竞争性选拔方式的制度优化与程序规范研究》(批准号:13BZZ046)的组成部分。

此次调查不记单位和姓名,对问卷中所列问题,请您根据自己的真实感受做出选择,您的回答无关对与错。所调查资料仅用来进行总体情况的统计分析,我们不会了解和透露任何私人信息。

该问卷调研大约需要20分钟,您的参与对我们的研究非常重要。

请您将填写好的问卷交给调研人员，或邮寄至：上海市委党校，申林收（地址：上海市虹漕南路200号，邮编：200233，联系电话：021-22880294）。

衷心感谢您的支持和配合！

中共上海市委党校
干部竞争性选拔方式研究课题组
2014年6月

填写说明

1. 请在符合您真实感受的选项"□"内画"√"或在横线空白处填写；
2. 凡未标明"最多选x项"和"可多选"的问题，均为单选题；
3. 请将问卷回答齐全。

基本统计信息

1. 您所在单位属于：

□A. 党群系统　　　□B. 人大系统　　　□C. 政协系统
□D. 政府系统（含参公）　□E. 政法系统（公检法）　□F. 事业单位
□G. 企业　　　　　□H. 地区　　　　　□I. 其他

2. 您的编制情况：

□A. 公务员（含参公）　□B. 事业　　□C. 企业　　□D. 编外

3. 您所在部门层级：

□A. 省级　　　　　□B. 副省级　　　　□C. 市级
□D. 县（区）级　　□E. 乡镇（街道）

4. 您的职位类型是：

□A. 领导职务　　　□B. 非领导职务　　□C. 已退休

5. 您的职位级别是：

□A. 正厅级　　□B. 副厅级　　□C. 正处级　　□D. 副处级

☐E. 正科级　　　☐F. 副科级　　　☐G. 科员　　　☐H. 办事员
☐I. 未定级

6. 您任现职级的时间（截至 2014 年年底）：

☐A. 1 年以内（含 1 年，下同）　　☐B. 3 年以内　　　☐C. 5 年以内
☐D. 10 年以内　　　　　　　　　☐E. 10 年以上

7. 您是否从事组织工作（含借调）？

☐A. 是　　　　　　　　　☐B. 否

8. 您的个人情况

性别：　　☐A. 男　　☐B. 女

年龄段：　☐A. "50 后"（1950—1959 年生）
　　　　　☐B. "60 后"（1960—1969 年生）
　　　　　☐C. "70 后"（1970—1979 年生）
　　　　　☐D. "80 后"（1980—1989 年生）
　　　　　☐E. "90 后"（1990—1999 年生）

工作年限：☐A. 1—5 年　　☐B. 6—10 年　　☐C. 11—15 年
　　　　　☐D. 16—20 年　☐E. 20 年以上

最高学历：☐A. 全日制　　　　☐B. 非全日制
　　　　　☐A. 大专及以下　　☐B. 本科
　　　　　☐C. 硕士研究生　　☐D. 博士研究生

所学专业：☐Z01.自然科学　　☐Z02.农业科学　　☐Z03.医药科学
　　　　　☐Z04.工程与技术科学　　☐Z05.人文与社会科学

第一部分　部门工作状况与干部发展状况调查

1. 您认为所在部门的职责界限：

☐A. 清晰合理　　☐B. 不够清晰合理　　☐C. 不清晰不合理，过于宽泛

2. 您认为所在部门的工作运行机制：

☐A. 合理顺畅　　　　☐B. 比较合理顺畅　　☐C. 不够合理顺畅

3. 您认为所在部门人员配备(不含借调):

　　□A. 充足　　　　　□B. 适中　　　　　□C. 不足

4. 您认为所在部门干部队伍的结构表现为:

　　□A. 年龄结构不合理　　□B. 性别比例不合理　　□C. 缺乏专业性干部

　　□D. 党外干部较少　　　□E. 培养出现断层　　　□F. 后备干部不足

　　□G. 结构合理　　　　　□H. 其他＿＿＿＿＿＿＿＿(请说明)

5. 您认为可以从哪些方面进一步优化所在部门干部队伍结构:(最多选3项)

　　□A. 加强领导班子老中青合理配备

　　□B. 注重领导班子性别比例平衡

　　□C. 完善党派结构

　　□D. 大力引进专业技术型干部和人才

　　□E. 加大交流和挂职力度,优化干部经历结构

　　□F. 注重对干部推动科学发展的知识与能力的培训和开发

　　□G. 加强后备队伍管理,明确重点,好中选优

　　□H. 选优配强党政正职

　　□I. 扩大选人用人视野,在更广的范围内发现人才

　　□J. 合理使用不同年龄段的干部

　　□K. 开展多层面的竞争性选拔方式和轮岗交流,推动干部合理流动

　　□L. 加大对基层一线干部的选拔

　　□M. 其他＿＿＿＿＿＿＿＿＿＿＿＿＿＿(请说明)

6. 您认为当前所在部门自身建设迫切需要加强的是(最多选3项):

　　□A. 党性建设　　　□B. 作风建设　　　□C. 能力建设

　　□D. 纪律建设　　　□E. 组织建设　　　□F. 制度建设

7. 总的来说,您认为您的工作表现:

　　□A. 非常好　　□B. 比较好　　□C. 一般　　□D. 不太好

　　□E. 很不好

8. 您最近3年来的年终考核等级为：

☐A. 3年优秀　　☐B. 2年优秀　　☐C. 1年优秀　　☐D. 称职

☐E. 基本称职　　☐F. 其他_____（请说明）

9. 总的来说，您认为您的物质待遇：

☐A. 比较高　　☐B. 正常　　☐C. 比较低

10. 您认为自己的工作负荷总体上：

☐A. 非常大　　☐B. 较大　　☐C. 适中　　☐D. 不太大

☐E. 不大

从近两年情况看，您平均每月工作日加班（每次超过2小时以上）约为____次，约为____小时；每年节假日（包括周六、周日和法定节假日）加班约为____天。

11. 您在日常工作中感到有压力的主要原因是（最多选3项）：

☐A. 工作忙、节奏快、加班多　　☐B. 责任大、要求高

☐C. 工作面太宽、事太杂，疲于应付　　☐D. 纪律严、约束多

☐E. 感到自己职级提升慢　　☐F. 知识和本领恐慌

☐G. 收入比周围熟悉的人低　　☐H. 与家人在一起的时间少

☐J. 人际关系不够和谐　　☐K. 无压力

☐L. 其他_____（请说明）

12. 您目前工作中的主要的困惑和困难是：（最多选2项）

☐A. 缺乏上级领导的支持　　☐B. 知识不足　　☐C. 缺乏交流

☐D. 工作强度太大　　☐E. 缺乏个人发展路径

☐F. 缺乏群众的理解

☐G. 其他_____（请说明）

13. 您最期盼的激励措施是（最多选2项）：

☐A. 多给培训锻炼机会　　☐B. 多创造施展才华的空间

☐C. 提高职务职级　　☐D. 提高福利待遇

☐E. 精神激励、感情留人　　☐F. 其他_____（请说明）

14. 您认为在下列两类能力特征中,对您的工作而言,最重要的分别是哪 5 项?

基 准 能 力				鉴 别 能 力			
尽职能力	☐	计划能力	☐	决策能力	☐	创新能力	☐
组织能力	☐	控制能力	☐	适应能力	☐	开拓能力	☐
沟通	☐	人际洞察力	☐	分析研究	☐	灵活性	☐
文字表达能力	☐	引领激励下属	☐	统筹能力	☐	经营管理能力	☐
应变能力	☐	主动性	☐	求知欲	☐	前瞻性思维	☐
分权与授权	☐	公平公正	☐	使人有责任心	☐	愿景领导力	☐
服务意识	☐	社会责任感	☐	成就取向	☐	影响力	☐
相关知识和专长	☐	关注质量与秩序	☐	政治鉴别能力	☐		☐

15. 您认为通过培训能够提高的能力是:(最多选 3 项)

☐A. 政治鉴别能力　　☐B. 把握大局能力　　☐C. 科学决策能力

☐D. 政策研究能力　　☐E. 运用政策能力　　☐F. 分析判断能力

☐G. 知人善任能力　　☐H. 协调沟通能力　　☐I. 改革创新能力

☐J. 应变能力　　　　☐K. 道德完善能力

☐L. 其他_____(请说明)

16. 您最想掌握哪些相关工作技能?(最多选 3 项)

☐A. 公文写作　　　　☐B. 演讲说话　　　　☐C. 调查研究

☐D. 应对突发事件　　☐E. 应对复杂局面　　☐F. 接待群众来访

☐G. 其他_____(请说明)

17. 您认为可以通过哪些方式来提升领导干部的能力?(最多选 3 项)

☐A. 从下一级优秀干部中科学选拔　　☐B. 加强教育培训

☐C. 基层一线锻炼　　　　　　　　　☐D. 轮岗交流

☐E. 到艰苦地区、复杂环境挂职锻炼　☐F. 加强考核激励

☐G. 在急难险重任务中锻炼　　　　　☐H. 到关键岗位锻炼

☐I. 其他_____(请说明)

18. 您最希望参加以下哪些途径的教育培训？（最多选 2 项）

☐A. 外向型培训（境外培训）

☐B. 选送参加党校、行政学院培训

☐C. 组织部举办的各类专题讲座

☐D. 干部在线学习

☐E. 自学进修或单位委培的学历教育

☐F. 与知名高校合办的专题培训班

☐G. 挂职锻炼或岗位交流

☐H. 其他_____（请说明）

19. 你认为提升自己的工作能力与业绩主要依靠（最多选 3 项）：

☐A. 组织培养　　　☐B. 干部选拔　　　☐C. 绩效评价

☐D. 物质激励　　　☐E. 职位设计　　　☐F. 工作流程优化

☐G. 班子匹配　　　☐H. 组织文化和氛围　☐I. 职业规划

☐J. 个人能力开发　☐K. 工作生活平衡

☐L. 其他_____（请说明）

20. 近 5 年来，您参加过何种形式的干部交流？（最多选 3 项）

☐A. 部门中不同岗位之间　　☐B. 条线部门之间

☐C. 地市（区）部门之间　　☐D. 条线部门与地市（区）部门之间

☐E. 事业单位之间　　　　　☐F. 企业单位之间

☐G. 机关与事业单位之间　　☐H. 机关与企业之间

☐I. 企、事业之间　　　　　☐J. 其他_____（请说明）

21. 您认为机关干部到基层一线实践锻炼的岗位选择应当为：

☐A. 直接与群众或企业接触的岗位

☐B. 与本身岗位或专业特长相关的岗位

☐C. 根据基层一线工作实绩需要

☐D. 其他_____（请说明）

22. 您认为机关干部到基层一线实践锻炼要创造的条件是：（最多选

3项）

- ☐ A. 提前规划　　☐ B. 进行工作指导　　☐ C. 经常关心
- ☐ D. 合理考核　　☐ E. 用人单位配合　　☐ F. 大力宣传推动
- ☐ G. 其他_____（请说明）

第二部分　干部选拔培养状况调查

23. 你所在单位有（　　）明确的干部培养选拔规划

- ☐ A. 5年及以上　　☐ B. 3年或4年　　☐ C. 2年
- ☐ D. 1年及以下　　☐ E. 没有规划

24. 您所在单位或部门选拔任用干部过程中，主要看重哪几方面？（最多选5项）

- ☐ A. 政治面貌和政治素质　　☐ B. 工作实绩
- ☐ C. 工作胜任能力　　☐ D. 坚持原则、求真务实的工作作风
- ☐ E. 基层经历　　☐ F. 年轻干部
- ☐ G. 学历专业　　☐ H. 领导肯定
- ☐ I. 群众公认　　☐ J. 关系背景
- ☐ K. 民主公开　　☐ L. 其他_____（请说明）

25. 您对所在单位或部门实行公开选拔、竞争上岗工作的整体评价如何？

- ☐ A. 很好　　☐ B. 较好　　☐ C. 一般　　☐ D. 较差
- ☐ E. 差　　☐ F. 未实行

26. 您对所在单位或部门今后开展公开选拔、竞争上岗工作的期望是：

- ☐ A. 继续强化　　☐ B. 正常进行　　☐ C. 在职位和对象上区别对待
- ☐ D. 适当限制　　☐ E. 严格限制

27. 您认为所在单位或部门干部公开选拔、竞争上岗的突出问题有：（最多选5项）：

- ☐ A. 缺乏干部培养的长期规划（5年及以上）

☐B. 缺乏系统的制度安排和程序设计

☐C. 部门领导不推荐、不鼓励干部参加公开选拔

☐D. 被选拔职位职责模糊

☐E. 考察缺乏合理的干部实绩评价指标

☐F. "德"的考核不够

☐G. 形式公正,选拔效果不佳

☐H. "信息不够公开透明"

☐I. 选拔对象的基层经历不足,到艰苦地区锻炼不够

☐J. "轻发现和储备人才"

☐K. 打乱了部门干部培养的长期规划

☐L. 影响基层一线干部的积极性

☐M. 其他＿＿＿＿＿＿＿＿＿＿＿＿＿＿＿＿（请说明）

28. 您认为如何完善所在单位或部门干部选拔工作。（最多选5项）：

☐A. "扩大选拔职位,跨部门、跨体制选拔"一批专业领域的优秀人才

☐B. 鼓励"向基层、艰苦岗位和地区流动"

☐C. 改进干部选拔的评价标准,注重专业水平和能力

☐D. 采取科学的人员评价技术与方法进行能力和素质测试

☐E. "改进干部考察、民主测评工作"

☐F. 运用"实绩公示"、群众评价等多种途径检验干部的工作水平

☐G. 加强干部信息公开与干部状况调查制度

☐H. 通过岗位锻炼、长期培养、建立后备干部培养储备大批干部

☐I. "向优秀年轻干部倾斜"

☐J. 建立配套性制度,给竞争上岗者开展工作创设良好的平台

☐K. "加强任后评估"

☐L. 建立一支强有力的组工干部队伍

☐M. 其他＿＿＿＿＿＿＿＿＿＿＿＿＿＿＿＿＿＿＿＿＿＿＿（请说明）

29. 您对干部选拔中建立专业的第三方[指组织(人事)部门和所在单

位部门之外]考评机构的态度是：

☐A. 客观公正　　☐B. 辅助补充　　☐C. 没必要

30. 你认为在干部选拔中，在政治纪律和组织人事纪律方面存在的突出问题是：（最多选5项）：

☐A. 存在与党中央方针政策不一致的做法

☐B. 贯彻落实中央精神不坚决，大局意识不够强

☐C. 超职数配备、超机构规格提拔领导干部

☐D. "跑官要官"、说情打招呼，联系和引见有关人员

☐E. 违反规定程序推荐、考察、酝酿、讨论决定任免干部

☐F. "跑风漏气"，对外谈论干部工作的有关信息

☐G. 在干部考察工作中隐瞒或者歪曲事实真相

☐H. 在民主推荐、民主测评、组织考察和选举中搞拉票等非组织活动

☐I. 利用职务便利私自干预下级或者原任职地区、单位干部选拔任用工作

☐J. 在工作调动、机构变动时，突击提拔、调整干部

☐K. 在干部选拔任用工作中封官许愿，任人唯亲，营私舞弊

☐L. 涂改干部档案，或者在干部身份、年龄、学历、经历等方面弄虚作假

☐M. 其他＿＿＿＿＿＿＿＿＿＿＿＿＿＿＿＿＿＿＿＿（请说明）

31. 您认为，现行的各种监督制约机制、制度和措施，其实效性如何？"1"表示很差，"10"表示很好。请在您认为合适的分值上打"√"，每行只能选一项。

制　　度	分值（很差→很好）									
领导干部述职述廉	1	2	3	4	5	6	7	8	9	10
个人有关事项报告	1	2	3	4	5	6	7	8	9	10
收入申报	1	2	3	4	5	6	7	8	9	10
任职谈话	1	2	3	4	5	6	7	8	9	10
廉政谈话	1	2	3	4	5	6	7	8	9	10

(续表)

制　　度	分值(很差→很好)									
提醒谈话	1	2	3	4	5	6	7	8	9	10
任后回访	1	2	3	4	5	6	7	8	9	10
上级巡视	1	2	3	4	5	6	7	8	9	10
信访谈话	1	2	3	4	5	6	7	8	9	10
诫勉谈话	1	2	3	4	5	6	7	8	9	10
组织函询	1	2	3	4	5	6	7	8	9	10
民主生活会	1	2	3	4	5	6	7	8	9	10
经济责任审计	1	2	3	4	5	6	7	8	9	10
干部离任交接	1	2	3	4	5	6	7	8	9	10

32. 您认为年轻干部在工作生活和思想方面遇到的最大困惑是:(最多选3项):

□A. 前途不明,不知道何去何从

□B. 有很多想法,得不到认同和理解

□C. 工作繁重,沟通困难

□D. 缺乏对现实社会的深入了解和解决问题能力

□E. 生活孤独,缺少朋友

□F. 其他_____(请说明)

33. 您认为年轻干部下一步最需要获得的培养锻炼机会是:

□A. 到基层一线锻炼　　□B. 到重要地市(区)、专业工作领域锻炼

□C. 到委、办、局锻炼　　□D. 学习培训

□E. 其他_____(请说明)

34. 您认为加强和改进年轻干部培养工作,应重点完善哪些机制?(最多选3项)

□A. 定期分析机制　　□B. 谈心谈话机制

□C. 职业规划机制　　□D. 多岗位锻炼机制

□E. 教育培训机制　　□F. 传帮带机制

☐G. 破格提拔机制　　　　☐H. 后备干部动态调整机制

☐I. 社会化储备机制　　　　☐J. "能上能下"机制

☐K. 组织协调、落实责任　　☐L. 其他_____（请说明）

问卷到此结束，再次感谢您的参与！

四、调查样本基本特征分析

	人数(人)	比例(%)		人数(人)	比例(%)
性别			**所在单位**		
男	1 136	60.7	党群系统	375	20
女	693	37	人大系统	70	3.7
缺失值	43	2.3	政协系统	73	3.9
年龄组			政府系统（含参公）	832	44.4
"50后"	111	5.9	政法系统（公检法）	200	10.7
"60后"	471	25.2	事业单位	208	11.1
"70后"	752	40.2	企业	73	3.9
"80后"	474	25.3	地区	9	0.5
"90后"	45	2.4	其他	21	1.1
缺失值	19	1	缺失值	11	0.6
受教育程度			**编制情况**		
大专及以下	208	11.1	公务员（含参公）	1 433	76.5
本科	1 082	57.8	事业	272	14.5
硕士研究生	389	20.8	企业	80	4.3
博士研究生	44	2.4	编外	78	4.2
缺失值	149	8	缺失值	9	0.5
工作年限			**部门层级**		
1—5年	258	13.8	省级	200	10.7

(续表)

	人数(人)	比例(%)		人数(人)	比例(%)
6—10年	232	12.4	副省级	32	1.7
11—15年	283	15.1	市级	607	32.4
16—20年	307	16.4	县(区)级	694	37.1
20年以上	769	41.1	乡镇(街道)	311	16.6
缺失值	23	1.2	缺失值	28	1.5
任现职时间			**职位类型**		
1年以内	344	18.4	领导职务	1 102	58.9
3年以内	652	34.8	非领导职务	720	38.5
5年以内	371	19.8	已退休	29	1.5
10年以内	277	14.8	缺失值	21	1.1
10年以上	212	11.3	**所在省份**		
缺失值	16	0.9	安徽	217	11.6
职位级别			北京	155	8.3
正厅级	7	0.4	福建	9	0.5
副厅级	58	3.1	广东	237	12.7
正处级	207	11.1	河南	227	12.1
副处级	444	23.7	江苏	70	3.7
正科级	460	24.6	山西	241	12.9
副科级	253	13.5	上海	382	20.4
科员	235	12.6	四川	205	11
办事员	57	3	新疆	59	3.2
未定级	136	7.3	浙江	40	2.1
缺失值	15	0.8	重庆	30	1.6
合计	1 872	100	合计	1 872	100

参 考 文 献

徐颂陶、孙建立主编：《中国人事制度改革三十年》，中国人事出版社2009年版。

刘学民、王文成：《竞争性选拔方式基本模式研究》，人民出版社2013年版。

李建钟：《公共人事变革——干部人事制度改革论纲》，中国人事出版社2010年版。

赵建平：《社会主义民主价值论》，上海人民出版社2010年版。

南京市党建研究所课题组：《完善竞争性选拔方式干部方法积极研究——以南京市竞争性选拔方式干部的实践为研究对象》，《中共南京市委党校学报》2012年第1期。

龚建桥：《公务员竞争性选拔方式制度变迁分析》，《开放导报》2012年第3期。

王奇：《论竞争性选拔方式干部的科学内涵与基本理念》，《南京社会科学》2010年第12期。

黄秀川：《关于增强民主推荐科学性真实性的几点思考》，《中国组织人事报》2011年11月21日。

卢绍武：《竞争性选拔方式领导干部需要处理好五个关系》，中国共产党新闻网，2012年4月6日。

贺国强:《努力提高干部选拔任用工作水平》,《领导科学》2007年第17期。

张兆华:《干部人事制度改革规范化、制度化刍议》,《党建研究》2006年第8期。

胡月星:《公开选拔副厅级党政领导干部结构化面试评估报告》,《中国浦东干部学院学报》2009年第4期。

胡月星:《基层党干部成就动机调查》,《决策》2008年第6期。

左宪民等:《北京市局级领导干部胜任力状况及培训对策研究》,《北京行政学院学报》2010第2期。

郑学宝、孙健敏:《建立县处级领导人才胜任力模型》,《中国人力资源开发》2004年第11期。

赵曙明、杜娟:《基于胜任力模型的人力资源管理研究》,《经济管理》2007年第6期。

王登峰、崔红:《中国基层党政领导干部的胜任特征与跨文化比较》,《北京大学学报》2006年第6期。

张廷君、张再生:《基于胜任力模型的中国公职人员选任体系革新》,《中国行政管理》2010年第8期。

陈风楼:《中国共产党干部工作史纲(1921—2002)》,党建读物出版社2003年版。

赵立波、窦泽秀、于慎澄:《关于完善党政领导干部选拔任用机制研究》,《理论学刊》2005年第6期。

张平平:《我党干部选拔任用机制建立与完善的历史经验》,《党史文苑》2005年第10期。

方岩俊:《论党政领导干部选拔任用工作制度化建设》,中共中央党校出版社2005年版。

黄巍:《公共行政民主化进程中的领导干部公开选拔制度研究》,华中师范大学硕士学位论文2006年。

梁玉新:《党政领导干部选拔任用中值得重视的问题》,《中国党政干部论坛》2005 年第 7 期。

林白芹:《领导干部选拔任用工作责任追究制度研究》,国防科学技术大学硕士学位论文 2004 年。

陆国强:《我国干部人事制度改革的突破与创新》,《中共中央党校学报》2009 年第 2 期。

李烈满:《健全干部选拔任用机制问题研究》,中国社会科学出版社 2004 年版。

赵耀:《对中央国家机关人事干部胜任力的实证分析》,《人口与经济》2005 年第 6 期。

国敏:《健全我国县级党政干部选拔任用机制研究》,中国地质大学(北京)硕士学位论文 2006 年。

曾双:《公开选拔党政领导干部制度研究》,南京理工大学硕士学位论文 2008 年。

朱东铁:《公开选拔制度的研究与思考》,国防科学技术大学硕士学位论文 2004 年。

孙建强:《我国领导干部公开选拔制度探究》,四川师范大学硕士学位论文 2007 年。

张美琴:《党政领导干部选拔任用问题探讨》,厦门大学硕士学位论文 2008 年。

吴瀚飞:《中国公开选拔领导干部制度研究》,中国社会科学院博士学位论文 2001 年。

何媛媛:《竞争性选拔方式干部问题研究》,云南大学硕士学位论文 2011 年。

李木洲:《我国公开选拔党政领导干部制度创新探究》,华中师范大学硕士学位论文 2010 年。

陈丽:《竞争性选拔制度的功能实现》,南京农业大学硕士学位论文

2011年。

王光政:《竞争性选拔方式干部制度研究》,云南大学硕士学位论文2012年。

贺莉华:《基于胜任力的公开选拔基层党政领导干部工作研究》,西南财经大学硕士学位论文2010年。

刘丁蓉、黄巍:《我国领导干部公选制度:历史发展、现状扫描与路径选择》,《湖北行政学院学报》2007年第2期。

赵耀:《对中央国家机关人事干部胜任力的实证分析》,《人口与经济》2005年第6期。

胡宗仁:《竞争性选拔方式制度的功能分析》,《江苏行政学院学报》2009年第6期。

兰喜阳:《党政领导干部选拔任用制度改革与完善研究》,中共中央党校博士学位论文2004年。

张建英:《新时期选拔任用党政领导干部现状与对策研究》,首都师范大学硕士学位论文2009年。

王光政:《竞争性选拔方式干部制度研究》,云南大学硕士学位论文2012年。

徐峰:《新形势下干部竞争性选拔方式化研究》,山东理工大学硕士学位论文2011年。

陆国强:《我国干部人事制度改革的突破与创新》,《中共中央党校学报》2009年第2期。

李慧娟:《党政领导干部竞争性选拔方式公信力研究》,华中师范大学硕士学位论文2012年。

林活力:《发达国家公务员是怎样选拔的》,《时代潮》2002年第5期。

崔鹏飞:《西方现代文官选任制度与我国公选制度的比较研究》,《理论研究》2010年第1期。

胡月星:《澳大利亚高级公务员的选拔测评》,《中国人力资源开发》

2003 年第 7 期。

谭功荣:《公务员制度比较研究》,重庆出版社 2007 年版。

周敏凯:《比较公务员制度研究》,复旦大学出版社 2006 年版。

吕元礼、杨伟、梅黎明:《东方国家执政党选拔官员制度比较》,《理论探索》2009 年第 1 期。

麻宝斌、仇赟:《中国竞争性选拔方式干部制度变迁问题研究》,《湖南社会科学》2012 年第 6 期。

张沛:《改革开放以来党的干部选拔制度的演变初探》,湖南师范大学硕士学位论文 2013 年。

张春福:《竞争性选拔方式干部质量比较研究》,《领导科学》2012 年第 19 期。

萧鸣政:《关于当前我国领导干部公选制问题的探讨》,《北京大学学报(哲学社会科学版)》2011 年第 6 期。

中共四川省委组织部课题组:《完善竞争性选拔方式干部方法和机制问题拓展研究》,《党建研究》2012 年第 2 期。

南京市党建研究所课题组、邵建光:《完善竞争性选拔方式干部方法机制研究——以南京市竞争性选拔方式干部的实践为研究对象》,《中共南京市委党校学报》2012 年第 1 期。

孙明:《科学定位竞争性选拔干部方式》,《学习时报》2014 年 4 月 21 日。

刘学民:《市县竞争性干部选拔考评工作存在问题及其对策》,《中州学刊》2015 年第 5 期。

龚建桥:《干部竞争性选拔方式考评技术系统研究》,《岭南学刊》2013 年第 3 期。

赵刚印:《西欧主要政党干部的培养与选拔探析》,《学术探索》2009 年第 4 期。

彼德·诺斯豪斯:《领导学:理论与实践》,吴荣先等译,江苏教育出版社 2002 年版。

田广清:《中国领导思想史》,九州出版社 2004 年版。

王乐夫:《领导学:理论实践与方法》,中山大学出版社 1999 年版。

刘建军:《领导学原理》(第二版),复旦大学出版社 2005 年版。

申林:《组织行为学与人事心理》,湖南师范大学出版社 2007 年版。

中共中央组织部干部一局:《党政领导干部选拔任用工作条例学习辅导》,党建读物出版社 2014 年版。

中共中央组织部研究室(政策法规局):《组织工作研究文选(上)》,党建读物出版社 2014 年版。

陈建先:《政府责任的多维度思考》,《广州大学学报(社会科学版)》2006 年第 6 期。

刘建生:《关于健全领导干部选拔任用监督机制的思考》,《探索》2010 年第 4 期。

孙泽兵:《党政领导干部竞争性选拔方式考试制度创新研究》,华中师范大学博士学位论文 2011 年。

毛军权、李明:《完善上海市竞争性选拔干部方式研究》,《上海行政学院学报》2014 年第 5 期。

郭旭升:《干部要提拔　先过廉政关》,《北京支部生活》2011 年第 4 期。

中华人民共和国国务院新闻办公室:《中国的人力资源状况》,人民出版社 2010 年版。

《中共中央关于加强和改革新形势下党的建设若干重大问题的决定》,人民出版社 2009 年版。

黄卫成:《竞争性选拔干部若干实践问题探析》,《湖北教育领导科学论坛》2011 年第 2 期。

李又才、周莉:《当前领导干部公开选拔与竞争上岗中的问题及对策》,《武汉科技大学学报》2011 年第 6 期。

杨海军、凌文轻:《竞争性选拔方式中笔试、面试、量化考察权重设置实证研究》,《现代管理科学》2011 年第 9 期。

林学启:《扩大干部选拔任用中的民主模式分析》,《社科纵横》2009 年第 6 期。

王卫华:《竞争性选拔干部要处理好三种关系》,《人才资源开发》2009 年第 8 期。

斯鑫良:《提高竞争性选拔干部的科学性》,《求知》2009 年第 4 期。

孙襄林:《努力提高竞争性选拔方式干部的质量》,《组织人事学研究》2010 年第 5 期。

高志秀:《提高竞争性选拔干部工作效益的探索》,《组织人事学研究》2010 年第 9 期。

史莲喜:《加大竞争性选拔干部力度促进优秀人才脱颖而出》,《求贤》2010 年第 8 期。

张荣臣:《"天花板"现象背后的历史背景》,《人民论坛》2010 年第 4 期。

王爱英:《创新干部选拔任用机制出现的新问题及对策》,《中国浦东干部学院学报》2010 年第 5 期。

罗忠胜:《党的干部选拔任用标准历史流变》,《当代社科视野》2011 年第 2 期。

李高山:《选人用人公信度与干部公选量化指标论纲》,《理论探索》2008 年第 6 期。

王伟华:《党政干部竞争上岗实践中存在的突出问题及化解之策》,《党政干部论坛》2011 年第 9 期。

李高山:《建立干部公开选拔量化指标探讨》,《理论探索》2007 年第 1 期。

曹俊德:《关于民主选任干部问题的分析探讨》,《求实》2011 年第 2 期。

回建:《正确处理干部选拔任用中民主与集中的关系》,《理论前沿》2007 年第 23 期。

陈继兴:《常态与规范:竞争性选拔方式取胜之道》,《人民论坛》2011年第11期。

李志东:《对国有企业竞争性选拔干部的思考》,《胜利油田党校学报》2013年第1期。

四川省委组织部课题组:《竞争性选拔干部的优势和特点》,《党建研究》2012年第5期。

孙泽兵:《党政领导干部竞争性选拔考试制度创新研究》,《北京大学学报》2010年第2期。

赵京安、申琳:《选好干部 配强班子》,《人民日报》2011年8月4日。

蔡微巍:《公开选拔领导干部制度发展历程及发展趋势浅析》,《决策咨询通讯》2010年第1期。

朱亚勤:《激扬改革绽活力》,《中国组织人事报》2011年第1期。

仲组轩:《江西"两轮推荐 两次票决"选配市党政正职》,《中国组织人事报》2011年第1期。

蒋泽洵、李维、李兵、杨小菁:《竞争性选拔干部工作难点问题研究》,《党建研究》2011年第3期。

郭腊军:《把好讨论决定关》,《中国组织人事报》2014年第5期。

刘琳:《心理素质测评在干部工作中的应用价值研究》,《中共四川省委党校学报》2010年第2期。

《关于新形势下党内政治生活的若干准则》,人民出版社2016年版。

《党政领导干部选拔任用工作条例》,人民出版社2014年版。

《中国共产党党内监督条例》,人民出版社2016年版。

《推进领导干部能上能下若干规定(试行)》,人民出版社2015年版。

《关于加强干部选拔任用工作监督的意见》,http://renshi.people.com.cn/n/2014/0126/c139617-24227405.html,2014.1.26,07:13。

后 记

本书是由笔者主持的国家社会科学基金一般项目"干部竞争性选拔的制度优化与程序规范研究"(批准号 13BZZ046)课题结项报告提炼而成。

感谢赵建平、王晓斌、刘长波、朱伟强、刘琳、蔡圣刚等课题参与人员,在整个课题研究过程中,他们参与了课题设计、有关调研和研究工作,并与笔者一起进行了课题内容的论证,以及有关章节的撰写。刘长波对我国干部选拔的制度沿革进行了整理,赵建平论证了干部选拔的目标取向和价值诉求,刘琳参与撰写了干部选拔方法完善和技术改进策略,朱伟强系统论述了干部选拔的监督。笔者对全书进行了研究设计、结构框架安排、主要内容撰写、修订及统稿工作。本书成稿历经两次《干部选拔任用条例》的修订,在内容侧重和表述上也做了多次修订。

还要感谢如下人员对本研究的支持和协助。罗凤英等参与了课题调研;齐忠成参与了课题前期的协调;李欢对数据进行了统计;文云华在调研过程中进行了数据文字记录工作;蒋敏对本书文句、表格进行了编辑,在格式排版上做了大量细致工作;以及其他诸位老师、专家在本研究的内容反馈和意见征询中,提供的诸多指导与建议。感谢所有参与问卷调查与访谈的人员,难以一一列出,在此向他们表示衷心感谢。

感谢上海市委党校科研处的周敬青、郭小霞、朱俊英等对课题研究和本书出版的支持和帮助；特别感谢上海社会科学院出版社熊艳编辑和各位同志的工作，对他们的细致耐心与高效的编辑、出版工作深表敬意。

调研对象的差异、心态矛盾和现实困惑使得本书的研究具有广泛视角和比较意义，但同时也带来了研究本身的局限性。如何综合分析、系统总结干部选拔方式的实践探索以不断完善制度、优化程序具有十分重要的理论和现实意义。本书仅仅作为对干部选拔工作现状的调研，为干部选拔工作提供决策参考，离制度化的目标还有很长距离，需要有关研究者、实践者和各级领导者进一步探索和总结。

限于笔者知识水平和研究能力，本书的问题和不足在所难免。真诚希望各位读者不吝赐教，多提宝贵意见，相互切磋交流。

申　林
2020 年 9 月 27 日

图书在版编目(CIP)数据

干部选拔任用的制度优化与程序规范研究 / 申林著
. — 上海：上海社会科学院出版社，2020
 ISBN 978 - 7 - 5520 - 3415 - 8

Ⅰ.①干… Ⅱ.①申… Ⅲ.①干部制度—研究—中国
Ⅳ.①D630.3

中国版本图书馆 CIP 数据核字(2020)第 259187 号

干部选拔任用的制度优化与程序规范研究

著　　者：申　林
责任编辑：熊　艳
封面设计：黄婧昉
出版发行：上海社会科学院出版社
　　　　　上海顺昌路 622 号　邮编 200025
　　　　　电话总机 021 - 63315947　销售热线 021 - 53063735
　　　　　http：//www.sassp.cn　E-mail：sassp@sassp.cn
照　　排：南京理工出版信息技术有限公司
印　　刷：上海龙腾印务有限公司
开　　本：710 毫米×1010 毫米　1/16
印　　张：16.75
字　　数：223 千字
版　　次：2020 年 12 月第 1 版　2020 年 12 月第 1 次印刷

ISBN 978 - 7 - 5520 - 3415 - 8/D · 606　　　　　　　　　定价：88.00 元

版权所有　翻印必究